COMO FAZER UMA BOA ESCOLA?

B855c Brighouse, Tim.
         Como fazer uma boa escola? / Tim Brighouse, David Woods; tradução Magda França Lopes ; revisão técnica Myriam Cadorin Dutra. – Porto Alegre : Artmed, 2010.
         231 p. ; 23 cm.

         ISBN 978-85-363-2354-1

         1. Educação. 2. Gestão educacional. I. Woods, David. II. Título.

                                                        CDU 37.07

Catalogação na publicação: Ana Paula M. Magnus – CRB-10/Prov-009/10

Tim Brighouse
London University

David Woods
Lead London
Challenge Aviser

COMO FAZER UMA BOA ESCOLA?

Tradução
Magda França Lopes

Consultoria, supervisão e revisão técnica desta edição
Myriam Cadorin Dutra
Mestre em Linguística Aplicada.
Especialista em Pedagogia Organizacional e em
Gestão de Tecnologias da Comunicação e Informática.

artmed®

2010

Obra originalmente publicada sob o título *What Makes a Good School Now?*
ISBN 978-1-85539-084-3
©2008 The Continuum International Publishing Group, London and New York.
©Tim Brighouse and David Woods 2008.
This translation published by arrangement with The Continuum
International Publishing Group. All Rights Reserved

© Portuguese language translation by Artmed Editora S.A., 2010.

Capa: *Mathias Townsend*

Leitura final: *Marcos Vinicius Martim da Silva*

Editora sênior – Ciências Humanas: *Mônica Ballejo Canto*

Editora responsável por esta obra: *Carla Rosa Araujo*

Editoração eletrônica: *Formato Artes Gráficas*

Reservados todos os direitos de publicação, em língua portuguesa, à
ARTMED® EDITORA S.A.
Av. Jerônimo de Ornelas, 670 - Santana
90040-340 Porto Alegre RS
Fone (51) 3027-7000 Fax (51) 3027-7070

É proibida a duplicação ou reprodução deste volume, no todo ou em parte,
sob quaisquer formas ou por quaisquer meios (eletrônico, mecânico, gravação,
fotocópia, distribuição na Web e outros), sem permissão expressa da Editora.

SÃO PAULO
Av. Embaixador Macedo Soares, 10.735 - Pavilhão 5 - Cond. Espace Center
Vila Anastácio 05095-035 São Paulo SP
Fone (11) 3665-1100 Fax (11) 3667-1333

SAC 0800 703-3444

IMPRESSO NO BRASIL
PRINTED IN BRAZIL

Sumário

Prefácio		7
Introdução		11
1	Liderando rumo ao sucesso	23
2	Organizando e distribuindo o sucesso	56
	Checagem da realidade 1: Dirigir uma escola é um empreendimento complicado	85
3	Ensino e aprendizagem	92
4	Desenvolvimento profissional contínuo	115
5	Comportamento, prédios e o ambiente criado afetando o clima na escola	145
6	Parcerias e interessados	167
7	Revendo o sucesso: revisão coletiva e autoavaliação da escola	184
	Checagem da realidade 2: Preocupações atuais e possibilidades futuras	193
Lista de Abreviações		215
Referências		217
Índice		223

Prefácio

Quando escrevi a primeira versão deste livro há 15 anos, estava na Keele University, após 10 anos dirigindo o serviço de educação de Oxfordshire e mais da metade da vida dentro e próximo das escolas. Uma experiência formativa em minha infância deixou-me fascinado quanto à razão de algumas escolas serem muito mais bem sucedidas do que outras. Em Keele tive a oportunidade de ler extensivamente sobre esse tema e montei um ou dois projetos de pesquisa pequenos sobre o que causava o sucesso ou o fracasso da escola. Ao escrever *Como Fazer uma Boa Escola?*, contei com a ajuda de muitos colegas em Keele, mas especialmente com Mike Johnson. Mike foi um pioneiro nos "levantamentos de alunos e equipes", que, mesmo na época, ele conseguia enxergar como sendo um meio poderoso de promoção da melhoria da escola e que ainda hoje não são utilizados com a frequência que deveriam ser nem em seu pleno potencial. Na verdade, poderiam proporcionar um equilíbrio muito oportuno para os meios direcionados para se conseguir manter as escolas responsáveis, que atualmente aplicamos nas *league tables*[*] e no Ofsted[**] (Office for Standards in Education).

Entretanto, desde a publicação original, aprendi muito. Passei uma década como diretor de educação em Birmingham, onde conheci David Woods, que, como principal conselheiro, foi providencial para o sucesso inicial de um serviço de educação que havia sido injustamente classifica-

---

[*] N. de T. Tabelas para as escolas de ensino fundamental e médio, juntamente com novidades e questões educacionais que as afetam.
[**] N. de R. Ofsted é o departamento não ministerial do Reino Unido que define os padrões de qualidade do ensino. Responsável pela inspeção tanto em escolas públicas quanto privadas.

do pela Secretaria do Estado como "o pior do país". Agora é largamente reconhecido – porque os dados comparativos não permitem outra conclusão – que a transformação nos padrões gerais dos resultados nas conquistas educacionais é notável. As pessoas vão até a cidade para ver como isso aconteceu. Grande parte da melhoria continuou depois que saímos e, seja como for, a resposta é simples: há uma equipe escolar e escolas mais competentes do que havia antes. Mais jovens são incentivados quando têm acesso a algo significativo.

Os cinco anos restantes desde a primeira edição passei como principal conselheiro das escolas de Londres, fazendo parte do projeto London Challenge, criado pelo governo, destinado a atuar como um catalisador na transformação, em primeiro lugar, das escolas de ensino médio de Londres e, mais recentemente, das escolas de ensino fundamental. David, que estava liderando a equipe de eficácia na escola do DfES, uniu-se a mim nesse esforço.

Sempre que me encontrava com o editor, ele insistia para que eu fizesse uma versão atualizada. Foi isso que David e eu tentamos. Grande parte do original ainda é relevante, mas, é claro, houve muitas mudanças no contexto. Aprendemos muito sobre a melhoria da escola e sobre ensino, aprendizagem e avaliação. Portanto, esta versão é bem diferente. Afinal, eu escrevi em 1991 que "a década de 1980 era uma época confusa: a força sindical foi preparada em um período de grande perturbação, e um conjunto desconcertante de legislação foi rapidamente seguido por outro que afetou de diferentes maneiras a administração, o pagamento, o financiamento, o currículo e os exames".

Como essa mudança parece modesta hoje! Em 1991, o Currículo Nacional mal tinha alcançado a educação infantil é a 1ª série e a administração local das escolas não estava totalmente implementada. Não havia inspeções regulares do Ofsted e elas não envolviam escrever relatórios aos pais, que dirá às crianças. Era uma época anterior às *league tables* – no que diz respeito à variedade da pontuação bruta e dos adornos do valor agregado e do valor agregado contextual. Isso aconteceu antes das mudanças substanciais e continuadas para o malconcebido Currículo Nacional, das discussões e propostas para a educação dos jovens de 14 a 19 anos, da agenda Every Child Matters, sem falar na "personalização", nas "responsabilidades do ensino e na aprendizagem" e na reforma da força de trabalho. As jurisdições educacionais locais foram descontinuadas e os departamentos responsáveis pelas crianças foram criados nas jurisdições locais. As Estratégias Nacionais entram em cena; as escolas estão aprendendo a trabalhar com seus "parceiros para a melhoria da escola" e explorando se podem se mostrar eficazes como "escolas ampliadas". Enquanto isso, um novo National College of School Leadership enfrenta o problema de suprir um fluxo suficiente de uma nova geração de líderes escolares bem treinados.

Podemos ter certeza de que daqui a 15 anos esta lista de mudanças irá também parecer defasada. O que David e eu fizemos foi selecionar conceitos da primeira edição e acrescentar outras ideias do trabalho que realizamos juntos. Vamos introduzir-lhe à ideia das "borboletas", ao material de *Essential Pieces: The jigsaw of a successful school* (2006) e de *How to Improve Your School* (1999), assim como a outros trabalhos que escrevemos juntos ou separadamente. Tentamos evitar que este livro fosse um exercício de "cortar, colar e copiar", baseando-nos em conteúdo novo e discutindo em profundidade se realmente achamos que o material é relevante para os profissionais ou apenas interessante.

O público que visamos não é o acadêmico, mas sim líderes e equipes escolares atarefados, e talvez os administradores interessados, assim como, é claro, os PMEs – esse adorável acrônimo para "Parceiros para a Melhoria da Escola".

Finalmente, gostaríamos de agradecer a todos os diretores, os professores e todas as equipes de apoio das escolas com quem trabalhamos no decorrer dos anos, especialmente em Birmingham, Londres, Solihull e Oxfordshire; e igualmente a outros que conhecemos em todo o país. Também temos uma dívida de gratidão para com Max Tavinor por sua assistência técnica e, particularmente, com Gina Henderson, que foi tão paciente e entusiasticamente eficiente em nos ajudar a compor o manuscrito. Agradecemos também a Tracey O'Brien, do Southfields Community College de Londres, e a Sue Barrett, da Bournville Junior School em Birmingham, por sua ajuda.

Tim Brighouse

Introdução

UMA DEFINIÇÃO E CONSIDERAÇÕES A RESPEITO DO "SUCESSO"

Como dissemos no Prefácio, este livro destina-se a ajudar todos aqueles que, em seu trabalho cotidiano, estão tentando tornar as escolas cada vez mais bem sucedidas.

Então, o que é uma escola bem-sucedida? Como se pode reconhecê-la? Ela necessariamente tem um uniforme escolar e um quadro de honra? Você precisa ver os resultados dos exames? É definida pelo sucesso nos esportes? Onde se encaixam nela aquelas excelentes produções musicais? Se você acha que ela é tudo isso junto, como pode reconhecer o sucesso nas escolas de ensino fundamental ou em uma escola especial?

Isso também deve ser afirmado ou negado pelas opiniões das pessoas das redondezas da escola, dos lojistas do centro da cidade ou dos empregados locais? Deve ser ganhado ou perdido pelas mensagens e opiniões dos profissionais que não são professores da escola – o zelador, a secretária, o técnico, o orientador de ensino, o assistente de ensino, o pessoal do refeitório da escola, os pais ou os administradores? Deve ser visto no comportamento das crianças?

Há uma maneira de comparar o sucesso de uma escola localizada em uma área de classe média próspera, urbanizada, ao de outra localizada em uma área pobre do centro da cidade, ou comparar uma escola do sul a uma do norte? As perguntas se acumulam.

Diferentemente de uma empresa com um registro de lucros e perdas, o balanço de uma escola é mais difícil de interpretar e pode não se revelar até que se passem anos. Como levar em conta eventos como aquele levantado em uma carta de uma professora de Londres: "Uma das minhas meninas de 9 anos acaba de começar a ler após seis meses de luta mútua. O momento foi indescritível: ela está andando nas nuvens e nós gritando de alegria".

Algumas coisas são claras. Se 30% dos alunos aos 11 anos não conseguem ler em própria língua, se há exclusões de alunos toda semana, se a rotatividade dos profissionais é muito alta, se há brigas todos os dias no *playground*, se não há trabalhos dos alunos expostos na sala de aula ou se permanecem ali o ano todo, se a professora não consegue lhe informar sobre sinais promissores no desenvolvimento de todo e qualquer aluno em sua classe, existem problemas.

Se 80% dos alunos deixam a escola com notas muito baixas, ou nenhuma nota, se existem pouquíssimas atividades extracurriculares, se a biblioteca está vazia de alunos e os computadores não estão sendo utilizados antes da aula, no intervalo do almoço ou após a aula, se os instrumentos musicais estão perdidos ou quebrados, se o índice de absenteísmo na 5ª série é de 30%, se há uma alta incidência de doença entre os profissionais, você encontrou um desastre. Há muito pouca possibilidade de que os funcionários dessas escolas sejam miseráveis. Pergunte a si mesmo se mandaria seu filho para uma dessas escolas, e depois, se você acredita naquele grupo de pesquisadores que afirmam que as escolas não fazem qualquer diferença.

Este livro apresenta um conjunto de suposições totalmente diferentes. Em primeiro lugar, e inequivocamente, acreditamos, após observar de perto por mais de 40 anos, que as escolas *realmente* fazem uma diferença, que elas têm um efeito maciço sobre as chances de vida das crianças, seja qual for a sua origem, para o bem ou para o mal. Lamentamos as milhares de crianças que passam pela escola sem experimentar um relacionamento valioso com pelo menos um professor: elas na verdade não estiveram na escola.

Em segundo lugar, o livro faz a suposição de que aquelas pessoas envolvidas em qualquer escola vão querer torná-la um lugar bem-sucedido; que se você pesquisar um pouco mais fundo, todos os profissionais, quando são indicados para seu posto na escola, vão revelar um sonho ou uma opinião de como as coisas poderiam ocorrer em sua sala de aula e em sua escola.

Este livro tem a palavra "boa" em seu título para quantificar a escola que procuramos descrever – embora prefiramos "bem-sucedida". Seja como for, a palavra "boa" tem sido questionada na avaliação de quatro pontos do Ofsted, que atribui a "boa" o qualitativo de "segunda classe". Em seu linguajar, estamos buscando a "excelência". As escolas devem ser locais em que todos da sua comunidade experimentam a confiança que vem com o sucesso, de uma forma ou de outra. Todo jovem deve ter o direito de frequentar uma escola bem-sucedida. De qualquer maneira, é muito mais gratificante para os adultos trabalhar em uma escola bem-sucedida.

Na verdade, para os professores, a busca pelo melhor torna-se mais urgente. Essa inconstante "escolha dos pais" é defendida por todos os políticos, e a posição das escolas na *league table* local torna-se mais importante. O Ofsted também pode ir inspecionar, juntamente com suas redefinições da palavra "satisfatória", que na realidade significa "insatisfatória".

Uma estrutura: um processo

Passamos muitos anos defendendo uma estrutura de processos da escola a qual, se aprendermos cada vez mais sobre cada um deles, provavelmente ajudará qualquer escola a melhorar.

- *Liderança em todos os níveis* – embora reconhecendo a necessidade de diferentes estilos em diferentes circunstâncias e em diferentes épocas.
- *Administração* – mais uma vez em diferentes níveis, garantindo que todos desempenhem o seu papel na obtenção do detalhe correto.
- *Criação de um ambiente adequado* – visual, auditiva, comportamentalmente, e de uma maneira que encoraje a aprendizagem.
- *Aprendizagem, ensino e avaliação* – o pão, a manteiga e a geleia do ensino. Isso ocupa o tempo de todos.
- *Desenvolvimento dos profissionais* – não apenas professores, mas de todos os funcionários, realizando reuniões criteriosas, proporcionando induções meticulosas e um desenvolvimento profissional adicional e extensivo, que combine a necessidade individual com a coletiva.
- *Autoavaliação e análise crítica* – uma atividade que estimula uma mudança gradual ou grandes mudanças e que está agora de volta ao centro do palco após alguns anos nas sombras.
- *Envolvimento e conexão com os pais e com a comunidade* – com frequência negligenciados, mas fundamentais para a escola ser um local público, acessível a todos que possam se beneficiar dela e para ela contribuir.

Nós defenderíamos um foco na aprendizagem ainda maior com relação a esses processos. Como uma bússola e um mapa enquanto penetramos no novo território da melhoria da escola, isso tem se provado valioso. Através do desenvolvimento e da pesquisa de estudos de caso, os escritores – acima de tudo, os profissionais que realizam o trabalho – têm ampliado o nosso entendimento de cada um desses processos ou de alguma variação do mapa do processo.

Ao considerar esses processos, desejamos que a escola seja um lugar onde:

- Todos falem de "nossas" realizações e todos estejam ansiosos para melhorar a sua própria realização e a realização compartilhada.
- Todos os alunos estejam cada vez mais conscientes do seu potencial e que este seja ilimitado se eles se esforçarem nesse sentido.
- Todos se sintam gratificados com o que fazem e contribuam para a gratificação dos outros.
- Toda a extensão do sucesso – esportivo, acadêmico, artístico, apoio prático para os outros, triunfo sobre a adversidade – seja comemorada.
- Todos os membros da comunidade escolar estejam comprometidos com sua própria aprendizagem contínua e com o apoio à aprendizagem dos outros.
- Todos estejam conscientes do sucesso coletivo passado e presente da escola, e tenham a ambição de contribuir para esse legado coletivo para as gerações futuras.
- Ninguém tema abuso físico ou emocional.
- Todos saibam que a escola existe para facilitar estes objetivos e para promover a diversão da aprendizagem e o prazer da realização.

O CONTEXTO É TUDO

Acreditamos que o contexto – das pessoas, da dimensão organizacional, do tempo e do lugar – é tudo.

Pessoas

O diretor, como vai demonstrar o capítulo sobre a liderança, é uma influência fundamental. Considere o seguinte estudo de caso:

> **Estudo de caso**
>
> "Absolutamente imprestável" foi o veredicto do secretário de educação. Entretanto, na época e a partir daí, este comentário me desconcertou.
>
> A sentença foi pronunciada no início da década de 1990 contra o diretor de uma escola em pronunciado declínio em sua reputação, em números – na verdade, em qualquer indicador de realização mensurável. Tudo contava a mesma história deplorável: os índices de rotatividade dos profissionais de repente aumentaram tanto que havia ali ou os muito jovens que escapavam na primeira oportunidade ou os muito velhos que aguardavam a aposentadoria. O competente chefe de departamento no meio da carreira, na faixa de 35 a 40 e poucos anos, que havia sido essencial para o apogeu da escola, transferiu-se logo após a chegada do novo chefe. Estes profissionais não foram substituídos pelo mesmo calibre de professores capazes e fortemente comprometidos que haviam sido excelentes modelos, não apenas para os alunos, mas também para os profissionais mais jovens. Ao contrário, os cargos foram preenchidos por indicados ineficientes, de dentro ou de fora da escola.
>
> Havia outra evidência ratificadora. O índice de exclusão estava aumentando; o serviço de bem-estar educacional relatava uma carga de trabalho aumentada devido à fuga das responsabilidades; os músicos itinerantes tinham poucos alunos. A análise que o diretor fazia dos resultados dos exames para o conselho escolar estava começando a variar de ano para ano para enfatizar as características de sucesso e ocultar a reconhecida ampliação das áreas de fracasso. A permanência após os 16 anos era estável, mas os índices de abandono após o primeiro ano do ensino fundamental contavam uma triste história.
>
> Os membros do conselho, coletivamente, eram leais e incondicionais, mas privada e individualmente estavam alarmados e esperando, como sempre fazem nessas circunstâncias, que a jurisdição fizesse alguma coisa. Não havia dúvidas a respeito: uma das escolas mais bem sucedidas da jurisdição estava em declínio. Apenas o departamento de desenho e tecnologia continuava a brilhar sob a liderança de uma sólida chefia de departamento, uma mulher admirável e encantadoramente automotivada, com interesses que iam muito além da escola e uma produtividade e um índice de trabalho que deixavam os simples mortais sem fôlego.

> **O sucesso em uma chefia não é garantia de sucesso em circunstâncias diferentes.**

O diretor havia sido um chefe antes, aparentemente com um registro de sucesso comprovado, confirmado não apenas pelo sistema de referenciamento convencional, mas por checagens duplas através da rede de conexões de trabalho anteriores que a jurisdição regularmente utilizava para examinar as indicações importantes.

Foi um estudo de caso que confirmou duas verdades: a primeira – de que é impossível ter uma escola boa e bem-sucedida sem um líder bem-sucedido – é bastante conhecida; a segunda, não tanto, ou seja, que ser um líder bem-sucedido uma vez não é garantia de que você o será de novo, seja no mesmo lugar, seja em outro.

Desde essa época, relata o Ofsted, o impacto das *league tables*, da escolha dos pais e da atenção aos dados anuais de um tipo ou de outro significa que a "estagnação" ou o "declínio" de uma escola pode ser identificado e ocorrer mais rapidamente do que antes. Isso não invalida a proposição de que o sucesso em um lugar não é garantia de sucesso em outro. O diretor pela segunda vez pode tomar atalhos fatais em seus primeiros dias no cargo, assumindo tacitamente que sua reputação prévia – que com certeza é totalmente desconhecida para a comunidade da nova escola – vai significar que ele terá o benefício da dúvida em uma crise, assim como teria recebido em sua primeira escola. Demasiados incidentes desse tipo podem rapidamente destruir a confiança coletiva.

Vamos nos referir mais tarde ao processo fundamental que essa questão implica – ou seja, a indicação dos profissionais e dos diretores. Primeiro vamos tratar das três outras variáveis contextuais importantes.

O tamanho da organização

> Dirigir uma pequena escola ou um pequeno departamento pode não ajudar na direção de uma escola ou de um departamento grande.

Costumava-se pensar em Oxfordshire, como em outros condados, que um jovem e promissor professor das séries iniciais do ensino fundamental deveria primeiro cumprir com sucesso seu período de experiência como diretor de uma escola de aldeia, com dois, três ou quatro professores, antes de aspirar a uma das poucas escolas maiores. A política originou-se da necessidade de revitalizar as muitas escolas primárias rurais pequenas após a Segunda Guerra Mundial, quando, anteriormente, elas haviam sido com frequência servidas por professores não qualificados.

Isso foi parte da política e da prática pioneiras de uma simples, porém carismática, professora do norte chamada Edith Moorhouse, que transformou Oxfordshire e prática de ensino bem-sucedida em sinônimos. De um quarto de século para cá, em uma época menos deferente e mais mutável, a política ficou esgotada. Ela teria reconhecido a mudança nas circunstâncias, mas seus sucessores, não.

Não era simplesmente uma questão logística, embora isso precisasse ser considerado, pois, evidentemente, se havia muito mais escolas das séries iniciais pequenas do que maiores (que lá tendem a estar nas áreas rurais) parecia inevitável que alguns jovens nomeados envelhecessem em seu campo de prova! Na verdade, a questão logística não era realmente um problema, porque os professores das séries iniciais do ensino fundamental de Oxfordshire se beneficiaram do sucesso de Edith Moorhouse, no sentido de que ter cumprido seu período de experiência em Oxfordshire conferia uma vantagem aos candidatos a diretores em qualquer lugar do país.

Dessa forma, aqueles que realmente queriam se deslocar para empregos com maiores responsabilidades sempre poderiam fazê-lo se fossem ambiciosos. Tinha mais a ver com a questão óbvia – que dirigir uma escola pequena não era necessariamente um treinamento bom ou suficiente para dirigir uma escola maior.

O tamanho e a extensão dos relacionamentos que tinham de ser mantidos nas escolas de séries iniciais do ensino fundamental, e eram e ainda são muitas e muitas vezes maiores do que em uma escola menor.

Por isso, a experiência adquirida como substituto ou em um cargo de responsabilidade em um ambiente escolar comparável àquele ao qual um candidato aspira pode ser importante. Isso não significa que as pessoas não possam realizar a transição; significa simplesmente que é importante que demonstrem na entrevista, e na prática, o seu entendimento de que a liderança em uma escola pequena é bem diferente daquela em uma escola maior. Evidentemente, se há um número finito de grupos de interesse que têm uma reivindicação legítima sobre o tempo do líder, quanto maior o número em qualquer grupo, mais o líder precisa refletir sobre a melhor maneira de organizar o seu tempo para que cada indivíduo receba a atenção que merece.

O exemplo não é restrito às séries iniciais. Dirigir uma escola de ensino fundamental e médio de 500 alunos é uma proposição diferente de dirigir uma escola de 800, e isso, por sua vez, é diferente de dirigir uma escola com 1.200 alunos. Na verdade, a essa altura a complexidade é de tal ordem que começa a demandar uma sutileza de habilidades de liderança e um entendimento sensível profundo dessas questões. Essas qualidades são raras. Os trabalhos são simplesmente bastante diferentes.

Um diretor que eu conheço e admiro em uma escola com três formulários de ingresso decidiu transformar as expectativas dos alunos e dos profissionais. Esta era uma prioridade para a qual ele só admitia uma resposta. Ele próprio assumiria o ensino de história. Varou as madrugadas, reescreveu os esquemas de trabalho e não permitiu que nada interferisse entre ele e o seu ensino da 4ª e 5ª séries. Isso compensou e foi precedido por – e associado a – uma análise profunda e compartilhada dos desempenhos no GCSE (General Certificate of Secondary Education)* dos mesmos alunos em diferentes disciplinas durante o ano todo. Os resultados estão melhorando na esteira de expectativas mais elevadas e, para o alívio do diretor – ele nutre uma revigorante sensação de dúvida –, os resultados de história o ajudaram a provar sua intenção. O resultado foi um sucesso.

Ao discutir a tática, o diretor reconheceu que atingir o mesmo resultado através das mesmas táticas em uma escola duas vezes maior não teria sido possível. Dada a intensidade das obrigações em um grande estabelecimento, ele teria de lidar com a questão de maneira diferente. É interessante notar – e isso teria me convencido se eu o estivesse entrevistando para um cargo em uma escola maior – que ele demonstrou capacidade para identificar uma questão fundamental e apreciar o imperativo do tamanho. Por acaso, este indivíduo em particular trabalhou em várias escolas de diferentes tamanhos. As mesmas considerações se aplicam, embora com menos urgência, aos diretores de departamentos ou àquelas principais equipes pastorais ou departamentos infantis ou juniores, ou a escolas de ensino médio ou fundamental com grupos de diferentes tamanhos.

---

* N. de T. O General Certificate of Secondary Education (GCSE) é uma qualificação acadêmica concedida em uma determinada disciplina, em geral escolhida entre várias, por alunos de 15 e 16 anos no ensino médio da Inglaterra, País de Gales e Irlanda do Norte (na Escócia, o equivalente é o Standard Grade). Alguns alunos podem obter um ou mais GCSEs antes ou depois; as pessoas podem se candidatar a GCSEs a qualquer momento, internamente através de uma instituição, ou externamente.

Tempo e lugar

> O sucesso em uma parte do país não é garantia de sucesso em outra.

A liderança das escolas hoje requer qualidades e habilidades similares àquelas requeridas uma geração atrás; só que as circunstâncias em que elas são exercidas fazem exigências maiores. A sociedade está articulada mais livremente e os pressupostos sobre pais, equipe da escola e diretores evidentemente mudaram.

Alguns dos fatores gerais têm uma ênfase local extremamente concentrada como, por exemplo, uma sociedade com indivíduos com diferentes credos e com indivíduos sem fé, divisões maiores entre ricos e pobres, maior número de sem-teto ou um aumento expressivo nas famílias monoparentais. Outros fatores se aplicam em toda parte, como a ênfase aumentada nos direitos e diminuída na responsabilidade, a ênfase na escolha parental e uma aplicação aumentada das forças do mercado na educação, juntamente com a necessidade de lidar com a imensa agenda de mudança externamente imposta.

Finalmente, através de uma explicação introdutória, nós sabemos que a narração boa e significativa de uma história, assim como o questionamento e a explicação – todos associados a imagens, metáforas e comparações –, são parte das qualidades dos líderes escolares e de seu corpo docente.

Entretanto, a cultura associada a regiões particulares do país é outro fator contextual. Uma pessoa que entende as nuanças do nordeste pode não ter identificado uma dependência de uma afinidade natural pelo folclore das pessoas e as tradições de suas escolas. O sucesso em uma parte do país não é garantia do sucesso em outra parte. Similarmente, um líder que fracassa em um ambiente urbano pode não ser malsucedido em um ambiente rural, embora seja interessante notar que o inverso é menos provável. Alguns diretores que são naturalmente especialistas e proficientes em assumir o controle absoluto de uma escola em declínio e proporcionar-lhe um novo sentido de propósito e direção, são absolutamente inúteis no controle de uma escola que já está desfrutando dos louros do sucesso. Aqui o apelo é para a habilidade mais sutil de manter mais alto quanto possível o nível de mudança e de melhoria sem permitir que ele se acelere de maneira insustentável ou caia na estagnação.

As escolas são locais onde os sucessos lembrados e uma percepção da história podem muito facilmente se tornar antigos, em vez de modernos. Alguns líderes são bem-sucedidos na expansão, mas ineficazes na contração; outros são o contrário. Há habilidades distintas e identificáveis associadas à liderança e ao manejo de todas essas diferentes situações.

Por isso, dizer que todas as escolas são únicas é um truísmo: cada uma está servindo a uma comunidade sutil ou amplamente diferente. As variáveis, como já vimos, incluem a origem dos alunos (raça, *status* socioeconômico, credo) e a comunidade em que ela atua (em uma área rica, em uma área de desafio social ou em uma boa via de comunicação para que possa atrair seus alunos de todo lugar). A escola pode estar na posição mais alta ou mais baixa da hierarquia das escolas, ou pode estar em algum lugar no meio; em consequência disso ela terá mais, ou menos, alunos que tiveram um bom desempenho nas Tarefas de Avaliação Padrão (TAPs). Ela pode, ou não, enfrentar a excessiva mobilidade de alunos e profissionais. Pode ter um déficit financeiro ou números em queda. Pode ou não conseguir se basear em fontes externas de dinheiro ou *know-how*. E, é claro, toda escola está em um ponto diferente na trajetória de sua jornada; pode estar em ascensão ou em declínio. Ou, para confundir ainda mais as coisas, pode ser um misto de ambos, dependendo dos profissionais dos diferentes departamentos.

NOSSO LIVRO CONTÉM "BORBOLETAS"

Entretanto, há uma adição idiossincrática que requer explicação: a "borboleta". Nós cruzamos com ela pela primeira vez em Birmingham, onde ficamos impressionados com as práticas da escola pequena, às vezes dependente do contexto, que pareciam ter um impacto desproporcional sobre o sucesso da instituição. Vamos começar a explicar. David Hargreaves distingue dois tipos de prática ou intervenção. As intervenções de "baixa alavancagem" são familiares – muito esforço é dirigido à prática nova e o retorno é insignificante. O contraste é com as intervenções de "alta alavancagem": um esforço relativamente pequeno de formular ou implementar, mas produzindo resultados extremamente benéficos em termos de aprendizagem e etos. Todos os líderes escolares pretendem evitar as práticas de baixa alavancagem e encontrar alternativas de alta alavancagem. Acreditamos que todas as escolas são capazes, quer através de consultoria e conselhos externos úteis, quer através de autoavaliação crítica, de mudar de práticas de baixa alavancagem para práticas de alta alavancagem. Aquelas que conseguem fazê-lo são aquelas que vão melhorar.

É aí que entra o "efeito borboleta". No espírito de buscar uma alta alavancagem, tanto nas coisas importantes da vida escolar quanto no reforço de como as coisas importantes são feitas, acreditamos que as pequenas intervenções podem ter um efeito desproporcional. Passamos a chamá-las de "borboletas" depois da história do teórico do caos ou da complexidade, de que se um número suficiente de borboletas batesse suas asas na floresta Amazônica, poderiam desencadear um furacão a milhares de quilômetros de distância. Na verdade, uma alta alavancagem – mas, às vezes, se você se colocasse na posição da borboleta, grande quantidade de esforço.

No Capítulo 2 explicamos como as próprias escolas podem criar energia e melhoria reunindo suas próprias borboletas a partir da sua própria prática.

Liderando rumo ao sucesso 1

> A liderança é, para a década atual, o que os padrões eram para a década de 1990 àqueles interessados em reforma em larga escala. Os padrões, mesmo quando bem implementados, podem nos conduzir apenas até uma parte do caminho para a reforma em larga escala. Somente a liderança pode nos conduzir por todo o caminho.
>
> **Michael Fullan (2003)**

> A liderança e o aprendizado são indispensáveis um ao outro.
>
> **Atribuído a John F. Kennedy**

> Há uma diferença entre liderança e gerenciamento. A liderança é do espírito, composta de personalidade e visão; sua prática é uma arte. O gerenciamento é da mente, uma questão de cálculo preciso... sua prática é uma ciência. Os gerentes são necessários; os líderes são essenciais.
>
> **Marechal de Campo Lord Slim, citado em Van Maurik (2001)**

A LIDERANÇA É AMBÍGUA

As qualidades dos líderes escolares, particularmente dos diretores, e o modo como eles distribuem suas competências são amplamente reconhecidos como sendo os principais ingredientes para o sucesso da escola. Sem a combinação desses ingredientes, os pesquisadores concordam que jamais encontrarão uma escola realmente bem-sucedida.

Xenofontes descreveu as qualidades requeridas do general escolhido como sendo "inteligente, dinâmico, cauteloso, cheio de energia e presença de espírito... afetivo e firme, direto e habilidoso, pronto para arriscar tudo e desejoso de ter tudo, generoso e ganancioso, confiante e desconfiado".

O militar talvez seja uma analogia inadequada para a chefia. Será que Napoleão, ao mesmo tempo decidido e preparado para acrescentar e modificar os planos se alguém chegasse com uma ideia melhor, foi um bom chefe? Achamos que não. A questão é que os chefes têm de lidar com a "ambiguidade": uma vez que estejam à vontade com isso, vão relaxar no trabalho. Não deve ser, como algumas pessoas dizem, alguém solitário, mas completo no que diz respeito à construção e à manutenção de relacionamentos... e tão ocupado que não terá tempo para se sentir sozinho.

Liderança, gerenciamento e administração

Há um mundo de diferença entre a "liderança" e o "gerenciamento": a primeira tem principalmente a ver com planejamento e visão, e a segunda com organização e provisão. Eles não são, é claro, nitidamente diferentes, e se impõem um ao outro. Há provavelmente um ciclo na operação de qualquer organização de planejamento, sistematização, provisão, manutenção, monitoração, avaliação e mais planejamento (ver Figura 1.1).

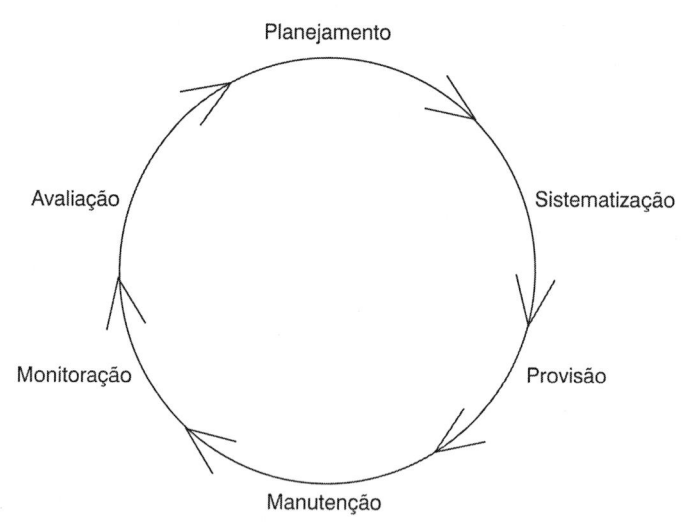

Figura 1.1 Ciclo de operação de uma organização.

É muito importante, e uma característica do sucesso de longo prazo, que a liderança de uma organização garanta o desempenho efetivo de todas as partes deste ciclo. Quanto menor for a instituição mais será necessário que uma pessoa incorpore em seu próprio funcionamento uma capacidade de liderar, gerenciar e administrar. Em uma escola grande e complexa, por outro lado, é fundamental saber *quem* está fazendo *que* tarefas *quando*, e quem tem a *responsabilidade* pelas tarefas.

Alguns chefes são instintivamente fortes no planejamento, na monitoração e na avaliação. Por exemplo, eles produzem ou capacitam outras pessoas para produzir planos impressivos de desenvolvimento a longo prazo: fazendo isso, optam por uma análise altamente colaborativa e coletiva para garantir um alto grau de participação na direção em que a escola é então determinada a seguir. Planejam a reunião de evidências e prometem examinar os vários novos rumos com os quais estão comprometidos. Infelizmente, podem não ser tão bons em organizar e fazer provisões para variáveis como tempo, livros e equipamentos, que permitem que as novas mudanças sejam introduzidas efetivamente.

Outros podem fazer tudo isso, mas negligenciam o pequeno suporte administrativo detalhado, essencial para o desenvolvimento tranquilo de qualquer atividade. O apoio cotidiano da secretaria da escola e das reuniões de trabalho dos técnicos é essencial para o currículo e para a mudança organizacional, tanto da escola como um todo quanto dos professores e dos departamentos.

Para outros líderes, a atração e a ênfase podem estar em outros aspectos. Em uma escola de um, dois ou três professores, é provavelmente inevitável que se tenha de conviver com a combinação de potencialidades e debilidades que constitui o perfil de um indivíduo. As pessoas de fora podem dar o melhor de si, capacitando-se para ajudar seu diretor ou chefe de departamento a compensar seu conjunto mais fraco, mas é improvável que façam mais do que isso.

Na escola de tamanho médio – e aqui queremos dizer algo até 1.000 alunos – deve ser possível para qualquer equipe de gerenciamento sênior (composta de chefes, subchefes e colegas seniores) analisar honestamente suas potencialidades complementares e suas debilidades para garantir que a liderança, o gerenciamento e a administração sejam exercidos tanto no geral quanto nas áreas separadas (por exemplo, no desenvolvimento da equipe, nas relações externas, no desenvolvimento do currículo, nos sistemas de avaliação, etc.). Por isso, a liderança detalhada é exercida por pessoas diferentes nessas diferentes facetas da vida escolar.

Quando as pessoas falam sobre *responsabilidade* no contexto da vida escolar, estão em geral referindo-se à chance de exercer liderança. Por exemplo, um novo membro da equipe pode estar "assumindo a liderança" em um desenvolvimento do currículo: a expressão deve implicar iniciativa e capacidade de assumir a responsabilidade quando as coisas precisam ser feitas para que os objetivos sejam alcançados. Entretanto, se o trabalho que eles fizerem for ignorado e ninguém demonstrar interesse pelo seu desenvolvimento, e se isso for tacitamente admitido, a escola estará sempre correndo o risco de cair de uma posição de "desenvolvimento positivo" para aquela de "manutenção dos sistemas" e para um eventual declínio.

O exemplo a seguir ilustra isso:

> Uma professora de uma pequena escola de ensino fundamental é encarregada de assumir a liderança nas questões políticas entre os pais e a instituição. Ela produz um relatório que analisa as várias interações entre a escola e os pais – social (Associação de Pais e Mestres – APM), educacional (lições de casa e relatórios sobre o progresso dos alunos), administrativa (noites educacionais com entidades administrativas e com os pais) – e faz propostas para mudanças e novos incrementos.
>
> Se a liderança da escola não pensou nas maneiras organizacionais de providenciar as mudanças e subsequentemente mantê-las, ou ignora as recomendações do membro do corpo docente a esse respeito, vai ocorrer uma enorme drenagem de energia e entusiasmo no interesse e no compromisso do docente cuja iniciativa é assim preterida. Pior ainda, é claro, será a irritação dos outros membros do corpo docente se a iniciativa for impropriamente planejada ou competir com outra prioridade.
>
> Geralmente, no entanto, o maior perigo está em o esquema perder a importância e ninguém da liderança da escola demonstrar interesse suficiente ou sustentado pela nova ideia ou por sua necessidade, tanto para um apoio e apreciação continuados, porém cuidadosamente avaliados, quanto para um exame crítico oportuno.

O que esse exemplo mostra é o fracasso dos líderes escolares em gerenciar a oportunidade que deram a outra pessoa de liderar adequadamente. Eles interromperam de maneira abrupta a chance que originalmente deram aos professores de assumir uma liderança, através da não tradução da fase de planejamento para a experiência real da liderança em ação. *O bom gerenciamento é o auxiliar essencial da liderança.**

Algumas pessoas acham que há uma tensão entre a liderança e o gerenciamento – que de algum modo um é melhor do que o outro. Eles são, no entanto, complementares: ambos são necessários. Ficamos impressio-

---

* N. de R.T. A respeito deste tema, é possível ler mais em Hargreaves, A., Fink, D. *Liderança sustentável*: desenvolvendo gestores de aprendizagem. Porto Alegre: Artmed, 2007. Charan, Ram. *O líder criador de líderes*: a gestão de talentos para garantir o futuro e a sucessão. Campus, 2008.

nados com o comentário de um consultor de gerenciamento (cujos comentários que nos apressamos em adicionar nem sempre impressionam) de que "a maioria das organizações do Reino Unido são deficientemente lideradas e excessivamente gerenciadas. Há apenas uma coisa pior: as organizações serem excessivamente lideradas e deficientemente gerenciadas".

Transformação ou transação? Ou ambas?

Nós nos deparamos com vários pontos e contrapontos na descrição de líderes transformacionais e transacionais que são apresentados no Quadro 1.1. Há muitos pontos na coluna da direita, "transacional", que são desejáveis em qualquer organização. Entretanto, há alguns que não o são. Não se trata apenas de fazer a coisa certa; com frequência, para o funcionamento tranquilo de uma organização como uma escola, trata-se de fazer as coisas da maneira certa.* Apesar da validade de algumas declarações da coluna da direita da tabela, suspeitamos que elas foram reunidas por alguém mais bem preparado para a liderança do que para o gerenciamento do tipo necessariamente transacional.

Quadro 1.1 As diferenças entre a liderança transformacional e a liderança transacional

LIDERANÇA	
TRANSFORMACIONAL	TRANSACIONAL
Baseia-se na necessidade de significado.	Baseia-se na necessidade de ter o trabalho realizado e de ganhar o seu sustento.
Está preocupada com propósitos, valores, moral e ética.	Está preocupada com o poder e com a posição, com a política e com as vantagens.
Transcende as preocupações diárias.	Está atolada nas preocupações diárias.
Está orientada para objetivos de longo prazo sem comprometer valores e princípios humanos.	Está orientada para objetivos de curto prazo e dados concretos.
Separa as causas e os sintomas e atua na prevenção.	Confunde causas e sintomas e está preocupada com o tratamento.
Alinha as estruturas e os sistemas internos para reforçar valores e objetivos abrangentes.	Apoia estruturas e sistemas que reforçam o resultado final.
Concentra-se mais nas missões e nas estratégias para atingi-las.	Concentra-se nas questões táticas.
Faz pleno uso dos recursos disponíveis (humanos).	Confia no relacionamento humano para lubrificar as interações humanas.
Planeja e replaneja os empregos para torná-los significativos e desafiadores: entende o potencial humano.	Segue e satisfaz as expectativas das funções se esforçando para trabalhar de maneira eficaz com os sistemas atuais.

---

* N. de R.T. A respeito de líderes transformacionais, é possível saber mais em "A criação de organizações de alto desempenho por meio do trabalho em equipe." Boyett, Joseph. *O guia dos gurus*. São Paulo: Campus, 1999, p. 142-183.

Os sistemas de gerenciamento apoiam a liderança. Por exemplo, tanto o manual da equipe quanto as descrições do emprego podem ser expressos em uma linguagem que abranja tanto o gerenciamento quanto a liderança. Trataremos disso no Capítulo 2.

QUALIDADES E CARACTERÍSTICAS DA LIDERANÇA

Iniciamos este capítulo com uma referência à necessidade de o líder conviver com a ambiguidade e, um tanto seriamente, incluímos uma citação de Xenofontes. No entanto, os líderes escolares bem-sucedidos vão modelar em seu comportamento um conjunto de valores que comanda o respeito pela equipe que, como eles, acreditam no potencial ilimitado e nas competências futuras de seus alunos. Diferentemente dos generais, eles criam e constroem em vez de combater e destruir.

Evidentemente, não há um estilo específico de líder bem-sucedido. Alguns são naturalmente extrovertidos; outros, introvertidos: os dois estilos de liderança são bem-sucedidos. O principal ingrediente comum é a integridade: como você fala, quem você é e como é percebido na ação precisam ser congruentes. Você sabe exatamente onde está o líder bem-sucedido.

Como mostrou a PricewaterhouseCoopers (2007) em seu estudo recente da liderança escolar, os professores e a equipe de apoio valorizam os fatores que seguem.

> Os líderes eficientes:
>
> - adotam uma abordagem consultiva e não hierárquica – distribuem eficientemente as responsabilidades da liderança;
> - são acessíveis e visíveis em qualquer escola;
> - comunicam-se efetivamente com todos os funcionários;
> - levam a sério o gerenciamento do desempenho dos funcionários, proporcionando-lhes caminhos claros de desenvolvimento;
> - entendem a prática em sala de aula e também o papel da escola na comunidade mais ampla.

Quer se esteja liderando em uma sala de aula, em um corpo docente ou em toda a escola, é essencial que se tenha energia, entusiasmo e esperança. Usamos "esperança", não "otimismo", porque há a promessa da distribuição: é uma questão de determinação, não de opinião. Quando alguém disse que os professores e os diretores precisavam de um "otimismo não comprovado", é isso que eles estão alcançando. Os líderes vão encarar a crise como a norma, e a complexidade como algo divertido. Vão experimentar muito de ambas. Precisam de um poço sem fundo de curiosidade intelectual para alimentar a especulação sobre o que é possível, continuando a fazer perguntas em vez de continuamente proporcionar as respostas. Finalmente, precisam de uma ausência total de paranoia e autopiedade. Como um líder, seja na matemática ou em toda a escola, você é reconhecido por enxergar mais longe e mais amplamente do que os outros tal tópico. Você cria coerência. Para criar coerência dos líderes de matemática ou inglês o diretor precisa ouvir e reunir seu conhecimento de especialista em matemática ou inglês em um contexto mais amplo – a comunidade local, as mudanças nacionais, a rotatividade dos funcionários e dos alunos, a disponibilidade dos recursos. Essencialmente, ele ajusta isso em uma visão do futuro que traduz em uma visão coletiva para a comunidade escolar.

Como já dissemos, as pessoas precisam saber de onde vêm seus líderes no que diz respeito aos valores.[*] Muitos professores dizem que admiram o esforço, o compromisso e a energia, o trabalho árduo, a franqueza e as boas intenções dos líderes em cenários em que uma escola ou um departamento é considerado bem-sucedido e colocado face a face com a real importância da excelência. Entretanto, o trabalho árduo só é generoso se as pessoas souberem de onde vêm seus líderes no que concerne aos valores. É provavelmente por isso que os pesquisadores dizem que a liderança é mais bem sucedida após três anos, porque até então, especialmente nas grandes instituições, é difícil saber o que faz o líder pulsar e, por isso, inevitavelmente as diferentes decisões sobre casos pessoais dificultarão a concessão a ele do benefício da dúvida.

Como o professor que se sobressai, o diretor também demonstra e comunica uma crença de que todos os jovens podem ser bem-sucedidos. Consequentemente, sua visão da inteligência não é mesquinha ou estreita. Como o norte-americano Howard Gardner, eles acreditam na existência de muitas formas de inteligência e que cada uma pode ser aumentada em todo indivíduo. Querem que seus alunos adquiram um amor pela aprendizagem que dure a vida toda – e demonstram seus próprios hábitos de aprendizagem da vida toda como um modelo.

Existe um último ponto sobre a liderança que precisa ser destacado – talvez seja o mais importante de todos. Tem sido dito que uma das

---

[*] N. de R.T. Sobre valores e competências de liderança, é possível conhecer mais em "know-how, a essência dos líderes do sucesso". Em Charam, R. *know-how: as oito competências que separam os que fazem dos que não fazem.* São Paulo: Campus, 2007, p. 03-20.

principais características de uma escola bem-sucedida é o número de relacionamentos gratificantes que um aluno tem com seus professores. Há muita verdade nessa proposição. Certamente, se um aluno não tem nenhum relacionamento significativo com nenhum professor, lamentamos por ele... é improvável que a escola lhe tenha sido de muita utilidade.

O mesmo acontece com a liderança. Dentro do departamento e da escola, pobre do professor que não encontra ninguém com quem possa se relacionar de maneira relaxada e confiante, tanto no aspecto pessoal quanto profissional. Se houvesse um teste de liderança decisivo, este provavelmente incorporaria uma maneira de avaliar como os profissionais encaram a lealdade, a confiança e o humor entre os membros seniores da equipe de liderança da escola.

Inevitavelmente, embora grande parte do processo seja compartilhada (como deve ser), o líder de uma grande organização não pode estar em contato contínuo com os vários colaboradores. Eles farão um contato sistemático regular, repleto de atos de inesperada bondade e consideração, mas o contato não pode ser constante. É essencial que nos momentos de crise o líder se aprofunde na determinação e não se transforme em refém da autopiedade.

Embora saibamos que as qualidades de integridade e compromisso levarão longe um diretor, ele necessita de algumas habilidades cotidianas e também de algumas habilidades abrangentes.

Habilidades cotidianas

Nas escolas ou nos departamentos de médio a grande porte, os diretores argumentariam que o trabalho de equipe garante o desenvolvimento complementar das potencialidades específicas das pessoas. Assim, por exemplo, meu otimismo pode aumentar com sua melhor percepção do uso do tempo. Os líderes são sutilmente direcionados ou se direcionam para as atividades em que são bons, mas nunca devem se esquecer de que, de tempos em tempos, em uma situação de crise, vão precisar acionar suas próprias áreas pessoais mais fracas, e por isso precisam trabalhar muito arduamente para melhorar suas características ou habilidades não tão bem-sucedidas. As habilidades de condução de uma reunião, escrita de um documento ou apresentação de uma justificativa são todas atividades que podem ser melhoradas no correr do tempo.

O líder bem-sucedido entende isso. Alguns diretores e chefes de departamento não presidem reuniões ou grupos de trabalho importantes, mas simplesmente os assistem como um membro, embora tacitamente reconhecido como um membro muito importante. Outros presidem todas as reuniões. Alguns escrevem muitos textos influentes para esses encontros; outros raramente o fazem e, quando o fazem, apenas se baseiam em textos redigidos por outros apenas marginalmente emendados.

Ainda sobre a questão do contexto: as reuniões devem ocorrer em algum lugar. Mas a *hora* e o *local* são importantes. Uma sala de aula apertada e mal ventilada no fim de uma semana atribulada, sem refrigeração, onde as pessoas não conseguem enxergar umas as outras, evidentemente não é um ambiente tão propício quanto um local confortável, com um tempo de encerramento delimitado, talvez com um propósito predeterminado, envolvendo a celebração de alguns esforços da equipe e acompanhado de um lanche e de refrigerantes.

As reuniões de equipe continuam sendo uma armadilha para os melhores líderes e gerentes, quer no nível departamental ou no nível da escola. Mais uma vez, quanto mais longa a reunião, mais perigosa a situação. As reuniões também devem ter um propósito e a sua regularidade não deve ser ditada por um calendário que é o ladrão do tempo, mas pela necessidade.

Portanto, "todo semestre", "todo mês", "toda quinzena", "toda semana", "todo dia" são expressões que revelam, com uma sensação crescente de desespero, um uso desconsiderado do tempo valioso e provavelmente plantam as sementes da irritação tanto para o líder quanto para os liderados. Os líderes mais bem sucedidos consideraram as seguintes questões para as reuniões:

- Com que frequência as reuniões são realmente necessárias?
- Estou consultando ou informando, e todos nós sabemos do que se trata?
- Existe uma agenda?
- Os participantes são consultados sobre os prováveis itens?
- Há itens suficientes para a reunião prosseguir?
- A agenda é colocada em circulação?
- Os itens têm tempo marcado?
- Quem vai escrever uma síntese para o acompanhamento da reunião?
- Esta síntese será amplamente disponibilizada?
- Quem são os potenciais aliados na reunião e quem precisa ser conduzido ao debate?
- Quem precisa estar presente e quem pode estar presente?

O "gerente", que deve se ocultar sob a pele de todo professor, dá a maior atenção a todas as formas de comunicação e está extremamente consciente de que estas necessitam de análise e avaliação de tempos em tempos. Os líderes mais bem sucedidos mudam seu estilo dependendo da comunicação e das reuniões, para que a familiaridade não embote as percepções que devem ter da escola e de suas atividades. É claro que permanecem constantes em seus valores, embora variem seus hábitos.

Entretanto, se há habilidades que são acionadas nos processos de liderança e gerenciamento, elas não são exercitadas de uma maneira mecânica ou despersonalizada: para cada tarefa e atividade os líderes trazem suas próprias qualidades, seus talentos ou suas inteligências. Provavelmente todos os atributos que os líderes necessitam, a capacidade de entender a si mesmos, e a si mesmos em relação aos outros, nunca foram tão importantes.

Além dessas habilidades cotidianas que já identificamos, há provavelmente três habilidades abrangentes em que os líderes devem ser proficientes:
- delegação
- mudança no gerenciamento
- uso do tempo para o melhor efeito.

Os nove níveis de delegação

1. Aprofunde-se neste problema. Apresente-me todos os fatos. Vou decidir o que fazer.
2. Informe-me sobre as opções disponíveis, com os prós e os contras de cada uma. Vou decidir o que selecionar.
3. Informe-me sobre os critérios da sua recomendação, que alternativas identificou e qual lhe parece a melhor, com todos os riscos identificados. Vou tomar a decisão.
4. Recomende um curso de ação para a minha aprovação.
5. Informe-me sobre o que você pretende fazer. Adie a ação até que eu a aprove.
6. Informe-me sobre o que você pretende fazer. Faça-o, a menos que eu lhe diga para não fazê-lo.
7. Aja. Informe-me sobre o que fez. Informe-me como as coisas aconteceram.
8. Aja. Comunique-se comigo apenas se a ação for malsucedida.
9. Aja. Nenhuma comunicação adicional comigo é necessária.

Essa lista apresenta as possíveis posições na determinação de como e quando delegar. Evidentemente, à medida que relaxamos ou retornamos ao comportamento usual, todos teremos nossa posição preferida, mas teremos aprendido a habilidade de decidir deliberadamente onde nos posicionar no espectro das possíveis posições com diferentes pessoas para diferentes tarefas. Você pode achar que alguém novo em um emprego vai requerer algum apoio enquanto se adapta ao novo ambiente, mas decide mais tarde que ele está, por exemplo, nas situações 7, 8 ou 9 para a maioria das coisas. Na verdade, você ficaria incomodado se precisasse estar nas situações 2, 3 ou 4 – e desesperado se precisasse estar na situação 1!

Estar consciente deste espectro é, portanto, um guia útil para a necessidade de um desenvolvimento profissional para outras pessoas – ou para si mesmo.

Uma palavra final de advertência sobre a delegação. A maneira mais certa de consumir energia e desmotivar ou desautorizar os profissionais é lhes dizer que eles estão na situação 7, mas no auge de uma crise ou em questões externas se arrepender tarde demais e lhes dizer subsequentemente que estão na situação 5!

Mudança no gerenciamento

Hoffer (1998) disse certa vez: "Em tempos de mudança, os aprendizes herdam a terra, enquanto os instruídos veem-se belamente equipados para lidar com um mundo que não mais existe".

Os professores de hoje entendem bem isso. Cada vez mais jovens e velhos podem usar a internet para ficar bem informados sobre qualquer assunto; há 20 anos, as visitas às bibliotecas eram restritas. Além disso, a era "deferencial" abriu caminho para a atualidade mais "polêmica" e "participativa".

O professor não é mais, se é que algum dia o foi, o único supridor de informações. Em vez disso, o professor é o treinador, o desenvolvedor das habilidades e das competências dos alunos, assim como o guia instruído e confiável com relação aos valores e ao qual se pode recorrer para mais informações. Ele sabe que aprender é mudar.

Entretanto, a época atual tem trazido incessantes mudanças externamente impostas por sucessivas administrações centrais. A escola bem-sucedida providencia para que cada membro da equipe entenda alguns dos fundamentos da mudança, para que possa estar aberto a ela, divergir dela ou resistir a ela segundo decida a comunidade escolar. A escola bem-sucedida terá internamente registradas algumas das regras da mudança.

A primeira lição diz respeito à mudança complexa. A Figura 1.2 mostra o que acontece quando qualquer um dos cinco ingredientes essenciais está ausente. É claro que ela não explica a disfuncionalidade que é criada quando dois ou três estão ausentes ou quando tudo o que você conseguiu foi uma sucessão de "planos de ação" sem visão, habilidades, recursos ou incentivos! Entretanto, é um guia útil para a implementação da mudança.

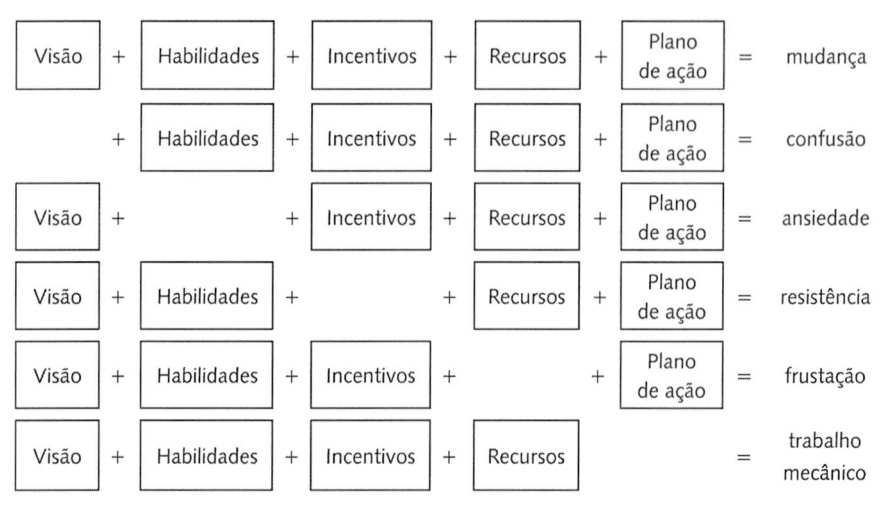

Visão	+	Habilidades	+	Incentivos	+	Recursos	+	Plano de ação	=	mudança
	+	Habilidades	+	Incentivos	+	Recursos	+	Plano de ação	=	confusão
Visão	+		+	Incentivos	+	Recursos	+	Plano de ação	=	ansiedade
Visão	+	Habilidades	+		+	Recursos	+	Plano de ação	=	resistência
Visão	+	Habilidades	+	Incentivos	+		+	Plano de ação	=	frustação
Visão	+	Habilidades	+	Incentivos	+	Recursos			=	trabalho mecânico

Figura 1.2 Gerenciando a mudança complexa.
Fonte: Adaptada de Knoster (1991). Apresentação na Conferência da TASH, Washington, DC (adaptada, por sua vez, por Knoster do Enterprise Group Ltd.).

A "mudança internamente gerada" é sempre bem-vinda. Ela surge de membros da comunidade escolar, talvez em um grupo de melhoria da escola, sugerindo a mudança e adotando-a. A "mudança externamente disponível" é o tipo de mudança que você pode abraçar e moldar às suas necessidades. Pode ser um sistema de comportamento ou, em termos curriculares, o projeto *Opening Minds* da RSA. Esta, também, é bem-vinda. A "mudança externamente imposta" é muito mais difícil. Todos esses tipos demandam atenção ao gerenciamento sutil da mudança complexa.

O mais importante é que receber bem a mudança envolve saber que "se uma coisa merece ser feita, vale a pena fazê-la mal" da primeira vez, durante a fase de adoção. É claro que a segunda vez, após uma análise, "vale a pena fazê-la melhor". Finalmente, na expressão de consolidação, qualquer coisa "merece ser bem-feita". Há "regras de mudança" relacionadas a quem fica encarregado da mudança, de apoiar os grupos e realizar a análise.

Qualquer pessoa que leve a sério esta peça do quebra-cabeça vai querer ler os livros de Michael Fullan, seja o popular e de fácil leitura *Leading in a Culture of Change* (2001) ou o mais teórico *The New Meaning of Educational Change* (1991).

Usando o tempo de forma proveitosa

Os líderes recordam a si mesmos que, quando alguém está com eles, é importante que a própria pessoa acredite ser a mais importante do mundo naquele momento. Alguns colegas que conhecemos bem têm exibido uma força invejável nesse aspecto.

As habilidades de escuta podem ser melhoradas ou inibidas. Por exemplo, o relógio na parede atrás da cadeira do convidado é com frequência uma tentação grande demais para muitos de nós resistirmos. O mesmo acontece com o relógio de pulso. Um dos talentos dos líderes é dar a impressão de tranquilidade, mesmo em meio ao seu programa frenético. Eles devem ser capazes de controlar a extensão de uma conversa sem a sensação de urgência que olhares distraídos inevitavelmente comunicam. "Posso lhe dar cinco minutos" é um comentário que tem o seu lugar, mas somente em casos raros.

Os diretores também podem garantir que há oportunidades para conversas casuais: elas vão ocorrer em visitas regulares, discretas, mas naturais à sala dos professores ou ao refeitório. Os líderes vão considerar os hábitos naturais de seus vários constituintes para suplementar quaisquer que possam ser as reuniões de comunicação formal nos padrões da vida escolar. Inevitavelmente, os professores e o pessoal de apoio da escola são uma altíssima prioridade no que diz respeito à escuta. O diretor tem muitos outros constituintes legítimos: os pais, os próprios alunos, os administradores, a comunidade local, os inspetores e conselheiros da autoridade local, sem mencionar o fórum muito importante dos colegas diretores.

Há uma decisão consciente a ser tomada pelos líderes e por seus colegas sobre quanto tempo eles pretendem conceder, formal e informalmente, a estes constituintes legítimos e como coletivamente pretendem liberá-lo. O julgamento de até onde outro membro do corpo docente irá como representante corporativo em uma determinada reunião é crucial: isso pode variar ocasionalmente, assim como as situações em que mais de um docente está envolvido. Vamos discutir brevemente como os chefes bem-sucedidos usam seu tempo. Nesse ínterim, discutiremos alguns dos segredos para se usar bem esse tempo.

Há dois aspectos. Primeiro, aqueles aspectos do tempo quando ele afeta a organização (o calendário, o padrão das reuniões, o ritmo do ano letivo); segundo, quando ele afeta o participante individual.

Já nos referimos à importância da escolha do representante em reuniões específicas, na abordagem do gerenciamento do tempo. Sempre admiramos os diretores que às vezes enviavam um representante a uma reunião de instruções com uma autoridade local, assim como admiramos aqueles que, às vezes, compareciam junto com seu representante. Se o mesmo diretor empregava as duas estratégias ficávamos bastante confiantes de que pelo menos estávamos diante de alguém que havia considerado a questão do tempo.

Também admiramos o diretor que conseguia arranjar tempo para se reunir com um pai ou uma mãe difícil, não em sua própria sala, mas na sala do regente de classe, desse modo sutilmente sugerindo que o regente de classe, não o diretor, era a pessoa encarregada do problema em questão. O mesmo diretor se retiraria dessa reunião quando o café chegasse, dizendo: "Olhe, vocês dois parecem estar resolvendo as dificuldades... Sra. Smith, sei que a senhora vai me perdoar se eu a deixar para concluir o assunto. Foi bom vê-la. Não hesite em nos informar [apontando para a regente de classe] se pudermos ajudá-la em uma ocasião futura".

Se um diretor está sempre acessível, isso é quase tão ruim quanto ele nunca ser visto. Esta é realmente uma questão sutil. Cada vez mais se escuta que os diretores estão mais fora do que dentro da escola. Se isso é percebido, é um sinal de perigo, embora, como a pessoa esperava ser o intérprete da organização para grupos de interesse externo e tantas outras instituições legítimas, seja inevitável que ela passe algum tempo fora da escola, especialmente em uma época de grande mudança. A orquestra vai continuar a tocar sem um regente – durante algum tempo.

As autoridades locais precisam ser cautelosas de não conspirar involuntariamente para desqualificar os diretores, requerendo solicitações frequentes do seu tempo: elas precisam particularmente aconselhar aqueles diretores que sempre parecem ser um "representante" de seus colegas, porque eles podem estar exibindo sinais de deslocamento do objetivo. Eles podem estar acabando com o entusiasmo criativo em suas escolas. Retornaremos a isso mais adiante.

"Tudo parece ótimo no Belbin e no Myers-Briggs", declarou uma colega em um tom preocupado, "mas acho que a professora da educação infantil poderia nos ensinar uma ou duas coisas sobre o que buscar em uma equipe de liderança. Afinal, ela avalia o progresso de suas crianças ouvindo, falando, lendo e escrevendo, e enquanto está fazendo isso observa para ver se elas estão pensando e aprendendo. Seria ótimo se conseguíssemos fazer isso em nossa equipe", concluiu ela com um sorriso, "estaríamos fazendo tudo certo".

Ela estava se referindo à nossa prática de colocar cada novo membro da equipe dentro do perfil dos estilos de liderança operacional preferidos do Myers-Briggs, e depois convidar um capacitador externo para conversar conosco sobre as maneiras como poderíamos melhorar nossos esforços coletivos. Nada muito incomum nisso: a maioria das equipes de liderança escolar faz algo similar. Elas usam capacitadores, avaliam o perfil dos estilos de liderança operacional preferidos e trabalham as lacunas. Alternam a presidência das reuniões e encorajam os departamentos a fazerem o mesmo. É uma prática padrão.

Quanto mais pensávamos sobre as observações da nossa colega, mais sentido elas faziam, e percebemos então como era fácil negligenciar uma ou outra das quatro atividades de escutar, falar, ler e escrever. Isso certamente proporciona uma bússola bastante útil na observação de como os diretores bem-sucedidos empregam o seu tempo.

Pense nisso. Em primeiro lugar, há uma questão óbvia sobre a expressão muito incompreendida "tempo para pensar". Como um diretor me disse depreciativamente: "Eu penso o tempo todo. Isso ocupa todos os momentos em que estou acordado. Quando quero focar a soma total do pensamento, passo uma noite escrevendo ou", acrescentou ele, "converso com um grupo de colegas. Daí vem minha própria ou nossa coletiva direção renovada ou a solução para um problema".

Em segundo lugar, se você analisa o que faz cada dia, isso pode ser fragmentado em "escutar, falar, ler e escrever". A maioria das formas de atividade humana, exceto dormir, em geral envolve uma ou mais dessas quatro.

Em terceiro lugar – e isso é certamente o fundamental para o diretor bem-sucedido – você só pode ler e escrever isoladamente, enquanto precisa de pessoas para escutar e falar. É provavelmente por isso que outra diretora bem-sucedida, convincentemente, me disse: "Eu nunca olho para o meu computador – os *e-mails* ou qualquer outra coisa – entre oito da manhã e cinco e meia da tarde. Também não faço nenhum trabalho administrativo nesse período. Posso fazer tudo isso antes e depois, porque são coisas que eu faço sozinha. O tempo de convívio na escola é precioso. Toda a comunidade está ali. Por isso, esse tempo é dedicado aos alunos, aos professores e funcionários, aos administradores e a outros membros da comunidade mais ampla".

Ela prosseguiu dizendo que se algum dia percebesse a si mesma inadvertidamente se afastando desse princípio orientador e permanecendo na sua sala, saberia que estava em franco declínio.

O tempo é tão precioso que algumas pessoas dizem que aprender a usá-lo tempo de maneira inteligente e de forma proveitosa é a habilidade fundamental a ser dominada por um diretor de escola. Por isso, a superposição de "escutar, falar, ler e escrever" no uso do tempo de um diretor é tão útil – ela o ajuda a se proteger contra o desperdício do tempo ficando sozinho durante o dia letivo. Na verdade, isso tem conduzido mais de um diretor que conhecemos a compartilhar uma sala com assessores, porque, quando estão juntos no mesmo lugar, estão também compartilhando ideias (ou, neste caso, concordando) sobre como tratar uma questão imediata difícil. Eles declaram que nunca tiveram problemas em relação a ter a uma sala para realização de reuniões privadas.

Para concluir esta seção sobre o uso do tempo precioso, tentamos descrever os cinco principais usos que os líderes escolares bem-sucedidos fazem de seu tempo.

Primeiro uso do tempo

> O talento do professor, como escaldo ou contador de histórias, abrange imagens, metáforas, comparações, analogias e uma percepção exata do momento e da ocasião certos.
>
> **Tim Brighouse (2007)**

Eles são "escaldos", não "censores".

A palavra "escaldo" (*skald*) é reservada, no folclore escandinavo, aos poetas que contavam histórias aos guerreiros antes da batalha. As histórias eram sempre positivas e recordavam às pessoas os grandes feitos passados, assim como os iminentes triunfos futuros. Na nossa cultura, a construção de Shakespeare do discurso de Henrique V antes da batalha de Agincourt é uma equivalência. O mesmo acontece com os diretores. Há um toque do "escáldico" em todos aqueles bem-sucedidos. Eles usam os dias de premiação para ponderar em voz alta que "Os resultados do último ano no GCSE foram os melhores de todos os tempos, de todos os pontos de vista. Mas a 7ª série deste ano, que está conosco esta noite, é o melhor grupo que jamais tivemos e, por isso, sabemos que no próximo ano estaremos melhores ainda. E quando olho para os resultados da 6ª série do ensino fundamental do último ano e converso com seu professor, vejo que esta tendência vai continuar".

As assembleias são iguais, com histórias de sucessos esportivos e outros alcançados e iminentes. As reuniões de equipe são ocasiões para contar a maneira brilhante como um membro da equipe lidou com um aluno no corredor, sendo este momento seguido por um discreto elogio: "porque eu sei que isso é algo que todos vocês fazem... mas acabei de ser lembrado da qualidade da nossa equipe quando a vi".

Oportunidades fundamentais para ser escáldico.

As assembleias, as reuniões de equipe, as noites dos pais, os concertos, as peças e as ocasiões importantes são todas oportunidades que não devem ser facilmente perdidas. Fora da escola, também, o diretor sagaz repete algumas das melhores histórias, assim como o fazem, em uma sabedoria recebida acumulada, outros membros da equipe. Eles sabem que a percepção de mais coisas boas do que coisas ruins acontecendo é um dos fatores vitais para o sucesso da escola.

O bom supera o ruim. A definição de "censurar" no dicionário é "usar a veemência ou a persistência humilhante na reprovação ou na descoberta de falhas". Esta é uma maneira rápida e certa de perder a benevolência e enfatizar o negativo em ocasiões públicas. Em momento algum o fracasso deve estar à mão dessa maneira. Mas os diretores podem muito facilmente cair vítimas do hábito. Eles são tensionados e pressionados o tempo todo e, é claro, estão com frequência enfrentando crises ou momentos em que "cantar a mesma música" tornou-se contraditório ou totalmente ignorado. Essa é a ocasião de lembrar que mais coisas boas do que ruins estão acontecendo ou, se não estão, o espírito positivo do "posso fazer" vai garantir que eles façam. Em *Essential Pieces: The jigsaw of a sucessful school* (2006), nós nos referimos à necessidade de pender pesadamente em favor do que descrevemos como sendo uma "indagação apreciativa", ou seja, achar o que é bom naquilo "que existe". Se o diretor não é um gerador de energia em suas interações, ninguém mais pode compensar isso plenamente.

Ser um escaldo provavelmente requer três ou quatro horas por semana... e não ser nunca mais um "censor"! Isso não deve ser confundido com falar o que acontece o tempo todo – mas abrange falar tanto para grupos grandes quanto pequenos, além de contar histórias.

Segundo uso do tempo

Eles se sentam no muro, não na cerca.

A manhã é importante em qualquer organização e talvez em parte alguma mais importante do que nas escolas, onde cada movimento do professor pode afetar a disposição para aprender de um aluno. Você está enfrentando uma crise pessoal? As compras precisam ser feitas? Apesar de tudo isso, o bom professor se obriga a encontrar tempo para cumprimentar os colegas e os alunos alegremente no caminho do ponto de ônibus ou do estacionamento até o prédio da escola. Ele sabe que a maneira como se comporta com sua classe ou com o grupo de educadores vai influenciar o dia para muitos de seus alunos. Por isso, evitar uma aparência preocupada ou, pior ainda, um ar irritado ou até mesmo hostil, é uma prioridade para o professor.

Não é diferente com os diretores.

> O hábito matinal de muitos diretores de escolas de ensino fundamental era se sentar no muro ou ficar de pé na frente do portão da escola, onde podiam ser vistos em uma conversa animada com as pessoas enquanto elas corriam para a escola. "Esta é a chance de os pais também trocarem uma palavrinha comigo", acrescentou ele, pensativo, "e como a maioria faz isso ajuda a estabelecer o tom para os poucos pais difíceis, que do contrário poderiam irromper na escola para lançar sobre mim sua própria frustração com a vida. Eu ou o vice-diretor fazemos o mesmo também no final do dia."

Um bem-sucedido diretor de uma grande escola do sul de Londres faz algo similar quando fica de pé todos os dias no vestíbulo da entrada durante 30 minutos, a partir de cerca das 8h15, para que todos os professores possam agarrá-lo pela roupa e pedir-lhe uma palavrinha no final do dia. Como diz o diretor: "Eu sempre me certifico de lhes dar um retorno no mesmo dia. Essa é a minha interpretação de uma prática de 'porta aberta', porque eu nunca estou na minha sala, exceto para as reuniões".

Outro diretor pode ser visto na City Road em Birmingham, à tarde, supervisionando as filas do ônibus e acenando para os pais que buscam seus filhos de carro. Esses diretores são profundamente conscientes da sua necessidade de estarem acessíveis a toda a comunidade escolar, se não imediatamente, pelo menos em algum momento do dia. O diretor sabe muito bem que quanto menos tempo ele passar na sua sala, melhor.

A caminhada pela escola

Por isso, no mesmo espírito de ser acessível, a prática da "caminhada diária pela escola" é fundamental. Ela significa visitar todos os andares (não evitando nenhum) ou áreas da escola, conversar com a equipe da cozinha ou do *catering*, e dar uma palavrinha com os faxineiros, assim como com todos os outros funcionários da escola – monitores e assistentes de ensino, pessoal de serviços básicos e a equipe de apoio administrativo – que compreendem a máquina de gerenciamento da escola. Quando usamos a palavra "diariamente" não queremos dizer que todas essas "interações com as pessoas" ocorram todos os dias, mas esse tempo está incorporado e, portanto, ocorre dentro de uma regularidade planejada. Outro diretor bem-sucedido criou uma variante disso, envolvendo-se em um "acompanhamento do aluno" – ou seja, acompanhando um par de alunos durante todo o dia letivo – pelo menos uma vez por semestre. "Você pode aprender muito em um dia sobre o que está preocupando a garotada – e, é claro, isso reduz a necessidade de realizar tanta monitoria formal das lições."

"Sentar-se no muro" também simboliza a necessidade do diretor de estar nos limites da organização – ou seja, o principal canal para o mundo além da escola. As patrulhas da hora do almoço da comunidade local, as lojas e as ruas permitem ao diretor e aos seus colegas de liderança ter uma percepção do que está acontecendo, assim como visitar colegas de trabalho na clínica de saúde local, no escritório do bairro ou na agência de aconselhamento.

"Não sentar na cerca" é uma advertência para não se equivocar ou procrastinar muito frequentemente. As escolas são locais onde as pessoas são rápidas em detectar se a demora em dar a devida consideração a um problema difícil ou garantir o consenso sobre algo é genuíno ou simplesmente um artifício para ocultar a ausência de determinação de um diretor ou o seu fracasso em ser consistente. Significa também não se demorar muito no negativo, pois isso provavelmente não é sensato na provisão de exemplos. Todos nós podemos ter tudo isso em mente.

Entretanto, o diretor que se torna "invisível" para a comunidade, passando tempo demais na sua sala ou fora da escola, está correndo o risco de não se sentar no muro com a frequência suficiente e, desse modo, perder a confiança da equipe. Sentar-se no muro em suas muitas manifestações – caminhadas na escola, passeios na área local durante o horário de almoço, buscas de alunos – pode requerer até 30 horas semanais.

Terceiro uso do tempo

Eles ensinam, aprendem e avaliam na maior parte do tempo.

O estudo de PriceWaterhouseCoopers sobre liderança na escola (2007) vislumbra uma época em que os diretores ou os grupos de alunos não terão experiência de ensino. Essa nos parece uma receita improvável de sucesso: afinal, espera-se que até mesmo os inspetores de ensino das autoridades locais realizem algum ensino. Certamente, a percepção daqueles diretores que têm sido muito bem-sucedidos – e de sua equipe – é que essa parte da sua credibilidade vem do seu interesse específico em ensinar e, é claro, em aprender e avaliar. "Se eu não for visto como um profissional razoável, simplesmente não me darão crédito na sala dos professores", foi o que declarou um diretor, enquanto refletíamos sobre a conveniência de ser visto cuidando do *playground* ou assumindo o ensino de uma turma de 5ª série em uma tarde de sexta-feira. Há muitas maneiras de demonstrar seu interesse no ensino.

Ensino regular?

A maneira como eles demonstram seu ensino é uma questão diferente. Provavelmente não convém que um diretor tenha uma carga de ensino regular. (Imagine: pergunte isso a qualquer professor de uma pequena escola composta de dois ou três professores e, embora eles possam concordar, vão comentar que "a oportunidade seria ótima!".) Em uma escola grande, no entanto, além de qualquer outra coisa, o diretor será muito frequentemente obrigado a ser justo com os alunos. É claro que as assembleias escolares precisam ser ocasiões extremamente notáveis na escola bem-sucedida, e o diretor deve ser visto como um bom profissional e assumir o seu papel circulando em todos os grupos de monitoração, onde haja uma questão difícil para conversar com os alunos e onde a intimidade do grupo de monitoração é o lugar certo para fazê-lo.

Nossa preferência com relação à melhor maneira de demonstrar interesse e competência no ensino está no exemplo do diretor que, com seus assessores, reserva três terças e quartas-feiras em cada semestre e os manda fazer uma visita aos professores. Os membros da equipe podem demandar comentários sobre a aula, ou dentro da escola ou em visitas a escolas comparáveis que possuam práticas interessantes e conhecidas. Como observou o diretor, isso tinha o benefício adicional de permitir que a equipe de liderança comparasse as notas e discutisse as questões mais tarde, para que as análises dos professores fossem mais bem informadas. Outro sempre dá um curso curto na 7ª série para "que eu possa aprender seus nomes rapidamente e garantir que eles conheçam o 'legado' da escola que estão herdando e para o qual, no devido tempo, vão contribuir".

Ensinando tanto os adultos quanto os alunos.

Ensinar alunos é uma coisa, ensinar adultos é outra. Entretanto, assim como o bom professor, o diretor bem-sucedido, utilizando a "indagação apreciativa", é um excelente treinador. As conversas com a equipe buscam identificar o que é bom em sua prática e como pode ser estendido, apoiando a suposta ambição de excelência dos membros da equipe. Ele facilita as visitas e demonstra interesse pelos resultados. Encoraja os professores a fazer vídeos da sua própria prática. Parabeniza o corpo docente que criou um banco de aulas importantes gravadas em vídeo, para que os alunos que perdem as aulas – ou não entendem bem a matéria durante a aula – possam consultá-las mais tarde. Em seu ensino, sabem que têm de seguir o exemplo da explicação e da narração de histórias excelentes e o questionamento de alta qualidade. Na verdade, vale a pena acrescentar, como um adendo, que eles devem ser melhores em fazer as perguntas certas do que em se apressar em dar as respostas, por mais tentador que isso seja.

Mas o "questionamento" levanta a questão de os próprios diretores proporcionarem um exemplo de ser um aprendiz. Respeitar o conhecimento aprimorado do especialista na matéria é a maneira cotidiana óbvia de fazê-lo. Cabe aos diretores reunir todo esse conhecimento aprimorado para que, associado à sua própria maior percepção do que está acontecendo além da escola, possam extrair um sentido maior do todo. Nesse aspecto, eles são o que Michael Fullan chamou de "criadores de conhecimento". Podem até ter um projeto de pesquisa próprio e certamente encorajam o estudo suplementar entre sua equipe. Descobrem artigos para compartilhar com membros individuais da equipe. Revezam-se no papel do "presidente" nas reuniões da equipe sênior e encorajam os líderes do corpo docente a fazerem o mesmo. Informalmente, fazem perguntas especulativas e genuinamente investigativas, e formalmente podem até ter um "plano de aprendizagem" compartilhado para o ano. Seu interesse na avaliação é demonstrado não apenas em seus exercícios regulares de *feedback*, mas em seu frequentemente demonstrado compromisso em melhorar seu próprio melhor desempenho anterior. Estão interessados em mudanças nas avaliações externas e, é claro, mantêm-se a par das mudanças nas práticas de inspeção do Ofsted. Vale a pena comentar aqui que uma inspeção recente realizada pelo Ofsted em uma escola de ensino fundamental de Londres baseou-se quase inteiramente na atenta observação de um líder do HMI (Hospitality Management Institute) e no debate da aula de um docente aleatoriamente escolhido! Desse modo, os diretores bem-sucedidos praticam a avaliação "formativa" da equipe e são ativos na análise do progresso dos alunos, que está no cerne da "avaliação da aprendizagem".

Estas atividades podem requerer um tempo de 2 a 10 horas por semana.

Quarto uso do tempo

Eles passam suas noites, finais de semana e férias ... trabalhando ... socializando e sendo membros de uma família.

Se a leitura e a escrita são mais bem realizadas no isolamento, isso significa que elas vão ocorrer fora dos dias e dos períodos letivos. O advento do *e-mail* é um teste delicado disso. Acrescente a isso a avalanche de mudanças prometidas na forma de papel e através do acesso a *websites*, e significará que qualquer diretor necessita de algum sistema para se manter atualizado na tarefa de "enxergar melhor e mais longe" enquanto lida com o enorme volume do trabalho cotidiano.

Por isso uma diretora que declarou jamais usar seu computador durante o horário da escola explica como faz isso. Ela tem um acordo com seu assistente direto e administrador para despenderem 15 minutos cada manhã assim que chegam à escola, com uma sessão equivalente a cada fim de tarde, organizando sua pasta de arquivos e "postando-a" na internet. A postagem que eles filtraram é tratada ao chegarem em casa ou antes de cada um ir para a escola na manhã seguinte. "Meus *e-mails* selecionados são marcados como não lidos e os urgentes, em vermelho. Lido com eles no meu laptop, fora do horário da escola."

Seja como for, isso significa que os diretores bem-sucedidos levantam cedo, chegam cedo à escola e vão para a cama tarde. Eles sabem que esses são os horários em que enfrentam as tarefas estratégicas e aquelas aborrecedoras ou penosas. As questões pessoais, legais e orçamentárias difíceis podem consumir um tempo enorme. A delegação criteriosa e hábil vai levá-lo longe e é um aspecto que precisa ser dominado. Na verdade, em muitas questões de interesse isso é essencial e, no fim, não há como evitar muito tempo aparentemente improdutivo. As reuniões com os representantes da administração são realizadas fora do horário de aula, assim como as muitas competições esportivas da escola, eventos musicais e comemorações. Como disse um diretor que havia superado uma falta de interesse por esportes de toda uma vida: "Demonstrar interesse em algo no qual eu não era original ou naturalmente muito interessado foi uma das primeiras coisas inesperadas que descobri no cargo de diretor".

É à noite (bem, aqueles que estão desobrigados de envolvimentos na escola), após assistir televisão com suas famílias, que os diretores leem artigos ou, alternativamente, bem cedo pela manhã, antes que o resto da casa esteja acordado.

Comer, seja em cafés da manhã no trabalho, seja em restaurantes à noite, também pode frequentemente fazer parte do ritmo dos diretores de escolas maiores. Seguindo a tradição das lendas do século XIX, como Arnold, suas famílias vão ser às vezes envolvidas nas atividades relacionadas à escola. Assim como partes das sacrossantas férias. Uma diretora bem-sucedida passou pelo menos a metade de suas três semanas na França no último verão frequentando um esplêndido curso, "Então, você quer um dia ser um diretor?", que ela depois transmitiu para 17 voluntários da equipe nas tardes de sexta-feira.

O tempo fora da escola despendido em tarefas desse tipo vai variar muito. Às vezes, é muito pesado; outras vezes, incrivelmente tranquilo.

Quinto uso do tempo

Eles passam duas horas por semana em atos de bondade inesperada.

Um dos aspectos mais negligenciados da liderança bem-sucedida envolve o que poderia ser chamado de "toque pessoal" – não apenas lembrando-se das preocupações pessoais de outrem, mas em atos de bondade inesperada. Antes de examinar estes em particular, talvez valha a pena notar que a atual preocupação com a "personalização" deve envolver exemplificá-la a partir do diretor. A menos que você conheça as pessoas, estará perdido; por isso, é muito mais difícil ser um diretor bem-sucedido nos primeiros dias no cargo, pois ele ainda não as conhece.

É também por isso que aqueles destinados a ser diretores bem-sucedidos passam os meses anteriores fazendo anotações com fotos e os arquivos pessoais dos profissionais da equipe, para, quando chegarem, terem um início promissor. Conhecemos uma diretora que levou isso ao ponto de olhar as fotos de alunos da 7ª série e do 1º ano do ensino médio, "pois são estes que, quando eu chegar, vão fazer a maior diferença na maneira em que a minha influência inicial na escola será percebida". Pode-se discordar da sua seleção ou até mesmo da sua motivação, mas é difícil criticar seu raciocínio, suas intenções ou seu compromisso.

Percepção especial

Este último e muito importante elemento do "dispêndio do tempo" deriva do compromisso de um diretor com as pessoas e do entendimento de que todos precisam se sentir especiais. Por isso, os aniversários são lembrados e as emergências nas vidas privadas da equipe são consideradas. A privacidade é respeitada, e por isso uma nota escrita à mão ou uma palavrinha no corredor expressando o agradecimento por alguma pequena contribuição dada por um membro da equipe proporciona a energia que sustenta o espírito coletivo. Uma diretora nos disse que tem sempre muitos cartões para aniversários e outros eventos, e não sai às sextas-feiras sem se sentar e analisar a semana. Até mesmo um *e-mail* às vezes funciona. Os diretores mais bem sucedidos confessam que praticam isso e a maioria diz que, por mais espontâneo que possa parecer para os destinatários, requer um sistema – no mínimo para evitar a impressão de que há "favoritos" e "excluídos".

LIDERANÇA – AS PRINCIPAIS TAREFAS

Então, se essas são as cinco principais definições do dispêndio de tempo de um diretor, e se apresentamos anteriormente as habilidades de "delegação" e "gerenciamento da mudança", quais são as principais tarefas do líder? Nós achamos que são seis.

1. Eles criam energia

Seu próprio exemplo – o que eles dizem, aquilo em que acreditam, quem eles são – é aquele de uma vontade indomável e de uma paixão pelo sucesso que é ao mesmo tempo corajosa e não permite negação. Eles não falam sobre a equipe, mas com a equipe. Fazem perguntas especulativas – "e se". São exigentes com relação às nomeações, tomando o cuidado de não fazer indicações permanentes de "consumidores de energia". Como são cheios de esperança, eles buscam otimistas – aqueles que dizem "como poderíamos" em vez de "por que não podemos". Demonstram interesse em todos os aspectos da vida escolar.

2. Eles geram capacidade
Mais uma vez, eles dão o exemplo. Ensinam a si mesmos e são observados pela equipe fazendo isso, ou assumem uma classe para deixar que os outros observem a prática de outra pessoa. Fazem rodízio na presidência das reuniões para desenvolver a habilidade de outras pessoas. Providenciam para que os membros jovens da equipe estejam envolvidos em um "grupo de melhoria da escola", e seguem suas sugestões. Têm um programa para o desenvolvimento da equipe que considera o melhor futuro do indivíduo, assim como da escola. Conhecem e valorizam todos os interesses de todos os docentes, especialmente aqueles que eles tinham em empregos anteriores ou ainda têm no mundo além da escola. Usam o pronome de primeira pessoa coletivo "nós" em vez do singular "eu". Assumem a responsabilidade quando a culpa não é deles e são generosos com os elogios aos outros pelo sucesso coletivo. Estabelecem um exemplo de aprendizagem – por exemplo, adotando um plano de aprendizagem anual. Leem e compartilham artigos, e encorajam os outros a fazer o mesmo.

3. Eles enfrentam e minimizam as crises
Em uma ocasião de crise genuína, encontram motivo para otimismo e esperança para pontos de aprendizagem. Permanecem calmos. Reconhecem seus próprios erros. São praticantes de *pogo-stick* (pula-pula), no sentido de que conseguem ao mesmo tempo estar no centro das coisas, digamos assim, mas ainda enxergar o quadro mais amplo. Uma crise atual é fonte de aprendizagem vital e melhoria futura. Eles próprios demonstram a vontade de ser um "jogador coringa" – um que, *in extremis*, vai realizar qualquer tarefa.

4. Eles protegem e melhoram o ambiente
Eles garantem que o ensino em classe e os materiais de aprendizagem estejam bem organizados e totalmente supridos. Certificam-se de que os esquemas do gerenciamento estejam sendo vistos pela equipe como "ajustados ao seu propósito" – certos nos detalhes e servindo às necessidades tanto da equipe quanto dos alunos. Por exemplo, com frequência analisam as reuniões para garantir que as "transacionais" ou de "negócios" sejam minimizadas. O manual da equipe é muitas vezes atualizado e o sistema de informática funciona e proporciona um banco de dados útil para os membros do corpo docente, todos aqueles que têm *laptops*, e para os alunos que, juntamente com os pais, têm acesso à escola e remotamente aos planos de aula, às lições de casa, aos relatórios e aos graus de progresso. Eles melhoram a sala dos professores e todo o ambiente da escola – tanto visual quanto auditivamente.

5. Eles buscam e mapeiam as melhorias

Eles usam dados de análise comparativa, tanto os de dentro da escola quanto os de outras escolas. São hábeis na "análise", mas o fazem em um clima de encorajamento do risco. Eles próprios garantem que há uma mistura apropriada de "investigação apreciativa" e resolução de problemas.* A investigação apreciativa envolve encontrar e celebrar o que é bom e se envolver em uma busca do que é excelente – visitando outros profissionais e descobrindo o que a pesquisa nos diz antes de decidir sobre um plano de ação para distribuir excelência. Este é um processo de "criação de energia". A resolução de problemas, por outro lado, preocupa a equipe com as barreiras e os problemas que têm surgido. Eles requerem análise e a criação de soluções possíveis antes de decidir sobre um plano de ação. Este é um processo frequentemente necessário, mas consome energia, mais de algumas pessoas do que de outras. Por isso, o líder bem-sucedido, consciente disso, procura criar um clima de muita apreciação ao resolver os problemas.

Aqueles que buscam e mapeiam as melhorias celebram o sucesso genuíno (e ele deve ser genuíno). Sabem que o melhor do "genuíno" é uma melhoria com relação à prática passada, seja ela individual ou coletiva. No entanto, celebram também outros eventos sociais, para criar o clima do qual dependem a energia, a capacidade e o sucesso final. As reuniões com os representantes da administração e as reuniões com a equipe, as cerimônias de premiação e os *briefings* são fundamentais para isso. Eles são, acima de tudo, bons na monitoração "coletiva", em oposição à monitoração "individual".

6. Eles estão sempre ampliando a visão do que é possível

Evidentemente, isso envolve ser ao mesmo tempo historiador e futurólogo. Qualquer líder que deseje estender a visão do que é possível está profundamente consciente dessa exigência dupla, especialmente se o presente domina tanto a vida escolar. Se às vezes esse presente parece opressivo, o nível de energia cai. Contar histórias que lembrem as pessoas do sucesso passado e que honrem predecessores bem-sucedidos e a história da escola é algo que os líderes inteligentes fazem. Entretanto, eles são também previsores do tempo e descritores das possibilidades futuras. Descrevem com con-

---

* N. de R.T. A investigação apreciativa é uma maneira de conduzir a gestão (de mudança ou de estratégia) de modo cooperativo e com perguntas propositivas; ancorado em quatro pilares (descobrir, sonhar, desenhar e executar), a metodologia não se limita a identificar problemas, mas imagina o que se pode chegar a ser. Para conhecer mais, ver Cooperrider, D. *Manual da investigação apreciativa*. Qualitymark, 2009.

fiança um caminho do presente para o futuro. São bons ouvintes e leitores. Escrevem textos "futuros" para sua comunidade. Perguntam "por que não" em voz alta e "por que" silenciosamente em suas cabeças.

Essas qualidades se aplicam a todos os níveis de liderança, desde o regente de classe com seus alunos até o diretor. Durante a maior parte do tempo, o regente de classe marcha no ritmo do relógio e da campainha que marca o fim da aula. O diretor, não.

Escrevemos grande parte deste capítulo com um viés ilustrativo para os diretores, mas há considerações similares para os assessores e para os assistentes de direção, para os chefes de departamento... na verdade, para qualquer um com uma responsabilidade de liderança na escola. Como já explicamos anteriormente, achamos que isso se aplica a todo membro da equipe de uma escola realmente bem-sucedida.

ESTÁGIOS DA LIDERANÇA

Novamente, ilustramos o eterno dilema do líder que tem a cabeça no lugar – saber como iniciar bem, como não se tornar monótono e como obter um segundo alento, e acima de tudo como sair sem desfazer tudo de bom que conseguiu –, mas mais uma vez as questões se aplicam a qualquer um que desempenhe um papel de liderança.

- *Estágio 1: Iniciação*

Em primeiro lugar vem o estágio da "iniciação". O recém-chegado está tentando estabelecer, com cada um e com todos de seus grupos de colaboradores, que "o que eles dizem", "o que fazem" e "quem são" sejam congruentes. As pessoas sempre querem uma prova prévia sobre as duas primeiras – e ninguém mais do que os alunos e a equipe, que estão com as antenas bem ligadas para o que é falso ou para a imprecisão do propósito.

Cada vez mais, atualmente, há outros colaboradores importantes os quais novos diretores precisam convencer da sua confiabilidade – além dos interesses das autoridades, dos pais e da comunidade mais ampla. Os contatos iniciais são fundamentais... a primeira reunião com os profissionais, os alunos e o tom da carta de apresentação para os pais. Para o assistente promovido internamente há outros desafios – nada menos do que provar que ele pode assumir um papel sutilmente diferente com os colegas que o conheciam como assistente. Apesar das diferenças, o processo é o mesmo. O estágio da "iniciação" vai durar um tempo diferente com os diferentes grupos de colaboradores, ainda que cada um comente com os outros suas impressões.

Tragicamente, alguns diretores nunca conseguem ir além do estágio da "iniciação" porque não se impõem no cargo. Esse é o prelúdio de um período muito doloroso, quando seu descompasso com a escola a que se uniu torna-se aparente a todos. Algumas pessoas – felizmente, poucas – deixam a direção com um gosto amargo na boca.

• *Estágio 2: Desenvolvimento*
O segundo é o estágio "desenvolvimental": quando o diretor é conhecido e quando a natureza definidora do título de diretor pode prosseguir com a certeza de apoio suficiente para ter uma boa chance de conduzir seu trabalho a um resultado bem-sucedido.

Todos os estágios da direção têm seus riscos, mas nenhum mais que o terceiro. Os primeiros cinco a sete anos viram a realização dos objetivos iniciais; um platô é atingido quando há a necessidade de fazer uma avaliação e depois uma pausa para tomar fôlego.

• *Estágio 3: Estagnação*
Aqui, então, há o risco da "estagnação" – onde é muito tentador pensar que você pode permitir que a escola siga no "piloto automático". A evidência da pesquisa de Peter Mortimore e colaboradores (1988) é que os diretores estão em seu apogeu entre o terceiro e o sétimo anos. Isso não significa que eles não possam mudar a engrenagem e iniciar outro estágio desenvolvimental – na verdade, muitos fazem isso –, mas simplesmente que é fácil não fazê-lo. Neste terceiro período maus hábitos podem aflorar. O diretor pode parar de dedicar seu tempo à escola e se preocupar mais com as questões fora dela.

• *Estágio 4: Declínio*
Finalmente, há o "declínio": o diretor anunciou que está saindo e começa a assomar o período do "final do mandato". É melhor torná-lo curto, em vez de anunciá-lo durante um longo período.

ALGUMAS PERGUNTAS FINAIS

Sobre eles próprios e suas crenças:
1. Até que ponto a equipe pela qual sou responsável está consciente das minhas crenças ou meus sistemas de valor?
   • Eles têm conhecimento deles através de papéis escritos para as reuniões com os docentes? Por meus comentários nas reuniões? Pelo que eu digo nas assembleias?

- Estou seguro de que as minhas ações com relação aos docentes, aos alunos e ao meu uso do tempo correspondem a essas crenças?
- Que ações por mim realizadas na última semana, mês, semestre, provam que valorizo os membros individuais da equipe?

2. Até que ponto as práticas da instituição – as notas, as noites de premiação, os procedimentos para as indicações dos docentes – refletem nossas crenças coletivas?
- De suas habilidades e competências pessoais e da sua correspondência com a instituição.

3. Qual foi a última vez em que indiquei um docente e como analisamos as qualidades complementares que necessitamos para ter um corpo docente bem-sucedido?
- Precisávamos de alguém forte em planejamento, organização, manutenção, monitoração ou avaliação?
- Precisávamos, por exemplo, de alguém cujas potencialidades estavam em formação ou sendo concluídas?

4. Como utilizo a minha equipe ou outros membros do corpo docente para melhor se adequarem às suas próprias potencialidades e à tarefa que precisamos realizar coletivamente?

5. Como as pessoas são indicadas para assumir determinadas personalidades e as tarefas designadas? Elas são solicitadas a refletir sobre os processos que deverão implementar para conduzir a tarefa a uma conclusão bem-sucedida ou isso é simplesmente deixado ao acaso?

Sobre os processos dentro da instituição:
6. Aqueles que têm papéis de liderança (quer no nível departamental na equipe sênior, quer no nível diretivo) recebem treinamento apropriado para o papel que se espera deles, por exemplo, na presidência de reuniões, na condição de coordenadores, na produção de relatórios, no estabelecimento de sistemas de monitoração, na escrita de cartas para os pais?

7. Até que ponto podem ser estendidas as oportunidades de liderança?

Sobre o tempo e as tarefas:
8. Como eu me asseguro de estar dedicando tempo àqueles que necessitam de elogios e reafirmação ou interesse no que fazem para a escola? Quanto tempo eu estou passando fora da escola? O comprometimento do meu tempo corresponde às tarefas prioritárias da escola?

9. Sou visível aos profissionais, aos pais e aos alunos e sou visto nas tarefas e atividades que reforçam o propósito e os valores comuns que coletivamente queremos promover dentro da escola?

DEZ PONTOS PARA OS LÍDERES LEMBRAREM E PARA AJUDAR A PRESERVAR SUA SANIDADE

Seja como chefe de departamento, professor titular com responsabilidade de liderança por um aspecto particular da vida escolar ou como diretor, há algumas regras fáceis a serem seguidas. A melhor lista com que nos deparamos foi no Canadá, preparada por uma federação de professores em conjunto com o professor Michael Fullan, da Universidade de Toronto. Ele tinha dez regras. Não somos tão ambiciosos e vamos apresentar oito das dele e duas nossas. Nossa primeira regra diz respeito a estabelecer um equilíbrio fundamental entre o trabalho e a vida, e ajuda a contrapor a nossa própria tendência a sermos viciados em trabalho!

1. Gerencie sua agenda

Há pouca chance de se sobreviver – que dirá ser bem-sucedido – como diretor com todas as exigências conflitantes que lhe são feitas sem um gerenciamento da sua agenda. Isso pode ser feito de mais de uma maneira. Para aqueles novos na direção, esta pode ser uma experiência nova se, como frequentemente acontece, a campainha que anuncia o fim da aula e o relógio têm-lhe ditado o uso do tempo.

Qualquer que seja o método escolhido, o papel do assistente direto é vital. Ele deve conhecer todos os seus movimentos. Quer você carregue sua própria agenda, quer deliberadamente não a carregue (e ambos parecem ser métodos legítimos se as visões e as práticas dos diretores bem-sucedidos são aceitas), o assistente deve ter uma cópia da original para poder proteger o seu tempo. Para sobreviverem, muitos diretores experientes incluem em suas agendas um "tempo livre", em que podem escolher o que, a seu ver, eles precisam fazer. Assim agindo, deixam de ser prisioneiros dos eventos. Tal prática requer um código compartilhado com o assistente, para que os outros não olhem sobre o seu ombro e vejam um espaço em branco que eles achem que podem preencher.

Insira "respiros" de tempo em seu diário uma vez por quinzena. Certifique-se de que a cada meio semestre você use um desses "respiros" para sair da escola e conversar com um amigo ou conhecido que esteja realizando um trabalho similar.

2. *Preste serviço de 7 a 10 anos!* Depois de 7 a 10 anos:
- Tire meio semestre ou um semestre de licença com o propósito de voltar descansado, encarando a escola com novos olhos e iniciando outra fase de desenvolvimento ou
- Saia e troque de escola, talvez para uma segunda ou terceira diretoria, quando você poderá começar tudo de novo sem um grupo de colaboradores tão ampliado. (Afinal, você terá tempo de desenvolver outro gradativamente.)

3. *Mantenha as coisas simples*

Muitos de nós complicamos demais. Um professor que conheci planejava e gerenciava tanto as coisas que todos se sentiam oprimidos por longos documentos, diagramas complexos e sistemas elaborados que evidentemente só teriam funcionado bem se eles não estivessem cercados de seres humanos com toda a fragilidade da memória, com os equívocos e as falibilidades que todos nós trazemos às nossas vidas diárias. Quanto mais elaborado o planejamento e o gerenciamento, maior a probabilidade de as coisas darem errado. Os canadenses expressam isso muito bem quando dizem que "buscar a complexidade na ausência de ação pode gerar mais confusão do que clareza".

Além disso, o sentido real da camaradagem e da participação vem da ação compartilhada, não do planejamento compartilhado. Se você pretende ter uma grande visão é melhor começar pequeno, com poucas coisas. Quanto mais complexa a mudança, mais importante que o planejamento e o gerenciamento sejam frouxos: porque lidar com isso de outra maneira encoraja a dependência e diminui a improvisação essencial no início de qualquer empreendimento de mudança importante.

4. *Evite transferir a responsabilidade a ações*
que estão além do seu controle

Os colegas tendem frequentemente a se solidarizar com os líderes como se eles estivessem assumindo um encargo impossível. Deve-se resistir firmemente a essas noções e os líderes precisam dar a impressão de que qualquer coisa é possível se o grupo estiver determinado a fazê-la. "Se pelo menos ..." é uma desculpa para não lidar com uma questão. Deixa as pessoas impotentes e inativas. O Education Act, de 1988, é uma realidade, assim como a escassez de dinheiro e a escassez ou o excedente de professores. As crianças das propriedades rurais vêm realmente dessas origens e suas expectativas de se tornarem adultos e cidadãos competentes e comprometidos têm de ser aumentadas. Os líderes devem comunicar que tudo não é apenas possível, mas provável. Se desperdiçarmos tempo lamentando a falta de direção das autoridades locais, a incapacidade dos pais, a negligência dos administradores ou a intenção maligna, ficaremos paralisados, reforçaremos a dependência e desperdiçaremos tempo da nossa necessidade de dar atenção urgente a aumentar as aspirações e as realizações da próxima geração.

5. Concentre-se em questões importantes, como o currículo e o ensino, que também reforcem a cultura profissional da escola

Os professores de hoje em dia dizem que desfrutariam muito mais do seu trabalho se pelo menos tivessem mais tempo para ensinar. Isso reflete não apenas seu próprio sentido de prioridade, mas a maneira em que tantas das prioridades assinaladas de fora parecem ter pouco ou nada a ver com seu propósito principal, aquele de ensinar e aprender com as crianças. Uma das diretoras que eu mais respeito diz que a mudança do currículo é aquilo a que os professores mais reagem. "Coloque-os em equipes e o resultado é mágico" – foi como ela descreveu isso. Se você se concentrar em poucas coisas, torne-as o mais relacionadas possível ao ensino e à aprendizagem. Em relação à sua cultura, faça perguntas sobre como a conversa e o ambiente da sala dos professores devem se tornar mais estimulantes intelectualmente e também mais sociais.

6. Pratique ser corajoso

Se seus líderes puderem apoiar a decisão de se concentrar em poucas coisas decidindo publicamente ignorar algumas novas oportunidades ou, melhor ainda, negociar uma data posterior para a conclusão de uma diretriz, a equipe vai se sentir capacitada rumo ao seu objetivo comum. Se eles perceberem que o líder assume riscos, eles também terão maior probabilidade de ser inovadores, determinados e claramente focados. Alguns dos diretores mais notáveis que conheci têm sido muito inflexíveis com relação à autoridade local. Os bons líderes às vezes têm de assumir uma postura independente em uma questão de grande importância pública, e são respeitados por isso. A necessidade de coragem também não é uma questão negativa: é mais bem exercitada quando é animada, determinada, positiva e definida.

7. Empodere os outros

Um teste amargo para os líderes ocorre quando é revelado que algo diferente está acontecendo, na verdade mais ousado ou até arriscado, mas não conhecido deles. É claro que seus corações param nesses momentos porque eles estão sendo colocados em xeque. Mas os melhores não vão dizer "Que diabos está acontecendo?", e sim "Isso não é tão alarmante. Como é incrível que essas coisas excitantes aconteçam aqui. Preciso me esforçar mais para perceber e parabenizar a boa prática". A equipe precisa de espaço e de permissão para experimentar coisas novas. E precisa também de ocasiões que celebrem o seu sucesso.

8. *Crie visões*

Não é só você que precisa ter uma visão. Aqueles profissionais que estão experimentando qualquer coisa nova podem ser encorajados a articular seus sonhos de como serão as coisas quando o sonho for realizado daqui a três anos, ou pelo tempo que demorar para que ele se concretize. O uso consistente do "por quê?" pode em geral estimular até mesmo o menos sociável a revelar seus sonhos das, por vezes, pequenas mudanças que estão tentando implementar. Desenvolvendo essas pequenas mudanças e visões, um departamento e uma escola podem criar uma visão compartilhada ainda maior.

9. *Decida o que não fazer e pare de fazer uma de suas tarefas*
regulares por um semestre para permitir que outra pessoa a faça

Tantos líderes se esgotam tentando fazer tudo, e tantos mais se tornam impotentes porque não fazem nada. A questão do gerenciamento do tempo é fundamental. Não se trata de "fazer certo as coisas", mas de "fazer as coisas certas", como diz o chavão. Temos certeza de que um líder é uma pessoa pública, não privada, e que são as ocasiões públicas que requerem tempo. Não obstante, há a necessidade de decidir o que você não está fazendo e se lembrar de que uma regra do gerenciamento é que o tempo deve ser usado duas vezes. Dar a outras pessoas a chance de fazer parte do trabalho contribui poderosamente para o "planejamento da sucessão".

10. *Descubra alguns aliados*

A interdependência é fundamental para a estimulação da curiosidade intelectual e o compartilhamento de ideias. Outros líderes do sistema e de outros grupos departamentais fora da escola são fundamentais, pelo menos para garantir que as práticas inovadoras que você deseja aplicar não venham a ser descartadas como ridículas ou esquisitas. As inovações mais excitantes estão sempre sendo representadas como parte do pensamento da maioria.

2 Organizando e distribuindo o sucesso

> A eficiência está preocupada em fazer certo as coisas. Eficácia é fazer as coisas certas.
>
> **Peter Drucker (1993)**
>
> As boas escolas enfrentam tanto o seu exterior quanto o seu interior, mantendo o seu olhar no horizonte e também no essencial.
>
> **David Hargreaves (1998)**
>
> Se você não levantar os olhos vai achar que está no ponto mais alto.
>
> **Antonia Porchia**

A NECESSIDADE DE ORGANIZAÇÃO

A competência com a qual a escola é organizada e mantida (isto é, a administração e o gerenciamento da escola) afeta vitalmente as vidas de todos que lá trabalham e aprendem. A organização e o gerenciamento deficientes são extremamente debilitantes, constantemente drenando energia e motivação. Em contraste, uma escola que realmente pensou detalhadamente na sua organização, provendo e mantendo aspectos do gerenciamento, estabeleceu as bases para o sucesso. Em certo sentido, tudo isso é óbvio, mas com que frequência as escolas tentam lidar com as prioridades urgentes que enfrentam sem considerar os detalhes do gerenciamento e da organização dos detalhes? As pressões são tantas que é tentador tratar de imediato das áreas que estão necessitando de ação, sem cuidar a fundo das barreiras administrativas e organizacionais para o sucesso.

Às vezes ouvimos por acaso em conversas de pais e membros da comunidade mais ampla que sua própria escola é uma "escola bem dirigida". Eles não querem dizer necessariamente que sua escola é uma escola notável em termos do Ofsted, mas que, de seus vários pontos de vista, a escola faz bem o seguinte:

- Comunica-se eficazmente através de cartas pessoais, *e-mails*, tecnologia de telefonia celular, boletins, calendários de atividades e datas significativas.
- Organiza eficientemente todas as reuniões com os pais, em particular aquelas em que os pais, os alunos e os professores podem examinar o progresso e planejar o que precisa ser feito para haver um bom rendimento no futuro.
- Aplica consistentemente a política da lição de casa e envolve os pais na garantia de que isso aconteça.
- Organiza eventos comunitários que envolvem o comércio local, as empresas, os centros comunitários, o alojamento dos habitantes e os locais de culto.
- Responde as cartas e retorna os telefonemas tão pronta e eficientemente quanto qualquer empresa que pratica o "cuidado ao cliente" e cumprimenta e trata os visitantes de maneira cortês e eficiente.

As organizações só funcionam bem quando há uma crença comum naquilo que se está tentando alcançar.

Greg Dyke

O corpo docente também terá uma visão sobre a competência com que a escola é dirigida (embora ela evidentemente tenha o seu papel a desempenhar) e, se há problemas constantes na administração, é quase impossível combater o estresse e a perda de incentivo do corpo docente. As boas escolas são rigorosas na aplicação consistente de padrões rigorosos o tempo todo e em todos os níveis. Boa comunicação, planejamento totalmente colaborativo e um alto nível de aplicação consistente das políticas da escola são essenciais para a organização e distribuição do sucesso e há alguns ingredientes básicos que permitem que isso aconteça.

O manual dos profissionais

O manual dos profissionais é o cerne do funcionamento tranquilo da escola. Repetidamente, as escolas que enfrentam dificuldades percebem tarde demais que permitiram que o manual dos seus funcionários fosse negligenciado e, por isso, ignorado. Seja nas escolas pequenas, seja nas grandes, o manual precisa ser bem organizado, rapidamente acessível e sempre atualizado. Embora os bons manuais possam variar, todos incluem planos, políticas e práticas da escola – no máximo uma folha simples de papel ofício para cada política e prática e mantida na forma de folhas soltas. Nessa folha haverá uma breve declaração tanto da política quanto das implicações para a prática, com o nome do profissional que tem a responsabilidade geral por sua aplicação e pela condução da próxima revisão da política e da prática, e a data em que esta será realizada (reafirmando assim o princípio da revisão contínua anteriormente referida). Constam ali também os nomes dos profissionais responsáveis pela implementação de diferentes aspectos da prática. Quando há alguma mudança, e isso é inevitável, a versão revisada é formalmente incluída como um item de informação em uma reunião dos profissionais e a folha de substituição inserida em todas as cópias. Em geral, há cópias na sala dos professores, em diferentes áreas da escola e na secretaria, embora evidentemente cada profissional deva ter a sua própria cópia. As melhores escolas têm atualmente o manual dos profissionais em formato eletrônico e prontamente disponível para todos através da sua plataforma de *e-learning*.

Descrições do cargo

Fundamentalmente, as descrições do cargo estarão relacionadas ao manual dos funcionários, no sentido de que a descrição das responsabilidades de "liderança" e "apoio" para os diferentes aspectos da vida escolar estarão refletidas nas tarefas necessárias para a aplicação das políticas. As melhores escolas atualmente evitam uma longa lista de deveres concluindo com o genérico "e os outros deveres que podem eventualmente ser determinados", preferindo em vez disso listar as "principais" responsabilidades juntamente com as responsabilidades de "apoio", as últimas geralmente em equipes. As descrições do cargo também estão intimamente relacionadas ao "gerenciamento do desempenho" ou ao "desenvolvimento profissional" (qualquer que seja a linguagem utilizada para descrevê-las, é considerada apropriada). Nas melhores escolas, as descrições do cargo estão sempre sujeitas a revisão e a mudança. Dessa maneira, a liderança em todos os níveis pode ser analisada e alternada para o benefício do indivíduo e da escola como um todo (ver Capítulo 4 para detalhes sobre as descrições do cargo).

Apresentação dos profissionais

A política subjacente e os detalhes das práticas estarão incluídas no manual dos funcionários, mas vale a pena destacar a apresentação porque ela é um apoio vital para a manutenção da consistência, em especial onde há uma alta rotatividade dos profissionais. A apresentação dos profissionais deve abranger todos os funcionários, tanto os da área de ensino quanto o pessoal de apoio. Deve conter um elemento comum para todos em um programa estabelecido. Normalmente o programa será organizado num ciclo anual e oferecerá oportunidades para aqueles que chegam no início do ano letivo, ou durante o ano, terem uma introdução geral breve, repetida. O programa de apresentação será cuidadosamente estruturado e focado, sobretudo no que a escola sabe serem elementos vitais para se "cantar a mesma música", e se integrar no desenvolvimento profissional geral.

Calendários e comunicações

Esses são tão importantes interna quanto externamente, como foi previamente referido, sendo que um calendário combinado dos eventos, o qual todos os funcionários veem e negociam antes de inserir novas entradas, e que evita atritos e potencial recriminação, é um elemento básico de uma boa escola. Mais uma vez, hoje em dia, nas melhores escolas, isso é facilmente disponível em formato eletrônico para a consulta de todos.

"A maneira como fazemos as coisas por aqui" – vivendo os valores e as crenças

As escolas com frequência têm uma realidade ou um modo de pensar diferentes da vida escolar e seu próprio modo de pensar em relação ao que ocorre em seu ambiente externo. Isso porque sua cultura é moldada por sua história, seu contexto e pelas pessoas que estão dentro dela, particularmente os líderes. As escolas boas e bem-sucedidas terão uma cultura e um etos explícitos com valores, crenças e propósitos claros, permitindo-lhes articular uma identidade única e compartilhar com os recém-chegados, sejam eles funcionários, alunos ou pais. Isso vai se manifestar em costumes, rituais, símbolos, histórias e linguagem. Por isso, a aprendizagem, as realizações e a disciplina dos alunos são constantemente enfatizadas nas assembleias ou em outras ocasiões coletivas estruturadas por altas expectativas. Em termos de relacionamento profissional há uma cultura de os docentes optarem por trabalhar juntos, compartilhar ideias e práticas, e uma crença no aperfeiçoamento contínuo.

> A mudança é a soma de milhares de atos de novas percepções e novos comportamentos em cada nível da organização.
>
> **John Kao (1996)**

Toda a comunidade escolar mantém relacionamentos positivos e coesão social através de demonstrações contínuas de cortesia e respeito, reforçando as normas aceitas de comportamento, apesar das subculturas diferentes e conflitantes, com frequência baseadas em gênero, raça, língua, etnia e *status* socioeconômico.

As boas escolas reconhecem que estão sempre trabalhando para fortalecer sua cultura e seu etos, mas que isso pode significar estarem abertas para a "reculturação" – o processo de desenvolvimento de novos valores, novas crenças e normas.

Reforma da força de trabalho

A boa organização estabelece as bases para a distribuição do sucesso, mas é a força de trabalho da escola que vai garantir a distribuição do sucesso conseguindo os melhores resultados para os aprendizes. A remodelação da força de trabalho permitiu às escolas traçar uma linha sob um passado dividido. Em muitas escolas havia uma mentalidade de "superior" e "inferior", o que implicava a existência de dois tipos de equipes – os "professores" e os "não professores" –, apesar de se ter uma consciência desconfortável de que as pessoas mais poderosas da escola eram com frequência o secretário da escola e o zelador!

A introdução da remodelação da força de trabalho e as TLRs ou TLAs (Teaching and Learning Responsabilities ou Teaching and Learning Allowances) obrigou as escolas a repensar quem faz o quê e determinar isso em descrições de cargo apropriadas. Nas melhores instituições tem havido a inclusão criteriosa das responsabilidades de "toda a escola", que supera a linha divisória do "professor". Muitas escolas têm agora seu tesoureiro como parte da equipe de gerenciamento sênior, e os *heads of year* às vezes têm uma formação em assistência social, além de uma formação de professor, o que é bastante adequado para distribuir o programa Every Child Matters (Toda Criança é Importante). A administração da inspeção e a supervisão geral foram remodeladas. As boas escolas têm sido muito criativas e inclusivas, indicando a melhor força de trabalho para se adequar ao seu contexto e extraindo o melhor dessa força para a promoção do desempenho e de padrões mais elevados. Elas estão preparadas para questionar por que as coisas são feitas de uma determinada maneira e pagar pouco para ganhar muito. Gerenciam o pessoal, implementando políticas e procedimentos para garantir recrutamento, treinamento e mobilização eficazes.

Elas optaram por reculturar a organização, não apenas através da melhor utilização do tempo, do espaço e dos prédios, mas fundamentalmente nos papéis e nas responsabilidades. Nos últimos anos o constante aumento na indicação de assistentes de ensino e de aprendizagem, assistentes de integração e mentores de aprendizagem para ajudar as escolas a personalizar as abordagens da aprendizagem. Entretanto, cada vez mais isso está sendo suplementado pela indicação de toda uma série de treinadores e mentores que podem oferecer um apoio altamente especializado, alunos bem dotados e talentosos, para aqueles com necessidades especiais ou para aqueles alunos que desejam seguir um interesse específico, como esporte, línguas, música e artes em geral. Alguns dos melhores exemplos de remodelação da força de trabalho podem ser encontrados no uso de técnicos especializados em TI para maximizar o ensino e as oportunidades de aprendizagem (às vezes compartilhadas nas escolas de ensino fundamental), ou em pessoal com experiência em projeto escolar, exposições e fotografia para ajudar a melhorar o ambiente do ensino. As boas escolas estão fazendo o possível para que suas salas de aula e áreas de aprendizagem sejam ricas no número de adultos treinados disponíveis para ajudar a conduzir o ensino a novos padrões elevados. Inevitavelmente, o processo de personalização aumenta o índice de "especialismo" para que as necessidades dos alunos possam ser mais bem supridas. À medida que a força de trabalho aumenta em números, alguns de seus membros vão se tornar cada vez mais especializados em conhecimento, habilidades e funções.

DISTRIBUINDO O SUCESSO

> O sucesso e sua identificação são como um reator de fissão nuclear de regeneração rápida.
>
> **Margaret Maden (2001)**

Já discorremos anteriormente sobre os fatores essenciais que tornam as escolas boas e notáveis, em particular a liderança em todos os níveis da escola, a iniciativa constante para melhorar o ensino, a aprendizagem e a avaliação, e a importância da análise coletiva e da autoavaliação da escola na identificação da providência certa para a melhoria. Mas, além disso, as melhores escolas estão atentas às melhores intervenções ou alavancagens que podem fazer a diferença no ritmo das atividades. Uma das características dessas escolas é que elas estão sempre procurando maneiras novas e melhores de fazer as coisas.

Escrevemos previamente sobre as intervenções e os processos de mudança na melhoria da escola, mais particularmente em *How to Improve your School* (1999), mas também em outras publicações depois dessa. Como dissemos no início deste livro, David Hargreaves tem escrito de modo convincente sobre as intervenções de "baixa alavancagem", em que muito esforço é dedicado a uma nova prática ou política e o retorno é insignificante, e sobre as intervenções de "alta alavancagem", cuja formulação ou implementação requerem relativamente pouco esforço, mas produzem resultados extremamente positivos em termos de aprendizagem e realização.

É claro que precisamos nos lembrar de que, em termos de intervenções e alavancagens, o contexto é fundamental, com as variáveis incluindo a origem dos alunos (raça, *status* socioeconômico, religião), a comunidade que a escola atende (desde áreas ricas até aquelas com desafios socioeconômicos consideráveis) e onde a escola está situada na hierarquia local, com consequências para as admissões e os orçamentos. Também em termos de melhoria, cada escola está em um ponto diferente na trajetória de sua jornada, mas estamos escrevendo do ponto de vista do que faz uma boa escola agora, e acreditamos que todas as escolas, quer através de uma autoavaliação crítica, ou de consultoria externa, conseguem identificar as práticas que podem produzir a mais alta alavancagem para ajudá-las a se tornarem boas escolas ou, se já são boas, a manter o seu sucesso e se tornarem excelentes.

Apesar dos riscos de sermos muito gerais em nossas prescrições para a distribuição do sucesso, ou detalhados e explícitos demais para ajustá-las a determinados contextos, gostaríamos de sugerir algumas intervenções-chave que vão fazer uma diferença na distribuição do sucesso além de tudo o que escrevemos em outras seções do livro: estas dizem respeito aos processos e práticas para a melhoria da escola.

Estamos, é claro, nos referindo ao que chamamos de "efeito borboleta".[*] O que sugerimos agora é que as escolas façam sua própria "coleção de borboletas".

> Precisamos nos preparar para a possibilidade de que às vezes grandes mudanças acompanham pequenos eventos, e que às vezes essas mudanças podem ocorrer muito rapidamente.
>
> **Malcolm Gladwell (2000)**

Através desse processo, o corpo docente da escola continua a realizar várias pequenas intervenções que sejam capazes de transformar o comportamento, a prática e a cultura. O mais importante, no entanto, é que os docentes são encorajados a se envolver continuamente em pensar, especular e refletir sobre os processos de melhoria da escola e sobre as sutilezas da mudança. Acreditamos que uma das características de uma boa escola é que ela crie coleções de borboletas que componham um conjunto de práticas compartilhadas, as quais mudem o comportamento em todos os níveis da organização. Algumas escolas são explícitas sobre isso, tendo, por exemplo, uma mostra de borboletas, ocasionalmente introduzindo borboletas nas informações passadas aos docentes ou em oportunidades do INSET, ou produzindo suas próprias coleções. Outras têm maneiras diferentes de capturar seus exemplos de melhor prática e compartilhá-las para conseguir mudar uma situação. As boas escolas farão um julgamento sobre aquelas pequenas alavancas ou "borboletas" que farão uma diferença individual e desproporcional para o maior sucesso da escola e as sistematizarão em toda a organização.

A figura que se segue descreve diagramaticamente o efeito borboleta na escola e apresenta 12 exemplos de borboletas praticadas nas escolas.

---

[*] N. de R.T. A respeito de novos conceitos trazidos ao domínio social para melhor compreensão dos fenômenos ali presentes, por meio da integração das dimensões biológica, cognitiva e social da vida no trabalho, é possível saber mais em Capra, F. *As conexões ocultas:* ciências para uma vida sustentável. São Paulo: Cultrix, 2002.

Descreva e defina para o corpo docente o que são borboletas e como elas podem afetar a mudança.

↓

Planeje um protocolo apropriado para captar a essência dessas pequenas intervenções, relacionando o seu efeito aos sete processos de melhoria da escola e o seu impacto nas práticas de mudança.

↓

Peça de início ao corpo docente três contribuições que possam afetar o ensino e as práticas de aprendizagem.

↓

Publique-as como uma coleção para divulgação; debata e decida quais serão implementadas coletivamente.

↓

Insira a coleção de borboletas na cultura da escola, iniciando todas as reuniões do corpo docente com a descrição de uma borboleta, e pedindo mais contribuições sobre temas específicos – como aumentar, por exemplo, a realização e promover um etos positivo.

↓

Estenda o processo para incluir os administradores e a comunidade escolar mais ampla.

↓

Avalie o efeito cumulativo dessas várias pequenas intervenções na eficácia da escola.

↓

Continue a publicar e a disseminar coleções de novas borboletas enquanto revê, e, se necessário, modifica, aquelas que já estão sendo praticadas.

Figura 3.1 O efeito borboleta na escola.

Borboleta 1

"Cantando a mesma música": o plano de determinação dos assentos na sala de aula

Descrição

Uma escola percebeu que a consistência é fundamental e também que os professores novos ou mais fracos são com frequência "testados" pelos alunos que estão tentando determinar se eles vão permanecer por algum tempo ou estão "aqui hoje e vão embora amanhã". Uma das maneiras tradicionais através da qual alguns alunos fazem isso é tentar se sentar onde querem. A escola decidiu que maneiras de "aprender a trabalhar em conjunto com uma ampla variação de colegas" deveria ser uma característica da sua política escolar declarada. Por isso, na primeira semana de cada meio semestre, os diretores de turma eram instados a lembrar em suas reuniões do grupo do ano que nos próximos dias eles seriam solicitados por todos os professores a estabelecer as novas determinações dos assentos. Em cada instrução aos docentes para a semana seguinte isso era lembrado aos colegas, para que todos os docentes criassem o hábito de estabelecer o plano de assento de cada classe que ensinassem. Dessa maneira, diziam que o docente mais fraco não era deixado tão isolado.

Comentário sobre o impacto

Decidir exatamente como estabelecer limites em "cantando a mesma música" é uma das questões mais difíceis para as equipes de liderança. Sendo muito rígido, sem espaço para a liberdade individual dos professores, você perderá a criatividade. Assuma uma postura muito largada e o etos da escola em termos do comportamento dos alunos vai sofrer. A escola que introduziu este esquema discutia isso todo semestre com relação a muitas questões. Declara que o tema do "plano de assento" nunca será mudado, embora evidentemente os professores experientes saibam que não precisam dele.

Borboleta 2

Aprendizagem proximal

Descrição

A escola concordou que era mais eficaz ter um enfoque de toda a escola para as observações de aula realizadas por membros das equipes intermediária e sênior. A conversa estruturada em pares ou a aprendizagem proximal era um foco inicial. O treinamento sobre o que tornava o trabalho proximal eficaz foi proporcionado a todos os docentes em um INSET para toda a escola. Foi então combinado que todas as aulas do semestre, de todas as matérias, teriam um tempo reservado para a conversa de duplas. Todas as observações se concentrariam apenas no trabalho proximal, para que os professores conseguissem fazer isso corretamente. Por exemplo, o trabalho proximal poderia fazer parte de uma introdução ou sessão plenária – conversar juntos durante dois minutos sobre os cinco efeitos das tempestades tropicais que vocês aprenderam na aula – ou de um exercício mais longo, discutindo primeiro em uma conversa e depois completando um elemento escrito, com frequência em uma folha de papel compartilhada. Reservar uma quantidade de tempo determinada para a tarefa proximal é fundamental. Os estudantes experimentaram esta abordagem em toda a escola e logo tornaram-se hábeis na sua participação.

Comentário sobre o impacto

Todos os estudantes podiam fazer isso. Funcionou muitíssimo bem como o desenvolvimento de um trabalho oral em toda a escola. Ter um foco de toda a escola para as observações garantiu que a iniciativa – embora pequena – se tornasse rápida e eficazmente incorporada. Todos os docentes falavam agora em "colocar algo proximal na aula". A equipe compartilhava atividades proximais que funcionavam particularmente bem. Os membros novos do corpo docente observavam as aulas para ver o trabalho proximal em ação, como uma característica fundamental da maneira como os docentes ensinam. Como desenvolvimento, não custou quase nada e teve um grande impacto. Para os meninos (e para os escritores relutantes) permitiu a ação em primeiro lugar e a escrita em segundo, e proporcionou até mesmo aos alunos mais fracos coisas a dizer. Trabalhar em pares e não em pequenos grupos significava que nenhum aluno podia se "esconder" e optar por se omitir. Todos tinham de estar engajados na tarefa. A qualidade das habilidades de fala melhorou significativamente em um espaço de tempo muito curto em todas as idades, gêneros e extensões da habilidade.

Borboleta 3

Professores de disciplinas específicas e suas associações específicas

Descrição

Manter-se atualizado é uma tarefa realmente difícil no ensino, em especial quando há tantas iniciativas nacionais para aprender.

Uma escola de ensino médio decidiu que uma prioridade tinha de ser encorajar os professores a manter atualizada a sua aprendizagem em seu "primeiro amor", ou seja, sua área de ensino. Cada membro novo do corpo docente teria sua participação na associação específica (por exemplo, ASE, ATM/MA, MATE, HA, etc.) paga por um ano, além do custo de frequentar a conferência e a reunião anual da associação da disciplina em seu primeiro ano – juntamente com um colega sênior.

Além disso, ganhava um vale-livro para gastar, e depois tinha de apresentar uma análise do livro em uma reunião do corpo docente e do departamento.

Comentário sobre o impacto

As duas iniciativas destinavam-se a apoiar o desenvolvimento profissional e encorajar os novos membros da profissão a se manterem atualizados em sua disciplina. Uma variação disso era uma escola que assina o *site* *teachandlearn.net* – o serviço de desenvolvimento da Open University que mantém em seu *site* artigos atuais de autoria de importantes pensadores de cada área disciplinar.

Borboleta 4
Acompanhamento do trabalho de cargos-chave na escola

Descrição

Garantir que outros colegas desenvolvam alguma habilidade em determinadas áreas-chave além do docente especificamente designado para aquela área: por exemplo, suplência, carga horária, orçamento escolar, procedimentos de exame e administração. Áreas em que isso já estava acontecendo incluem experiência no trabalho e alguns serviços pastorais.

Comentário sobre o impacto

Além de garantir uma transição tranquila no caso de ocorrer grandes diferenças de opiniões sobre os temas abordados, isso daria aos colegas uma experiência adicional que contribuiria para o seu desenvolvimento na carreira. Permitiria o compartilhamento de ideias e o benefício que sempre vem de ouvir outro ponto de vista, desenvolvendo assim uma abordagem de equipe. Com o tempo, o "acompanhamento" pode muito bem assumir a responsabilidade por aquela área e permitir que os colegas passem para outra área para desenvolver uma nova habilidade. Dessa maneira, os docentes evitam ficar entrincheirados em uma área, e novas oportunidades podem ser abertas enquanto o ciclo se move.

Isso tem implicações na maneira como são escritas as "descrições do cargo". Elas costumam ser longas listas de tarefas com o final sendo um "desses outros encargos, quando possível..." O que esta borboleta implanta é uma descrição do cargo em que há responsabilidades "principais" ou "primárias" com responsabilidades "secundárias" ou "de apoio".

Borboleta 5
Fazendo as paredes falarem

Descrição

As escolas estão sempre procurando maneiras simples de melhorar o ambiente. Uma escola decidiu descobrir os interesses privados e passatempos de todo o seu pessoal usando o desenvolvimento profissional, a entrevista de manejo do desempenho e uma análise dos formulários de inscrição. Descobrindo uma entusiasmada fotógrafa amadora entre os técnicos, encarregou-a (mediante um pagamento, mais o custo dos materiais) de tirar uma série ampla e representativa de fotografias das atividades da escola – aulas, recreios, *workshops* de esportes, teatro, música, horários de almoço e reuniões de equipe. Depois, pagaram a outro colega da equipe de apoio para montar e exibir os resultados em toda a escola. O custo total do projeto, incluindo materiais, etc., foi de 10.500 reais, mas o resultado foi uma exibição muito apreciada da vida da escola e do corpo docente. O projeto deve ser renovado todos os anos.

Uma variação disso seria encarregar alunos que possuem passatempos similares, de desenvolver os projetos – mais uma vez garantindo que eles fossem adequadamente recompensados.

Comentário sobre o impacto

A equipe de liderança apareceu com esta ideia, mas providenciou para que cada equipe do corpo docente a discutisse, decidindo que área de exibição deveria ser usada e se a exibição teria uma visão do "corpo docente".

Ao explorar o interesse privado dos funcionários (neste exemplo, a fotografia), a escola ficou bem preparada para identificar os "jacintos" (ver p. 135).

Borboleta 6

"Um tostão por uma citação": um modo de melhorar o ambiente com boa relação custo-benefício

Descrição

O diretor acreditava que fragmentos de prosa e poesia, assim como epigramas incisivos e outras citações são, com frequência, uma oportunidade para despertar a mente do passante para um pensamento positivo. Ele discutiu sua ideia do "um tostão por uma citação" em uma reunião do corpo docente. Foi entusiasticamente adotada.

No início do ano escolar, em cada assembleia anual, o diretor de turma e um membro de cada equipe de liderança da escola apresentavam um trecho de uma de suas citações favoritas. Isso era continuado no grupo de tutores. A primeira lição de casa do semestre foi a de cada aluno discutir com a família ou cuidador cinco citações favoritas. No final, pelo menos uma citação de cada aluno era emoldurada e exposta. A escola então enviava uma determinada quantia para o aluno levar para os pais para que eles a dessem a uma instituição beneficente de sua escolha.

Comentário sobre o impacto

O ambiente visual, auditivo e comportamental da escola desempenha um papel importante na probabilidade de ela ter sucesso. Garantir que o ambiente visual seja estimulante é sempre um problema. Este projeto proporcionou uma maneira simples de elevar a consciência sobre o assunto em toda a escola. (Vale a pena mencionar que a escola em questão é um prédio "deteriorado" das décadas de 1960/1970, mas internamente é, hoje, um deleite visual.)

Borboleta 7

**Melhorando as reuniões do corpo docente:
compartilhando a prática e a análise coletiva**

Descrição

Uma escola das séries iniciais do ensino fundamental decidiu realizar suas reuniões semanais do corpo docente nas salas de aula em vez de na sala dos professores ou na biblioteca. Todo professor dirigia uma reunião de equipe à base de rodízio, e o primeiro item da agenda era uma explicação do professor sobre o ambiente de aprendizagem específico e sobre como a sala de aula era organizada.

Comentário sobre o impacto

Embora de início um pouco apreensivos, os professores e os assistentes de ensino acharam o processo extremamente útil, com a explicação e o compartilhamento de ideias sobre as salas de aula e a organização da aprendizagem. Esse processo de análise coletiva ajudou os professores tanto na celebração das boas práticas quanto no aprimoramento de seu melhor nível anterior. Os principais tópicos discutidos diziam respeito às mostras em sala de aula, à organização dos recursos de aprendizagem, à apresentação da sala e ao desenvolvimento de áreas de ensino específicas. O processo conduziu à informação das diretrizes de toda a escola, a uma melhor apreciação da prática de ensino e aprendizagem da escola e a uma qualidade melhorada da organização e do ensino na sala de aula.

Borboleta 8
Supervisores dos alunos

Descrição

A escola já empregava uma série de assistentes de ensino e mentores de aprendizagem. Decidiu também recrutar adultos da comunidade em tempo parcial para atuar como supervisores dos alunos, para patrulhar os corredores da escola, assegurar que os alunos chegassem pontualmente nas aulas e estivessem presentes nas classes, e para que ajudassem na movimentação em torno da escola. Eles vestem guarda-pós vermelhos que os identificam e agora constituem uma parte real da comunidade escolar, e são valorizados por todos.

Comentário sobre o impacto

Embora tenham sido originalmente introduzidos para melhorar a pontualidade na escola e nas aulas, não se previa o sucesso da ideia ou sua importância crescente para a vida escolar. O efeito "borboleta" funcionou realmente bem, pois o papel dos supervisores se expandiu, ajudando a promover um clima em que os jovens são cuidados em um ambiente saudável e positivo. Eles são agora parte integrante de uma equipe geral de apoio aos alunos, gerenciados por um diretor-assistente, capazes de comunicar positivamente à comunidade que a escola serve e reage rapidamente às necessidades dos alunos.

Borboleta 9

Postais de elogio/cartões de aniversário

Descrição

Quando um aluno faz um trabalho que demonstra aprimoramento ou mérito, um professor relata os detalhes em um postal da escola, o qual o diretor assina e envia aos pais pelo correio. Estes são programados para chegar no final de semana, para que a família possa recebê-lo quando está reunida. Uma escola também envia um cartão de aniversário para todos os seus alunos da 7ª série como uma maneira de fazer com que se sintam parte da comunidade escolar.

Comentário sobre o impacto

O uso desses postais de elogio teve um papel importante na elevação da autoestima de muitos alunos. Os pais e os cuidadores gostaram de recebê-los e alguns comentaram que, anteriormente, quando recebiam comunicações da escola sempre esperavam que contivessem más notícias. A equipe descobriu que os cartões eram muito fáceis de preencher, pois o formato já estava estabelecido.

Borboleta 10
Um quadro de ensino e aprendizagem na sala dos professores

Descrição

Um quadro especial é colocado na sala dos professores apenas para artigos, comentários, recortes, críticas de livros, borboletas, etc., relacionados ao ensino e à aprendizagem. Em uma escola de ensino fundamental, todos os docentes se revezam para prover material para o quadro (que é mudado a cada duas semanas) e para conversar sobre isso durante uma reunião do corpo docente. Em uma escola de ensino médio, os departamentos das várias disciplinas proporcionam o material em um rodízio quinzenal, mas em geral são questões gerais de ensino e aprendizagem, não apenas das suas disciplinas.

Comentário sobre o impacto

O quadro gera interesse e discussão sobre o ensino e a aprendizagem, informal e formalmente, como ocorre na sala dos professores. Estes quadros em geral destacam artigos importantes do *Times Educational Supplement*, de revistas de educação e de outras fontes, assim como ideias que ajudariam o desenvolvimento dos docentes. Às vezes é também exibida uma "borboleta da semana".

Borboleta 11

Comunicação melhorada entre os administradores e o corpo docente

Descrição

As reuniões do corpo administrativo são realizadas em diferentes partes da escola como uma maneira de comunicar e festejar o ensino e a aprendizagem específicos que ocorrem nas áreas departamentais. A equipe da disciplina preside a reunião e explica o ambiente da aprendizagem conduzindo um passeio pelas instalações, realizando uma apresentação curta e respondendo perguntas. Isso só requer 30 minutos antes do início das reuniões e pode ser seguido de um item específico da agenda sobre a área de aprendizagem envolvida. Os membros do corpo docente assistem à reunião como observadores, para aprender sobre o trabalho do corpo administrativo.

Comentário sobre o impacto

As escolas em que esse sistema tem sido experimentado comentam sobre os grandes ganhos que isso proporciona, ajudando os administradores a conhecer sua escola e seu corpo docente, e a apreciar diferentes aspectos do currículo e processos de ensino e aprendizagem. Isso também afeta a acomodação e as decisões orçamentárias. Os professores ganham por terem uma oportunidade de conhecer todos os administradores, explicando como trabalham e elogiando sua boa prática. E dá aos administradores uma oportunidade de se envolverem em um processo de análise coletiva que fortalece o desenvolvimento e o planejamento, a tomada de decisões e a autoavaliação da escola. A comunicação e os relacionamentos entre os administradores e o corpo docente melhoram consideravelmente.

Borboleta 12
Aprendendo através da pesquisa-ação e dos estudos de caso

DESCRIÇÃO
Uma escola decidiu experimentar promover a aprendizagem através da "pesquisa-ação". Todo o corpo docente foi convidado a formar seis grupos para discutir estudos de caso bem-sucedidos na escola. Cada grupo identificou os possíveis tópicos, e os voluntários escreveram os primeiros aperfeiçoamentos da prática que poderiam transformar algo que já era bom em algo ainda melhor. Posteriormente, um grupo editorial trabalhou no texto e os resultados foram publicados em um livreto escolar.
A escola acha que os estudos de caso são boas evidências de autoavaliação na prática, e vão encomendar outros estudos para conseguir reunir evidências que estão em andamento, ao invés de retrospectivamente, como preparação para uma inspeção do Ofsted.

Comentário sobre o impacto
A escola escolheu uma atividade com probabilidade de aumentar a quantidade de atividade intelectual entre o corpo docente, acreditando que o processo iria liberar energia em vez de consumi-la. É muito agradável ter alguns estudos de caso ricos que celebrem seus sucessos ao longo da jornada do aprimoramento escolar.

Há, evidentemente, muitas intervenções maiores e fundamentais que são parte de um programa de mudança integrado e focado, que podem demorar um ano para serem implementadas e talvez mais tempo para serem totalmente incorporadas na cultura da escola. A experiência é, mais uma vez, um ensaio de alta alavancagem para um investimento tão importante em tempo e energia. Por isso, essas intervenções devem ser designadas para constituir uma diferença distinta da prática anterior, que terá um impacto significativo e mensurável no desenvolvimento, na aprendizagem e na realização do aluno, e precisarão ser apropriadamente monitoradas e realizadas. Intervenções fundamentais, como estudos de caso importantes de mudança educacional, fazem parte do programa de pesquisa-ação de uma escola e são escritos e publicados como uma demonstração do compromisso da escola em fazer parte de uma comunidade de aprendizagem.

Por isso, mesmo permitindo uma ampla extensão de contextos, o que acreditamos serem intervenções fundamentais com maior probabilidade de aumentar o sucesso?

PROMOÇÃO DO PROGRESSO DO ALUNO

> O sucesso vem do que pode ser feito. O fracasso vem do que não pode ser feito.
>
> **Anônimo**

Elevar os padrões é o propósito fundamental de qualquer escola e tem havido enormes melhorias nos últimos anos. Muitas escolas estão acostumadas a rever e analisar padrões, tendências e anomalias do desempenho para que possam ser estabelecidas prioridades e metas informadas. Os dados sobre o desempenho final das escolas são agora muito sofisticados, com uma série de informações avaliadas disponíveis nos DfES (atualmente DCSF)* através do sistema *online* RAISE, baseado na internet. Entretanto, atualmente as principais metas da escola se concentram em conseguir melhoria avaliada pelas médias brutas de desempenho no final da educação infantil e nas séries iniciais do ensino fundamental. Estas podem ser ajustadas para o impacto de variáveis externas, como, por exemplo, mobilidade do aluno, origem étnica ou privação na forma de dados contextuais de valor agregado, mas esta é ainda uma medida relativa, eficaz apenas quando

---

* N. de R. Departamento de Educação e Habilidades (DfES). Departamento para crianças, escolas e famílias (DCSF).

observada em combinação com outros fatores, incluindo pontuações brutas, valor agregado baseado no desempenho anterior, autoavaliação da escola, julgamentos dos inspetores e o conteúdo do perfil da escola.

Entretanto, uma escola só pode ser considerada bem-sucedida se promover o progresso para todos os alunos, e as boas escolas estão começando a voltar seu foco para isso, procurando medidas de progresso individual do aluno e melhoria em índices de progresso no correr do tempo, tirando vantagem de algumas das recomendações do Gilbert Report (*2020 Vision – Report of the Teaching and Learning Review Group 2006*) e do documento consultivo do DfES sobre *Making Good Progress* (2006). As escolas estão examinando suas políticas e seus procedimentos de avaliação e se esforçando para desenvolver maneiras melhores de medir, relatar e estimular o progresso para que todo aluno se desenvolva no melhor ritmo e nenhum seja deixado para trás. Apesar da melhoria geral nos resultados finais e dos melhores esforços de todos para elevar os padrões, os alunos não prosseguem, progridem ou atingem resultados igualmente. Algumas das diferenças no aproveitamento estão ligadas a fatores sociais e familiares. Um aluno que recebe refeições gratuitas na escola tem atualmente a metade da probabilidade de conseguir cinco aprovações no GCSE (General Certificate of Secondary Education) do que os outros alunos. Um aluno criado em uma instituição tem cinco vezes menos probabilidade de consegui-lo. Um aluno com necessidades educacionais especiais tem nove vezes menos probabilidade. Há disparidades persistentes entre alguns grupos étnicos. Há também problemas com o aproveitamento inferior dos meninos. Entretanto, estas são apenas médias de disparidade. Em todo grupo de alunos há uma ampla extensão de variação.

As boas escolas usam os dados para se concentrar em melhores resultados, com uma ênfase particular no incremento da realização para todos os alunos, independentemente das circunstâncias. Elas intervêm para manter o foco no progresso e também na realização absoluta fazendo ajustes específicos.

Passos fundamentais:
- Os alunos precisam conhecer seus níveis *individuais* atuais de progresso, e com seus professores e pais planejar o que têm de fazer para melhorar.
- Ajustar a abordagem da avaliação em sala de aula e testar para permitir um foco mais claro no progresso de cada aluno individual, com frequência realizando avaliações confirmatórias a intervalos regulares.

> - Personalizar o ensino e a aprendizagem para ajudar o progresso.
> - Engajar-se no que pode ser chamado de "tutoria da progressão" – instrução individual para aumentar o desempenho daqueles que ingressaram na educação infantil bem atrasados na trajetória ou parecem estar ficando para trás durante esse estágio.
> - Introduzir metas de progresso para alunos individuais e grupos de alunos para aumentar os níveis de desempenho.
> - Criar vínculos melhores entre o que as escolas fazem e o que outros serviços fazem para apoiar o desenvolvimento mais amplo do aluno, particularmente nos anos iniciais.

A promoção do progresso dos alunos depende de se ter um quadro preciso do que cada aluno pode fazer e intervir prontamente se ele sai da trajetória esperada ou fica desmotivado. As boas escolas desenvolvem sistemas de resposta rápida, em vez de tentar recuperar o tempo perdido muito depois de os alunos terem se atrasado.

Aumentando a potência – proporcionando oportunidades de aprendizagem para todas as crianças e todos os jovens

Nós sabemos que os alunos vão se beneficiar consideravelmente dos programas de tutoria, capacitação, mentoramento ou outro apoio pessoal em momentos críticos da sua vida escolar. Estes podem envolver a superação de uma dificuldade de aprendizagem, aumentando uma determinada competência ou proporcionando oportunidades extras de aprendizagem para promover um maior engajamento e motivação para o sucesso.

> Os analfabetos do século xxi não vão ser aqueles que não conseguem ler ou escrever, mas aqueles que não conseguem aprender, desaprender e reaprender. Nossos alunos precisam ser alfabetizados na informação, aprendizes para a vida toda.
>
> **Alvin Toffler (1990)**

As boas escolas estão constantemente revendo a série de oportunidades de aprendizagem que proporcionam como um meio de satisfazer todas as necessidades do aluno e de expandir uma a uma as oportunidades de aprendizagem. Aprendizagem personalizada diz respeito a ajudar toda criança e todo jovem a ter um desempenho melhor para satisfazer o seu potencial e lhes dar motivação para serem aprendizes independentes pela vida afora. Embora muito possa ser conseguido através de estratégias de ensino e aprendizagem mais eficazes, associadas com a avaliação para identificar todas as necessidades de aprendizagem do aluno, as boas escolas estão se organizando melhor para transformar em realidade o slogan "Toda Criança é Importante". Estão tentando dar o melhor de si para todas as crianças e para todos os jovens, adaptando o ensino para satisfazer as necessidades do indivíduo, em vez de obrigar o indivíduo a se ajustar ao sistema.

A maioria das escolas afirmaria que dão a todos os alunos alguma atenção individual dentro das restrições do programa de estudos, do currículo e do calendário, mas o número de jovens insatisfeitos e com frequência desaparecidos de nossas escolas é um desafio considerável para o sistema escolar e para as comunidades locais. Há outro grupo de alunos que, embora permanecendo dentro do sistema, não responde bem a grande parte do ensino e da aprendizagem que lhe é oferecida. As boas escolas estão constantemente examinando sua provisão e identificando aqueles alunos que necessitam de apoio particular e de oportunidades adicionais de aprendizagem, e ao mesmo tempo tentando personalizar o ensino e a aprendizagem para todos os alunos. Elas estão conscientemente incrementando o potencial, aumentando a proporção de provisão adulto-criança e empregando uma ampla variedade de adultos que podem oferecer prioridades e oportunidades específicas para as crianças individualmente. A maioria das escolas tem assistentes de aprendizagem e mentores de aprendizagem, mas há um considerável espaço aqui, não apenas para aumentar esta provisão, mas também para focar a provisão de modo mais efetivo às necessidades específicas de grupos e indivíduos particulares. Similarmente, muitas escolas têm assistentes de integração e uma provisão do inglês como uma língua estrangeira (ILA), possibilitando o aprimoramento das práticas educacionais inclusivas. Outras ilustrações da provisão "um para um" são o ensino itinerante de música, o treinamento em esportes, artistas residentes, instrução de recuperação em leitura e assistentes de linguagem.

A boa escola vai conseguir o máximo dessa provisão se concentrando e visando efetivamente os alunos individualmente. Mas para o potencial de aprendizagem ser realmente aumentado, os voluntários adultos e os pares tutores precisarão ser utilizados muito mais extensivamente. Se a escola tem parcerias fortes com a comunidade, uma série de líderes comunitários, trabalhadores jovens, esportistas e empresários podem ser utilizados como mentores e modelos a serem imitados. Dentro da escola, sistemas fortes de tutoria de pares podem ser desenvolvidos, nos quais os "professores jovens" ajudem os "jovens aprendizes", particularmente na alfabetização, na numeração e na TI, que pode ser um recurso importante.

Para obter sucesso em suas tarefas de aprimoramento da aprendizagem e da realização e para aumentar o potencial de aprendizado, as boas escolas estão buscando novos aliados internamente e construindo novas conexões com a comunidade da qual fazem parte. Um dos primeiros passos é criar um currículo eficaz interno e comunitário, baseado principalmente nas parcerias de aprendizagem com pais e cuidadores; daí a necessidade de contratos entre o lar e a escola para apoiar a aprendizagem em casa em cooperação com a escola, uma ênfase na aprendizagem autodirecionada e a criação de oportunidades proporcionadas pela escola para os pais melhorarem sua própria aprendizagem. Dessa maneira, os pais podem, às vezes, conquistar qualificações formais, ou pelo menos a confiança para aprender com seus próprios filhos. As boas escolas vão se associar a outras agências importantes na comunidade para apoiar a aprendizagem, os serviços e os negócios através dos quais os alunos podem adquirir uma maior consciência econômica e uma apreciação da natureza da cidadania. As escolas ampliadas vão, antes de tudo, proporcionar maiores oportunidades de aprendizado com uma ênfase na aprendizagem flexível e independente, quer através de atividades extracurriculares tradicionais (como esporte, teatro e outras atividades), quer através de oportunidades de estudo proporcionadas durante e depois da escola ou nos finais de semana e nas férias, como as escolas de verão. O enriquecimento do currículo ampliado e a extensão além da escola permitem a maior personalização das experiências de saber, e oportunidades extras para melhorar a motivação e gerar autoestima.

Passos fundamentais:
- Examinar as oportunidades de aprendizagem individual na escola.
- Melhorar a proporção de provisão de adultos e crianças para personalizar mais a aprendizagem.
- Aumentar o número de pais, empresas e voluntários da comunidade.
- Desenvolver mais a provisão de capacitação e mentoramento para os alunos e o corpo docente.
- Melhorar o enriquecimento e a extensão do currículo.

Liberando a energia: participação na inovação e na pesquisa

O crescimento pessoal e profissional dos professores está intimamente relacionado ao crescimento do aluno. Uma das intervenções mais importantes que uma escola pode realizar é investir na aprendizagem de todo o corpo docente e buscar deliberadamente maneiras de participar da inovação e da pesquisa. Isso pode ser conseguido de muitas maneiras. Pode começar incluindo um compromisso com a pesquisa e a aprendizagem adicional nas descrições do cargo de todos os seus docentes. A partir daí, pode-se perguntar como cada docente poderia dar um exemplo de aprendizagem para a escola. Seria através da observação da prática em sala de aula, da produção de uma mostra interativa, do relato de uma experiência de aprendizagem em uma reunião do corpo docente ou através de estudo adicional, reconhecido? Seja qual for o caminho, a expectativa seria de que cada membro do corpo docente desse um exemplo de aprendizagem; na verdade, haveria um plano de aprendizagem anual. A partir daí poderia ser desenvolvida uma noção mais sistemática do professor como pesquisador. Uma escola bem-sucedida sempre terá uma série planejada de revisões específicas que envolverão os professores e outros profissionais na avaliação crítica das práticas atuais.

> **Programa de pesquisa e inovação para as séries finais do ensino fundamental:**
>
> - Um exame da continuidade e do progresso em inglês através de uma revisão do trabalho realizado na 6ª e na 7ª séries.
> - Pesquisa de atitudes relacionadas ao ensino e à aprendizagem na 8ª e na 9ª séries, através de entrevistas e questionários aplicados aos alunos, em parceria com uma universidade local.
> - Uma investigação sobre as habilidades de pesquisa de grupos específicos de alunos, utilizando a Internet e a biblioteca da escola.
> - Prática de ensino dos meninos separadamente das meninas em algumas disciplinas, para avaliar o impacto na melhoria do aproveitamento.
> - Introdução de pesquisa sobre a eficácia de um programa de instrução para alunos do ensino médio.

Todo o corpo docente precisa ser capaz de coletar e analisar dados e contribuir para a cultura de melhoria da escola baseada na pesquisa. Dessa maneira, ele não só estará apto para refletir sobre sua própria prática, mas, também, para influenciar a mudança na escola em geral.

Uma escola equipada para inovação e pesquisa teria alguém designado para estar a cargo da pesquisa, possivelmente associado a um *link governor*. Eles coordenariam as avaliações da classe e de toda a escola e seriam responsáveis pela publicação e pela disseminação dos achados de pesquisa. A escola estabeleceria uma meta de publicação de sua ação de pesquisa pelo menos uma vez ao ano. Além disso, organizaria e coordenaria uma conferência anual de aprendizagem em que outras escolas e pedagogos seriam convidados a compartilhar seus achados, e na qual as questões fundamentais de melhoria da escola seriam debatidas e analisadas.

O reconhecimento da aprendizagem, quer para pais, supervisores do refeitório, assistentes de classe, babás da creche, secretárias da escola ou corpo docente, seria um aspecto importante da provisão da escola. Há exemplos crescentes de escolas que estão se tornando bases de treinamento reconhecidas para qualificações no nível NVQ (National Vocational Qualification) em, por exemplo, assistência à infância e tecnologia da informação. Há outras que são centros estabelecidos de desenvolvimento profissional de grande alcance, proporcionando ao corpo docente os meios para a obtenção de uma série de qualificações adicionais.

Programa de pesquisa-ação (ensino e aprendizagem) para as séries iniciais do ensino fundamental:
- Dois professores e dois assistentes de aprendizagem investigando um programa de avaliação básica para grupos de alunos que têm o inglês como uma língua secundária, em parceria com os pais.
- Dois professores pesquisando técnicas de aprendizagem acelerada em matemática na 5ª e na 6ª séries.
- O titular de TI e o vice-diretor examinando o impacto dos programas "Success-Maker" e "Global" na melhoria das habilidades básicas de grupos particulares de alunos da 3ª e da 4ª séries.
- O diretor e o titular de inglês, com um professor de cada ano e dois assistentes de aprendizagem, avaliando e comparando o planejamento, o ensino e a avaliação do inglês com duas outras escolas do mesmo tipo.

Fundamentalmente, uma escola de inovação e pesquisa teria parcerias dinâmicas com o ensino superior e com a comunidade de pesquisa educacional como um todo. Os professores se comprometeriam com a obtenção de qualificações adicionais, realizando cursos proporcionados em parte na escola para lhes permitir melhorar tanto suas conquistas acadêmicas quanto seu desempenho em classe. A escola atrairia uma legião de estudantes de práticas pedagógicas que, além de aprender seu ofício juntamente com mentores e orientadores habilitados e treinados, poderiam realizar estudos de pesquisa em pequena escala relacionados às necessidades de aprendizagem de alunos individuais ou de pequenos grupos. Seria esperado que apresentassem seus achados à escola e sugerissem maneiras de melhorar a prática. Como parte do acordo com o ensino superior, seria esperado que os especialistas em treinamento do professor conduzissem seminários e *workshops* com o corpo docente e planejassem atividades de pesquisa conjuntas com a escola por um período de tempo mais longo. Similarmente, seria esperado que os professores "especialistas" participassem de unidades de treinamento do professor. Assim como alguns hospitais são designados como "hospitais-escola", também a escola desejaria ser designada como "escola de ensino", concentrada na pesquisa e na inovação e buscando constantemente ser mais eficaz.

> **Passos fundamentais:**
> - Um compromisso coletivo para realizar revisões e publicar pesquisa ativa.
> - Todo o corpo docente proporcionando exemplos de aprendizagem e planejamentos de aprendizagem anuais.
> - Uma conferência de aprendizagem anual.
> - Reconhecimento de aprendizagem para todos.
> - Parcerias de ensino e pesquisa com o ensino superior.

A qualidade e a variedade de pequenas e grandes intervenções são os elementos cruciais na distribuição do sucesso, juntamente com a competência com que a escola é organizada e mantida. As boas escolas captam e disseminam suas "borboletas" e planejam e avaliam cuidadosamente suas intervenções fundamentais. Sua cultura compartilhada de desenvolvimento profissional, pesquisa-ação e análise coletiva significa que elas podem distribuir e manter o sucesso.*

---

* N. de R.T. Sobre a importância de se compreender o todo, ao invés de apenas as partes, de se praticar a cultura compartilhada, apesar do aparente caos, e de se acreditar no olhar das teorias da complexidade, é possível ver mais em Wheatley, M. *Liderança e a nova ciência*. São Paulo: Cultrix, 1999.

Checagem da Realidade 1
dirigir uma escola é um empreendimento complicado

FUNCIONÁRIOS ... ALUNOS ... E DINHEIRO

Uma diretora certa vez nos disse: "Vocês dois fazem isso parecer tão simples. Mas não é assim. Com frequência é tudo muito complicado e confuso, com muitos 'negócios sujos' para enfrentar". É claro que ela estava certa. Conduzir uma escola bem-sucedida envolve muitas tarefas desconfortáveis em que o diretor, especialmente em uma escola pequena, está na maior parte do tempo sozinho. Vamos considerar o caso de ter de afastar um professor incompetente ou de qualquer outro membro do pessoal pelo mesmo motivo.

O membro incompetente do quadro de funcionários

Eles aparecem com muitos disfarces, embora houvesse menos deles quando a primeira edição deste livro foi publicada 15 anos atrás. Entretanto, a tarefa de se livrar deles não é menos desagradável do que era na época. Nada é mais complicado do que quando – como às vezes acontece em uma escola que passou por tempos difíceis e está pouco a pouco conseguindo sair do fundo do poço sob uma nova liderança – um professor incompetente é o líder da pessimista sala de professores. Para aumentar o problema, o acaso às vezes faz com que ele seja um representante do sindicato.

> **Estudo de caso**
>
> "Ele nunca parava de opinar. Na verdade, estava sempre pronto a replicar qualquer coisa que se dissesse e usava os argumentos mais desprezíveis para ir contra até mesmo a mais simples das mudanças", comentou a diretora, tristemente. "Eu achava que o resto dos docentes, individual e privadamente, o considerava um 'chato', mas a sensação de que não se deve trair um colega numa sala de professores – mesmo um falastrão e incompetente – os fazia permanecer em silêncio em uma situação de grupo, especialmente nas reuniões do corpo docente. Então, a tarefa de descer a ladeira da incompetência foi longa, exaustiva e estressante; demorou um ano e meio até eu encontrar o momento certo para evitar os eventos formais no 'devido processo'." Ela confessou que, a certa altura, quase desistiu quando, para seu desgosto, o consultor administrativo local a aconselhou a enterrar o assunto devido à conexão com o sindicato. No fim, ironicamente com o apoio do representante sindical regional, ele saiu para dedicar o seu tempo a um negócio que havia estabelecido paralelamente anos antes. "Frequentemente acontece de essas pessoas serem um estorvo também em outros contextos", refletiu a diretora. "O pessoal do sindicato me falou depois que também estava contente por ter se livrado dele."

  Lendo as entrelinhas dessa história você suporia – corretamente – que a escola havia se conformado com seu destino e se permitido declinar a tal ponto que o profissionalismo adquiriu um significado novo e inferior. Era, em resumo, o tipo de lugar em que a circulação dos docentes culminou em uma sala de professores composta apenas de elementos muito jovens e inexperientes, que não haviam observado mais de perto o emprego ao aceitá-lo, ou sobreviventes cada vez mais exaustos, que estavam ocupando o seu tempo, infelizmente conscientes de que eram incapazes de conseguir outro emprego devido à sua idade e à reputação da escola. Nesses lugares, lidar com a incompetência é muito mais difícil, em parte porque os outros membros do corpo docente estão pensando "Será que eu sou o próximo?". Não adianta ponderar que este sentimento não é remotamente justificado, se você estiver decidido a redescobrir o prazer de estar entre colegas que estão determinados a apoiar um ao outro, defendendo alguns níveis de consistência nos corredores, no intervalo e no horário de almoço, assim como na sala de aula. Você fica tão refém do seu modo de pensar que se esquece de que "as coisas não têm de ser assim".

  Para o diretor que está lidando com essa questão, é tudo uma questão do melhor julgamento. Qual é a melhor combinação: abanar as brasas dos poucos "geradores de energia" na sala dos professores e arrancar pela raiz a incompetência "consumidora de energia" dos outros, enquanto também consegue que os pouco competentes mudem sua atitude e comecem a contribuir? Decidir quantos "consumidores" de energia abordar imediatamente, e em que ordem fazê-lo, irá afetar vitalmente o progresso da escola. Na nossa observação, perversamente é mais complicado quando uma escola é avaliada como "satisfatória" nos termos do Ofsted, e carente apenas de uma "orientação para melhorar" ou de "medidas especiais". O julgamento externo, quando uma escola está numa dessas categorias do Ofsted, criou uma situação em que as pessoas sabem que a mudança é inevitável e urgente, mas, quando o declínio ainda não atingiu o ponto de crise, o ímpeto para melhorar pode ser muito mais difícil de estabelecer.

Comparativamente, esse tipo de "empreendimento complicado" é mais fácil na escola realmente bem-sucedida. O diretor veterano de uma escola avaliada como "excelente" pelo Ofsted nos relatou um incidente comparável quando nem mesmo sua lendária "meticulosidade" nas nomeações funcionou no caso de um professor de estudos de administração.

Estudo de caso

"Eu o vi numa tarde de sexta-feira", contou ele, "e lhe perguntei como achava que estava se saindo. Ele era um fanfarrão em termos de autonegação e é claro que disse achar que havia seguido todas as sugestões recebidas de seu chefe de departamento e do assistente que cuidava do seu desenvolvimento profissional desde a última vez que havíamos nos encontrado. Então eu lhe apontei os relatórios no canto da minha mesa e disse que aqueles eram os relatórios e as observações de suas aulas. Disse-lhes que eu ainda não os havia lido, e que não iria examiná-los antes de segunda-feira à noite. Avisei-o de que gostaria que ele pensasse a respeito durante o fim de semana e me procurasse na segunda-feira para me dizer se eu ficaria satisfeito em lê-los e se eles iriam confirmar que estaria havendo progresso. Na segunda-feira ele me procurou, mas para me apresentar sua demissão."

Devido aos padrões muito elevados entre o corpo docente, a pessoa envolvida sabia muito bem que não se adequava ao cargo. Em suma, foi um processo muito mais fácil e rápido do que teria sido em uma escola não tão bem-sucedida.

Alunos

Nem todos os alunos chegam à escola ávidos para aprender e se comprometer. Apesar dos melhores esforços, alguns trazem tal "bagagem" de fora dos portões que é praticamente impossível "incorporar" os valores da escola, até mesmo em uma extensão mínima aceitável. Isso acontece mais nas instituições de ensino médio do que nas de ensino fundamental, e muito mais naquelas que estão enfrentando grandes adversidades e aceitando muitos alunos em diferentes ocasiões durante o ano ("alta mobilidade" é a expressão utilizada resumidamente para descrever a questão). Todas as escolas de ensino fundamental enfrentam o problema adicional que tão frequentemente ocorre na adolescência, ou seja, como disse Tom Wylie, membro renomado da HMI e recentemente diretor da National Youth Agency: eles estão firmemente determinados a não revelar na frente de seus pares que são iniciantes.

> Eles têm de ser especialistas instantâneos. Mais confusos ainda são aqueles jovens que simplesmente desistiram e parecem inatingíveis. Eles não se importam. São agressivos e extraem suas satisfações das ruas, e não da escola ou de casa.

É em casos como esses que as escolas podem enfrentar o dilema da exclusão. Vamos examinar um estudo de caso.

Estudo de caso

Um diretor e seu corpo docente tentaram de tudo. "Sabíamos que Sean era difícil quando chegou", admitiu o diretor, "e que realmente mal sobreviveu durante os anos iniciais do ensino fundamental. Nós o contivemos mantendo-o fora da sala grande parte do tempo e o encarregando de 'pequenos serviços'. É claro que lhe demos um apoio individual também, mas sua confiança e autoestima em meio aos outros alunos era mínima. Portanto, quando ele chegou a nós, sabíamos que seria difícil. Organizamos sessões individuais com nossos *SEN experts* (especialistas em alunos com necessidades especiais). Entretanto, era só colocá-lo em uma classe com jovens da sua idade que ele 'explodia'. Sean é agora, além disso tudo, um jovem enorme. Sua mãe – ele não tem pai – confessa que não consegue controlá-lo. A ausência de um pai, que neste caso está na cadeia, tem suas vantagens, porque muito frequentemente o lado machista de um pai inadequado significa que a família está em negação. Seja como for, na 8ª série Sean aterrorizava o bairro onde morava, mesmo que ainda pudesse ser contido na escola. Chegou-se a falar em uma Ordem Judicial por Comportamento

continua

continuação

Antissocial (ASBO). Tentamos tudo o que sabíamos com ele na escola, todas as coisas que em geral funcionam, mas ninguém conseguia atingi-lo. Você sabe que se diz que se um aluno não conseguiu formar um relacionamento gratificante com pelo menos um adulto na escola, ele na verdade não está na escola? Bem, no caso de Sean era pior, porque ele não tinha um relacionamento gratificante com ninguém que valesse a pena nem fora da escola. Ele parecia pertencer a um grupo que só se pode descrever como garotos 'selvagens' em seu bairro e um membro júnior da 'gangue Johnson' (o diretor estava se referindo a uma das gangues daquela parte do centro da cidade). A última gota foi um ataque cruel a um aluno da 8ª série. Mas o processo de exclusão demorou séculos. E, a cada passo dado, eu experimentava uma sensação de fracasso. Não tínhamos feito com Sean o que tínhamos certeza de que poderíamos fazer quando ele chegou. Ele foi um de nossos residentes: durante alguns dias, arranjamos alojamento para ele em uma instituição comunitária próxima, mas tudo dava errado. Experimentamos instrutores de ensino. Tentamos envolver outras agências. Mas você sabe como isso é difícil: com a maior boa vontade do mundo você descobre que a pessoa confiável na polícia ou no serviço social foi transferida e você tem de começar tudo de novo. A realidade é que Sean cresceu cada vez mais alienado. Nós falhamos com ele."

O caso ilustra o sentimento de derrota que o diretor experimentou e a natureza pouco atrativa desse aspecto do trabalho. Ele prosseguiu refletindo sobre o processo real de exclusão e sobre as dificuldades que tão frequentemente surgem em outros casos polêmicos. Há a representação legal nas audiências que tem constrangido tantos diretores, os júris de apelação que se comportam irracionalmente, e sempre a necessidade de se manter tudo na devida ordem.

Mais uma vez, com relação às questões dos profissionais, quanto mais bem sucedida uma escola, menos tempo ela terá para lidar com "negócios sujos". Optamos por ilustrar esse tipo de "negócio sujo" com incidentes envolvendo professores e alunos. No entanto, estes "negócios sujos" não estão necessariamente limitados às pessoas.

O orçamento

Quando a primeira edição deste livro foi publicada, o gerenciamento local das escolas (GLE) ou o "financiamento justo", como passou a ser chamado, estava se iniciando: na verdade, ainda não tinha atingido aquelas escolas onde uma combinação de uma AEL relutante e desmotivada ou até mesmo diretores ansiosos significou um adiamento o mais prolongado possível na sua introdução. A responsabilidade pelas maciças quantias envolvidas nos orçamentos escolares ficou com a AEL e alguns diretores viram os principais executivos da educação partirem repentinamente quando o orçamento era gasto em excesso. Seu próprio "negócio sujo" envolvia evitar a realocação de profissionais de outras escolas em que os recursos estavam caindo. Pior ainda era quando uma escola próxima fechava e os profissionais e os alunos que lá permaneciam eram transferidos para sua escola, pois, como se pode imaginar, a maioria dos melhores profissionais e alunos já havia deixado a escola que fechava.

A partir do GLS, a questão do gerenciamento do dinheiro se tornando "negócio sujo" nos parece ter ocorrido mais frequentemente em duas circunstâncias.

A primeira é a questão do déficit herdado, mas não declarado, em que o diretor demissionário havia gasto dinheiro irresponsavelmente quando partiu para outra escola ou se aposentou. O batismo do novo diretor é o mais feroz possível, pois, muito frequentemente, o resto da comunidade escolar, incluindo um tesoureiro incompetente, pode estar na mais total ignorância do verdadeiro estado de coisas e, por isso, em negação. Mais seriamente, o próprio corpo administrativo, que havia muito recentemente indicado o novo diretor, precisa de alguma prova de que ele não desempenhou sua função adequadamente. Uma variante ainda pior disso é onde houve desonestidade envolvendo o uso impróprio ou a apropriação indébita dos recursos.

Provavelmente não há outro conselho geral a ser oferecido aqui além de buscar o conselho de uma das organizações de diretores que, em muitos casos, também estarão envolvidas.

A segunda situação ocorre quando um diretor arca com a responsabilidade de gerenciar e tentar deter o declínio de uma escola que está perdendo alunos porque se tornou impopular, em geral porque foi percebido que não é bem-sucedida. Na nossa experiência, essas escolas têm o problema adicional de terem se tornado as escolas que herdaram alunos com os quais outras acharam difícil demais de lidar. Perversamente, os números declinantes tornam a aceitação desses jovens "difíceis de lidar" uma tentação quase irresistível.

O "negócio complicado" aqui envolve gastar grandes quantidades de tempo persuadindo a administração local (o DfES ou qualquer organização não governamental quase autônoma que irá ser encarregada de dirigir sua família de academias em rápida expansão) a aceitar o princípio de um empréstimo suficiente, enquanto você estabelece um plano de recuperação.

> **Estudo de caso**
> "Eles levaram semanas e meses tentando convencer de que os 'pecados' da dívida acumulada não era culpa dos alunos existentes", disse um diretor que prosseguiu explicando como uma quantidade enorme do seu tempo foi consumida apresentando licitações. Isso era, com frequência, malsucedido, pois os pretensos "financiadores" em geral querem estar associados ao sucesso comprovado – para o dinheiro dado em confiança, os órgãos filantrópicos ou as empresas criam um "oxigênio necessário" para gerar energia e estímulo capaz de conduzir a escola do desespero resignado para o estímulo confiante.

Optamos por ilustrar o "negócio complicado" com referência a exemplos extraídos de questões que afetam os profissionais, os alunos e as finanças, mas como qualquer diretor sabe, as coisas não param aí. Negócios complicados não faltam, e poderíamos facilmente ter dado exemplos envolvendo os pais e, às vezes, os administradores. Como dissemos no início, fomos corrigidos pela diretora que nos reprovou por fazermos as coisas parecerem demasiado simples. Nosso trabalho com escolas que estão enfrentando dificuldades nos convenceu de que, fora dessas escolas, não imaginamos a enorme e desproporcional quantidade de tempo que elas levam para se livrar das "complicações" quando embarcam na longa jornada rumo ao sucesso.

3 Ensino e aprendizagem

> A aprendizagem pode revelar o tesouro que está dentro de todos nós. No século XXI, o conhecimento e as habilidades serão a chave para o sucesso... Os bons professores, utilizando os métodos mais eficazes, são a chave para se atingir padrões mais elevados.
>
> **DfES (2003b)**

> O que mais importa não é tanto que toda criança deva ser ensinada, mas que seja transmitido a toda criança o desejo de aprender.
>
> **John Lubbock**

> Se os alunos não aprendem da maneira como ensinamos, talvez devamos ensinar da maneira como eles aprendem.
>
> **Howard Gardner (1991)**

CULTURAS DE ENSINO E APRENDIZAGEM

A qualidade do ensino e da aprendizagem está no cerne da melhoria da escola, e a mudança real e duradoura só pode vir daquilo que os professores e a equipe de apoio fazem consistentemente nas salas de aula e em outras áreas de aprendizagem da escola. Curiosamente, embora as escolas tenham políticas para quase tudo (em parte com vistas ao processo de inspeção do Ofsted), algumas ainda não têm muitas políticas sobre o ensino e a aprendizagem, sendo, às vezes, difícil apurar, a partir de suas práticas, se aquelas que utilizam são baseadas em uma abordagem individual ou coletiva. Nas escolas bem-sucedidas, os docentes têm pensado juntos sobre o que constitui ensino e aprendizagem eficazes em seu contexto particular, baseado em um conjunto de valores e crenças básicos, e continuam a especular como poderiam melhorar sua prática, envolvendo alunos, pais e administradores no debate. Estão conscientes de que o seu propósito central e o foco de todos os seus esforços estão aumentando o aproveitamento dos alunos, e se engajam em atividades colaborativas para garantir isso. Os princípios são transformados em processos e práticas, e mais uma vez têm sido implementadas estratégias acordadas que são constantemente monitoradas, revistas e reajustadas à luz das evidências. Através desse processo há uma dinâmica interna para o ensino e a aprendizagem, e a escola está ajustada para uma melhoria contínua. Há altas expectativas para todos, tanto alunos quanto professores. O diretor, em particular, é um líder da aprendizagem. Há, na verdade, uma aparente cultura de ensino e aprendizagem na escola que está sendo sempre alimentada e desenvolvida, com os docentes assumindo uma responsabilidade individual e coletiva para aprimorar o que já faziam antes da maneira mais competente, com referência ao melhor conhecimento e às melhores práticas disponíveis, e se comprometendo com uma autoavaliação regular.

> A mudança educacional depende do que os professores fazem e pensam – ela é tão simples e tão complexa quanto parece.
> **Michael Fullan (1991)**

Ao considerar como melhorar uma escola através do desenvolvimento de uma cultura dinâmica de ensino e aprendizagem pode ser melhor começar do ponto de vista do nosso professor que, cheio de esperança e expectativa (e certamente de um pouquinho de apreensão), se une ao corpo docente de uma escola em uma base permanente. Todos os diretores e professores podem proveitosamente se perguntar como, simplesmente se unindo a eles, um novo professor se tornaria um melhor professor e fortaleceria ainda mais a massa crítica do ensino eficaz.

Nós nos referimos anteriormente aos professores como líderes. A tarefa das escolas é desenvolver sua cultura de ensino para que todos sejam um "gerador de energia" durante, pelo menos, parte do tempo e, outras vezes, nunca menos do que "neutros". Por isso, o novo professor é imediatamente energizado simplesmente se unindo ao corpo docente e é capturado na excitação do ensino e da aprendizagem. Quais seriam as características dessa cultura de ensino e aprendizagem e como uma escola pode desenvolver isso? Este capítulo discute as características fundamentais de uma cultura desse tipo que, se adotada, ajudaria a melhorar todas as escolas.

Uma política acordada sobre a prática do ensino e da aprendizagem

Uma política desse tipo se iniciaria a partir da indagação básica relativa a se todo o corpo docente, que inclui os assistentes de ensino e aprendizagem e todos aqueles que contribuem para o processo, discutiu suas ideias e crenças sobre o ensino e a aprendizagem, e sobre qual é a melhor maneira de elevar os padrões de aproveitamento. A política enfatizaria uma filosofia compartilhada e uma linguagem compartilhada. Cobriria as questões fundamentais dos estilos de ensino e aprendizagem, as habilidades de ensino, a importância do questionamento, o lugar da história na explicação, os recursos para o ensino e a aprendizagem, e a aprendizagem como a preocupação fundamental do desenvolvimento e do apoio profissional contínuo, assim como da autoavaliação e revisão.

Existe uma vasta quantidade de literatura de pesquisa sobre todos esses tópicos, mas como o contexto é tão importante, é essencial que cada membro da equipe, envolvendo, na medida do possível, alunos, pais e administradores, elabore valores, práticas e expectativas e se certifique de que esta política geral seja traduzida em uma pedagogia apropriada em todos os níveis da escola. Os líderes das diversas disciplinas nas escolas de ensino médio, fundamental e de educação especial bem-sucedidas são capazes de transmitir de maneira eficaz as principais mensagens para suas áreas do currículo e trabalhar com grupos de professores no desenvolvimento de esquemas de trabalho e planos de aula apropriados. Os professores que trabalham nos grupos do ano ou nos Estágios Fundamentais são capazes de basear seu planejamento nesses princípios, processos e práticas visíveis, e monitorar e avaliar de acordo com eles. De tudo isso emerge uma unidade de propósito que é uma condição de se avaliar a consistência da prática educacional em todo o corpo docente da escola. Uma política para o ensino e a aprendizagem seria construída sob os seguintes tópicos:

Valores, crenças e princípios
- **O desenvolvimento de uma linguagem compartilhada** sobre a arte do ensino e as complexidades da aprendizagem.
- **O repertório e a variedade das técnicas de ensino**, da exposição e explicação das habilidades e estratégias, das atividades e investigações práticas, do uso das perguntas, da discussão e resolução de problemas; ensino individual, de grupo e de toda a classe.

Aprendizagem personalizada
- Moldar a educação às necessidades, aos interesses e às aptidões individuais para satisfazer o potencial dos alunos.

Estilos de aprendizagem
- Consciência das inteligências múltiplas, da necessidade de diferenciação, da aprendizagem independente e do pensamento crítico.

O uso dos recursos de aprendizagem
- Uma variedade de recursos adequados à idade e à necessidade dos alunos, provisão de tecnologia da informação, materiais de referência, o papel da biblioteca e do centro de recursos no apoio da aprendizagem.

A eficácia do planejamento
- Continuidade e progressão da aprendizagem, com organização do planejamento de curto, médio e longo prazo.

O uso da avaliação
- Avaliação da aprendizagem, a nota do trabalho, o uso de informações da avaliação para informar o planejamento do currículo, a avaliação formativa e final.

Altas expectativas e desafio apropriado
- Tarefas e técnicas de ensino apropriadas para alunos com diferentes habilidades, níveis de aprendizagem e capacidade de ajuste e associação [*setting and banding*] acelerados.

Criação e manutenção de ambientes de aprendizagem estimulantes
- Organização eficaz da sala de aula, mostras interativas e, em toda a escola, um clima de inovação.

Monitoração e avaliação do ensino e da aprendizagem
- Reunião de evidências e reflexão crítica sobre as políticas e práticas, e pesquisa-ação.

As escolas bem-sucedidas, com políticas e práticas claramente planejadas e expressadas sobre o ensino e a aprendizagem, contribuindo para uma "cultura de aprendizagem" dinâmica, são capazes de estabelecer esta cultura em sua literatura de recrutamento e atrair profissionais com ideias afins, oportunizando o reforço destas crenças dentro de um programa de admissão. Talvez o mais impressionante de tudo é o fato de essas instituírem a prática de se certificar de que todos os candidatos sejam observados ensinando como parte de sua estratégia de recrutamento. Essa estratégia reforça a mensagem da importância fundamental do ensino de qualidade na escola e tem o benefício de envolver os alunos e outros profissionais no processo de observação da classe e seleção do professor. O novo membro do corpo docente já se sente parte de uma cultura de ensino eficaz simplesmente se juntando à equipe, estando pronto para empreender um programa contínuo de desenvolvimento profissional certamente ancorado dentro de uma política de ensino e aprendizagem.

Ensino de alta qualidade

Uma das características dos professores bem-sucedidos, que são "geradores de energia", que enxergam o copo como "meio cheio", que veem uma "perspectiva de esperança em meio à dificuldade" e que perguntam "e se?", é que eles usam três ou quatro partes da investigação apreciativa de cada problema que precisam resolver. Enquanto isso, os professores malsucedidos, que são "consumidores de energia", que enxergam o copo como "meio vazio", que veem "dificuldades em todas as situações" e perguntam "O que mais se pode esperar destas crianças?", tornam-se impositores da conformidade à custa da investigação apreciativa, enquanto lutam com seus crescentes problemas.

Os alunos das classes dos criadores de energia e dos investigadores apreciativos têm uma experiência muito mais bem sucedida do que aqueles das classes dos consumidores de energia e impositores da conformidade.

Por isso, nossos dois primeiros pontos sobre o ensino são que:
- a disposição e a atitude dos professores são fundamentais
- por mais importantes que sejam as habilidades bem treinadas de manejo e organização da classe (incluindo a lição de três, quatro ou cinco partes com plenárias), elas sozinhas não são suficientes.

As características e as qualidades dos bons professores incluem:
- boa percepção do *self* e dos relacionamentos interpessoais
- generosidade de espírito
- senso de humor
- poderes de observação acurados

---

* N. de R.T. Para conhecer melhor formas de implantação de Investigação Aplicativa, é possível pesquisar em "O ciclo de 4-D da Investigação Aplicativa", em Whitney, Diana e Cooperider, D. *IA:* uma abordagem positiva para a gestão da mudança. Rio de Janeiro: Qualitymark, 2006, p. 17-36.

- interesse e preocupação com os outros
- entusiasmo contagiante pelo que é ensinado, aliado a um excelente conhecimento da matéria
- imaginação
- curiosidade intelectual
- treinamento profissional e entendimento de como as crianças aprendem
- capacidade para planejar programas de aprendizagem apropriados aos grupos específicos de crianças e aos alunos individuais, e acesso para que saibam como melhorar o entendimento do seu currículo no contexto da escola como um todo.

Então, se a disposição e a atitude são importantes, o que mais podemos dizer sobre elas no caso dos professores que se destacam? Esses professores acreditam genuinamente que todas as crianças podem ser bem-sucedidas no que aprendem e que podem ensinar qualquer um a obter sucesso. Eles têm objetivos de aprendizagem para si próprios, tanto com relação à sua disciplina quanto em relação à maneira pela qual ensinam; não têm medo de envolver o aluno na avaliação de suas aulas; experimentam novas ideias. Por isso, seu ensino é uma competência a ser continuamente aumentada e eles desenvolvem competência de aprendizagem em seus alunos. Praticam a "avaliação para a aprendizagem", através da qual o aluno toma conhecimento do próximo estágio da aprendizagem e sabe como estender a aprendizagem já adquirida. Esses professores não diferenciam tanto os grupos que ensinam, mas se diferenciam. Eles acreditam que o esforço por parte do aluno na aprendizagem não é um sinal de capacidade limitada. Tornam a aprendizagem divertida e exalam esperança, energia e entusiasmo. Comportam-se como se a aprendizagem fosse uma decisão cooperativa – "Podemos decifrar este problema de álgebra juntos, não podemos?" – e utilizam a aprendizagem tanto como uma atividade em grupo quanto como uma atividade individual, importando assim para a sala de aula (com todas as mensagens positivas da colaboração) a natureza conspiradora do pátio do recreio ou da rua, onde suas consequências são, com frequência, negativas e desastrosas. Acima de tudo, acreditam na "transformabilidade" de seus alunos em oposição à sua capacidade.

> O talento supremo do professor é despertar a alegria na expressão criativa e no conhecimento.
>
> **Albert Einstein (1950)**

Os professores trabalham no extremo do eixo entre a "autoestima" e a "expectativa". Se a expectativa for alta demais e a autoestima dos alunos baixa demais, eles não vão conseguir aprender e o professor não vai conseguir ensinar. A outra alternativa, que é a autoestima dos alunos acima das expectativas do professor, é quase tão séria quanto. Dizemos "quase" porque nessas circunstâncias os alunos mais velhos, com uma competência de aprendizagem superior, vão aprender a despeito do professor. O importante é colocar a expectativa, tanto para o grupo como para os indivíduos, apenas um pouquinho à frente do ponto que os alunos atingiram.

Por isso, todos os professores trabalham a autoestima. Eles saúdam os alunos positivamente pela manhã e os chamam pelo nome, não apenas na sala de aula, mas no corredor e no horário de almoço. Criam um passado compartilhado e contam boas histórias sobre seus alunos, os quais esperam que contribuam para o "legado" da escola. Compartilham os interesses dos jovens – celebridades, novelas, esportes ou comida. Lembram-se dos aniversários, reconhecem as realizações dos alunos em toda parte, na escola ou fora dela. Dão as notas privadamente e admitem um interesse privado. Quando um aluno os frustra e quando não conseguem, por assim dizer, estabelecer contato, eles procuram um objeto ou artefato no fim-de-semana que saibam ser do interesse do aluno. Então, discretamente o entregam ao aluno, dizendo: "Eu vi isto e pensei em você". Em suma, são os mestres do inesperado. Aos olhos de seus alunos, eles parecem segura e curiosamente imprevisíveis.

No campo da expectativa, usam histórias, são hábeis nas técnicas de questionamento e envolvem seus alunos na liderança.

Os professores que se destacam se asseguram de que seus alunos estejam pelo menos tão ocupados quanto eles! Os alunos, depois de se candidatarem a várias funções como líderes de classe, sabem que cabe a eles monitorar a frequência, vigiar o computador, organizar os recursos, recolher os livros no final da aula ou qualquer outra coisa. Os professores dessas classes implementam uma prática de notas que faz os alunos se sentirem especiais. Eles proporcionam um extenso *feedback* por escrito a cada aluno, pelo menos duas vezes por ano. São tão mestres na "avaliação para a aprendizagem" que os alunos se tornam capazes de avaliar seu próprio trabalho e o trabalho dos outros. Assim fazendo, seus alunos tornam-se aprendizes autônomos cada vez mais ativos e competentes.

> Ser um professor entusiasmado é ser alguém apaixonado por um campo do conhecimento, profundamente estimulado por questões e

ideias que desafiam o nosso mundo, atraído pelos dilemas e pelo potencial dos jovens que estão em sua classe todos os dias, cativado por todos eles. Um professor entusiasmado é um professor que foge do isolamento da sala de aula, que se recusa a se entregar à apatia ou ao cinismo.

Robert Fried (1995)

Achamos que todo o processo de ensino pode estar vinculado a um *golden cracker*. No *golden cracker* há fundamentalmente três partes. A primeira envolve conhecer os alunos – suas preferências e aversões, esperanças e ambições, potencialidades e fragilidades, e seus estilos de aprendizagem preferidos. A segunda parte – a central – envolve as habilidades de prática do aluno, como realizar exercícios, ocupar-se proveitosamente da consolidação da aprendizagem, enquanto o professor torna-se proficiente no controle da classe e envolvido nas artes refinadas do planejamento e da organização. A terceira parte – a mais vital do *cracker* – é a habilidade extraordinária do professor como um alquimista da mente, o tempo todo surpreendendo os alunos para fazer e entender coisas que eles jamais imaginaram que pudessem fazer e entender. Nesta parte está o ponto culminante da habilidade do professor: sua habilidade para abrir a mente, com frequência uma parte do ensino que é menos analisada e discutida. Está particularmente conectada com as habilidades de questionamento e especulação para alunos com diferentes tipos de inteligências e em diferentes estágios da autoestima.

Os professores têm uma influência infinita; eles nunca sabem onde para a sua influência.

Henry Brook Adams (1918)

Perguntas, perguntas

Muito tem sido escrito sobre a sequenciação, a distribuição e as regras da pausa em sala de aula. Algumas escolas, no entanto, só pedem aos alunos para erguerem suas mãos em determinadas circunstâncias prescritas e extensivamente consideradas, preferindo que o professor direcione as perguntas de uma maneira apropriada aos diferentes alunos segundo o que atingiram em sua aprendizagem. Outras escolas, querendo chamar a atenção para as mudanças, se utilizam um "monitor da pergunta". Aqui o professor formula a pergunta, cuidadosamente considerada com relação à dificuldade, e elege o "monitor da pergunta", tirando de uma caneca um dos 30 papeizinhos ali depositados, cada um com o nome de um aluno.

Os professores são especialistas em quatro ordens de perguntas, cada uma utilizando as sete palavras de questionamento: "quando", "onde", "o que", "por que", "quem", "de que" e "como". As perguntas de primeira ordem são perguntas de fato; as perguntas de segunda ordem são perguntas de influência; as perguntas de terceira ordem são perguntas "surpreendentes"; e as perguntas de quarta ordem são aquelas de "hipótese condicional", precedidas pelo diabólico "se"! Às vezes achamos que as perguntas "surpreendentes" são iguais às perguntas de "Fermi". Fermi foi um físico nuclear italiano que adorava perguntas complexas. Um exemplo de uma pergunta de "Fermi" seria: "Quantos afinadores de piano há em Nova York?". Elas são destinadas a requerer pensamento literal, estimativa e justificativa da sua hipótese que conduz à sua conclusão. Equipar os alunos com o conhecimento das sete perguntas de questionamento e as quatro ordens de perguntas pavimenta o caminho para o bom trabalho de grupo, porque os alunos ficam versados no uso das perguntas.

Além das "perguntas", os professores podem considerar cada uma das outras técnicas de "narração de histórias", pois, como já observamos, as histórias estão no cerne do ensino bem-sucedido desde os hábitos de abertura da mente do filósofo Platão.

Além disso, o que dizer do "alter ego" do ensino? Assim como a professora da creche envia ursinhos para casa para ter aventuras com os alunos, que voltam e criam desenhos e histórias sobre o que aconteceu, a mesma professora usa o ursinho como outro personagem para estimular a conversa dos alunos. A professora da primeira série continua essa prática durante algum tempo e está alerta para o uso dos animaizinhos de estimação. Isso também continua nas séries finais do ensino fundamental, não na forma de bichinhos de estimação, mas às vezes com personagens reais na sala de história (digamos, Henrique VIII) ou na sala de ciências (por exemplo, Darwin), e de vez em quando o professor se detém nesses personagens. Eles têm conversas imaginárias ao telefone e, na era digital, têm "tutores virtuais" aos quais os alunos podem recorrer. Uma escola tem um professor entusiasmado que tem seu próprio "Avatar", uma figura construída e que se move na tela com uma voz programada. Estamos, evidentemente, no início da nossa jornada de exploração das tecnologias de aprendizagem.

Em certa escola, os professores debateram, concordaram em produzir e depois criaram um folheto para todos os alunos chamado *Language to Think and Learn* (A linguagem para pensar e aprender). Baseado em teorias da inteligência múltipla e na necessidade de várias abordagens de aprendizagem, o folheto apresentava o vocabulário para cada disciplina (e para as provas) que os professores queriam que os alunos entendessem – linguagem conceitual de ordem elevada, se você preferir. Todo o corpo docente começou então a ensinar o significado do vocabulário, a cada semana, para os alunos da 7ª série. Uma abordagem similar foi adotada na 8ª série e no ensino médio – sendo toda a matéria do curso reforçada pela exibição do vocabulário em todas as salas.

PERSONALIZANDO A APRENDIZAGEM

Nas escolas bem-sucedidas, o corpo docente considera o que constitui aprendizagem eficaz em seu contexto particular para aumentar o aproveitamento de todos os alunos e adotar processos e práticas adequados. Eles têm consciência dos perigos de a aprendizagem dos jovens ser dominada por julgamentos de capacidade que podem afetar profundamente sua autoestima e seu senso de identidade. Os alunos aprendem muito rapidamente sobre sua posição com relação aos colegas, e a que categoria pertencem em termos de "mais capaz", "médio" e "menos capaz". Esse tipo de aprendizagem é, com frequência, diariamente reforçado através de muitos tipos diferentes de experiências, e requer um esforço consciente para praticar a "aprendizagem sem limites", para que as experiências dos jovens na escola não sejam todas organizadas e estruturadas tendo por base julgamentos da capacidade.

A aprendizagem personalizada diz respeito a ajudar toda criança e jovem a melhorar, o que significa moldar a educação às necessidades, aos interesses e às aptidões individuais para satisfazer o seu potencial e lhes dar a motivação para serem aprendizes independentes e pela vida afora. Para as escolas, isso significa um etos profissional que aceite e assuma que toda criança chega à sala de aula com uma base e um conjunto de habilidades diferentes, e também com aptidões e aspirações variadas.

> **Componentes da aprendizagem personalizada:**
>
> - *Avaliação para a aprendizagem*
>   Entender o ponto em que cada aluno está na sua aprendizagem, proporcionar *feedback* de qualidade e planejar os próximos passos com objetivos compartilhados.

- *Ensino e aprendizagem eficazes*
  Desenvolver a competência e a confiança de todo aluno, engajando-as e expandindo-as por meio do desenvolvimento sistemático e explícito das habilidades e estratégias de aprendizagem ao longo do currículo.
- *Denominação e escolha do currículo*
  Comunicar a amplitude do estudo, a relevância pessoal e os caminhos para a aprendizagem flexível através do sistema.
- *Organização da escola para a aprendizagem personalizada*
  Utilizar mais equipes de apoio e conhecimento especializado para remover as barreiras à aprendizagem e criar as condições necessárias para garantir que todos os alunos façam o maior progresso possível.
- *Além da sala de aula*
  Estender a aprendizagem para além da escola para satisfazer as necessidades dos alunos e de suas famílias e desenvolver parcerias fortes para estimular o progresso na sala de aula e apoiar o bem-estar do aluno.

Esses cinco componentes são integrados e mutuamente incentivadores. O uso da TIC (Tecnologia da Informação e Comunicação) permeia todos os componentes como uma maneira de aumentar a criatividade e estender as oportunidades de aprendizagem.

O Specialist Schools Academies Trust, em uma série de livretos sobre *Personalized Learning* (2005-2006), editado por David Hargreaves, sugere que as escolas abordem a tarefa da aprendizagem através de nove portais interconectados.

Figura 3.4 Os portais da educação personalizada.

O impacto geral dos portais sobre os alunos pode ser entendido como uma sequência de temas ou fios principais que captam o que caracteriza os alunos para os quais a aprendizagem está sendo personalizada com sucesso. Os temas principais são:
- engajamento do aluno na aprendizagem e no ensino
- a responsabilidade assumida pelo aluno para a aprendizagem e o comportamento
- independência na aprendizagem
- confiança na aprendizagem
- maturidade nos relacionamentos com os alunos assumindo a sua aprendizagem.

As escolas vão reconhecer essa agenda tentando fazer o máximo para cada criança e jovem, adaptando o ensino para satisfazer as necessidades do indivíduo, em vez de obrigá-lo a se ajustar ao sistema.

A maioria das escolas diria que dá atenção individual aos alunos, mas aquelas que estão trabalhando intensamente na educação personalizada entenderam que podem fazer muito mais dando aos alunos oportunidades de trabalhar dentro do seu próprio ritmo. A escolha também é uma parte importante da aprendizagem personalizada, particularmente no ensino de adolescentes, com a criação de caminhos de aprendizagem individuais. Entretanto, as restrições dos programas de estudos, do currículo da área e da avaliação podem dificultar muito o oferecimento de uma forma de aprendizagem realmente personalizada, embora estejam surgindo algumas abordagens inovadoras através dos benefícios da remodelação da força de trabalho e do uso mais eficaz da TI. Em última análise, "o currículo" deve atrair o indivíduo ou o grupo. No fim, o aprendiz bem-sucedido está envolvido no currículo que o professor moldou para o mundo. Por exemplo, os professores têm, com razão, criticado o princípio do "adequar um a todos" do Currículo Nacional e das Estratégias Nacionais (National Curriculum and National Strategies), porque são excessivamente prescritivos e desvalorizam os professores, desencorajando-os a trazer suas próprias visões para o currículo, ainda que marginalmente.

> Em vez de um Currículo Nacional para a educação, o que é realmente necessário é um currículo individual para cada criança.
> **Charles Handy (1997)**

Também precisa ser reconhecido que o dia letivo e o ano letivo proporcionam apenas uma pequena porcentagem de tempo de aprendizagem disponível. Por isso a suspensão da tabela de horários envolvendo um "dia" ou uma "semana" de aprendizagem é tão importante para a aprendizagem bem-sucedida.

Para obter sucesso em sua esperança de melhorar a aprendizagem e o aproveitamento, as escolas devem encontrar novos aliados e criar novos tipos de conexões com a comunidade da qual fazem parte. Um dos primeiros passos importantes é gerar principalmente parcerias de aprendizagem com os pais e os cuidadores, lembrando que eles são coeducadores das crianças juntamente com os professores (algo de que vamos tratar no Capítulo 6).

O atributo mais importante que as escolas podem proporcionar aos alunos é a capacidade para aprender sozinhos e assumir a responsabilidade por sua própria aprendizagem. Embora isso possa ser encorajado através do currículo formal em termos de aprendizagem flexível e aprendizagem independente, a provisão de enriquecimento do currículo e oportunidades de extensão cria uma oportunidade real de se preparar para a aprendizagem pelo resto da vida. Isso pode se dar através de atividades extracurriculares tradicionais – como esporte, teatro, xadrez e outros clubes e sociedades – ou através de oportunidades proporcionadas antes e depois da escola pelos clubes de café da manhã ou nos fins de semana e férias – como cursos e experiências de aprendizagem residenciais, cursos de revisão na Páscoa, cursos de verão ou extensão de estudo com organizações como a Children's University ou os Gifted and Talented Centres. O enriquecimento e a extensão do currículo permitem uma maior flexibilidade do ensino e da aprendizagem, particularmente em torno de técnicas como aprendizagem acelerada e conceitos como inteligências múltiplas. Há também oportunidades extras para desenvolver habilidades de tecnologia de informação e comunicação. Acima de tudo, uma escola aprimorada vai proporcionar estas oportunidades para melhorar a motivação, gerar autoestima, desenvolver aprendizagem eficaz e elevar o desempenho.

Estilos de aprendizagem

O conceito de estilos de aprendizagem tornou-se um pilar da boa prática, embora não desprovido de críticas. O sistema mais comumente utilizado nas escolas é o modelo de classificação VAK, que divide as crianças em aprendizes visuais, auditivos ou cinestésicos: aqueles que gostam de olhar, aqueles que gostam de ouvir e aqueles que aprendem melhor através de atividade física, às vezes chamados de "aprendizes ativos". A maior parte da análise dos estilos de aprendizagem baseia-se em questionários de autoavaliação completados pelas crianças. Estes têm defeitos óbvios. Muitas atividades escolares não são puramente visuais, auditivas ou cinestésicas, mas uma mistura de todas as três. Mesmo que aceitemos que as crianças aprendem de maneiras diferentes, a maioria dos professores concorda que um estilo de aprendizagem preferido é simplesmente um hábito adquirido e que as crianças precisam experimentar outros. Grande parte das escolas que adota o conceito dos estilos de aprendizagem tenta encorajar os professores a tornar as aulas acessíveis a todos os alunos, incluindo elementos visuais, auditivos e cinestésicos. Elas acreditam que é igualmente importante para os professores analisar seu próprio estilo de aprendizagem e ensino. Declaram que a maioria dos professores permite que seu próprio estilo se torne seu estilo de ensino habitual – em detrimento daqueles alunos que aprendem de maneiras diferentes.

O perigo de outras classificações rígidas das preferências de aprendizagem das crianças é que elas serão rotuladas e impostas a uma visão estreita de suas próprias habilidades. Entretanto, alguns mecanismos para a avaliação dos estilos de aprendizagem usam uma visão mais holística e observam uma ampla variedade de questões sob o título de "Estilos de Aprendizagem". Por exemplo, os perfis da Análise do Estilo de Aprendizagem promovidos pela editora Network Continuum baseiam-se em uma ampla série de perguntas agrupadas em categorias que são ancoradas em aspectos cerebrais, sensoriais, físicos, ambientais, sociais e atitudinais. Estes perfis (que estão acessíveis *online*) baseiam-se no trabalho de pesquisa dos Professores Dunn e Dunn de Nova York na década de 1980, e foram desenvolvidos em formato eletrônico pela Professora Barbara Prashing, de Auckland, Nova Zelândia. Os resultados dos perfis evitam rotular as crianças descrevendo as preferências e as flexibilidades no espectro das questões envolvidas. Não obstante, parece que os modelos de estilo de aprendizagem são também uma supersimplificação da maneira complexa em que as crianças processam as informações. Entretanto, o debate sobre os estilos de aprendizagem tem pelo menos encorajado os professores a examinar sua própria prática e a explorar um repertório mais amplo de estratégias de ensino. Talvez, ao invés de falar sobre estilos de aprendizagem, devamos falar sobre as habilidades de aprendizagem e sobre a provisão de um ambiente mais adequado para a aprendizagem, quer esta seja o trabalho individual, de grupo ou de classe, a disponibilidade de tecnologias de aprendizagem ou a estimulação auditiva.

Avaliação da aprendizagem

A aprendizagem personalizada está intimamente vinculada à avaliação dos alunos, no sentido de que não se pode moldar a aprendizagem a menos que se conheça o progresso do aluno. Entretanto, a ênfase aqui está na avaliação *para* a aprendizagem, e não na avaliação *da* aprendizagem, para que os alunos possam melhorar suas realizações e progredir. Há diferentes maneiras de se conseguir isso, mas o princípio básico é sempre o mesmo. Você precisa de evidências claras sobre como estimular o aproveitamento individual; um *feedback* claro para os alunos e dos alunos sobre o que precisam melhorar e qual a melhor maneira de conseguir isso, para que as intenções da aprendizagem sejam compartilhadas e os critérios para o sucesso entendidos. Também é necessário envolver os alunos no domínio da sua aprendizagem, através da autoavaliação e da avaliação dos colegas.

A avaliação da aprendizagem não é nova, mas à medida que dados mais ricos foram sendo disponibilizados, tornou-se uma ferramenta cada vez mais importante e penetrante, auxiliada por desenvolvimentos na tecnologia. As boas escolas reconhecem que esta não é uma atividade ocasional no fim de uma unidade de trabalho, mas uma atividade conjunta e contínua entre professor e aluno. Os professores obtêm informações que os ajudam a ajustar sua prática, enquanto os alunos ampliam o entendimento do seu progresso e do padrão esperado. A maioria dos professores está familiarizada com muitos dos elementos de avaliação para a aprendizagem e reagem com flexibilidade às necessidades de seus alunos. Entretanto, onde há um contexto de escola integral que estabelece a prioridade da avaliação da aprendizagem, apoiada por sistemas eficazes para o rastreamento do progresso do aluno, o impacto da avaliação na aprendizagem provavelmente será considerável.

Tecnologias de aprendizagem

Fazer o uso mais eficiente dos recursos de aprendizagem é um grande desafio para as escolas e essencial para qualquer discussão sobre a aprendizagem e o ensino. Há questões políticas fundamentais que precisam ser superadas, incluindo o acesso individual à tecnologia da informação; a personalização da aprendizagem; o planejamento das salas de aula e de áreas de aprendizagem como a biblioteca e o centro de recursos. O desenvolvimento de longo prazo da responsabilidade do aluno e da aprendizagem independente requer uma abordagem institucional, assim como o desenvolvimento do papel do professor no gerenciamento da aprendizagem baseada em recursos. Os professores precisam ser vistos cada vez mais como gerentes da aprendizagem e menos como introdutores de informações. Nesse contexto, o uso e o gerenciamento das tecnologias de aprendizagem são fundamentais para que aconteça um aproveitamento eficaz.

As boas escolas terão uma visão estratégica sobre o lugar da TIC no currículo e sobre um melhor acesso para todos os aprendizes. Quando os alunos vão para a escola, muitos – evidentemente não os mais desfavorecidos – deixam o mundo conectado de suas casas onde o acesso à televisão, ao vídeo e a computadores é lugar-comum, para entrar em um prédio onde os recursos da TIC ainda não são extensivamente aplicados na aprendizagem cotidiana, embora as novas tecnologias estejam fazendo um progresso considerável. Felizmente, em uma sociedade e em uma economia em que a TIC está transformando o nosso modo de viver e de ganhar nosso sustento, todas as escolas estão radicalmente examinando como os alunos deveriam estar aprendendo, principalmente por tudo o que sabemos sobre os alunos aprenderem em diferentes velocidades e de diferentes maneiras. As escolas deste novo milênio terão uma visão de como utilizar a inteligência compartilhada em vez de simplesmente confiar na inteligência do professor, embora nunca venham a esquecer-se de que o bom ensino do professor inspira a melhor aprendizagem. O uso pleno de novas tecnologias de aprendizagem ajuda os professores e apoia toda a equipe para criar um ambiente no qual os alunos podem gerar ações e criar conhecimento, algo que pode ser realizado dentro de casa e na comunidade. A aprendizagem através da TIC, incluindo endereço de *e-mail* para a equipe e os alunos, vai melhorar e enriquecer o currículo e sua avaliação, oferecendo novas e estimulantes oportunidades para os aprendizes individuais terem acesso a uma variedade mais ampla de programas e materiais de aprendizagem de boa qualidade. Uma boa escola tira plena vantagem do fato de que todos na comunidade de aprendizagem podem criar, receber, coletar e compartilhar textos, imagens e sons sobre uma grande variedade de tópicos, de maneiras mais estimulantes, mais ricas e mais eficazes em termos de tempo do que nunca. As boas escolas começaram a explorar as possibilidades de "coprodução", que a nova onda de tecnologias de *uploading* permite (ver a segunda checagem da realidade para explicações adicionais).

Os alunos assumem a sua aprendizagem

Nós enfatizamos a importância de os alunos:
- atingirem um entendimento compartilhado dos objetivos de aprendizagem e de como alcançá-los;
- desenvolverem as habilidades e atitudes para se tornarem melhores aprendizes;
- estabelecerem através da voz do aluno o hábito de falar sobre a aprendizagem e o ensino e sobre como melhorá-los.*

As escolas têm um papel fundamental em ajudar os alunos a produzir habilidades e atitudes para a aprendizagem, e algumas têm desenvolvido seus próprios programas "Aprendendo a aprender" ou utilizado programas como o *Opening Minds* da RSA (Royal Society Arts), progredindo através de mapas mentais para habilidades de pesquisa aliadas ao uso da Internet.

Vários pesquisadores e escritores têm se referido ao "potencial de aprendizagem", definido de várias maneiras, tais como:
- habilidade no sentido de ser capaz de aprender de diferentes maneiras;
- resiliência na prontidão e persistência na aprendizagem, reflexibilidade na capacidade de se tornar mais estratégico com relação à aprendizagem;
- reciprocidade na capacidade de aprender sozinho e com os outros;
- responsividade na capacidade para se adaptar a diferentes estilos de aprendizagem, com ênfase particular na importância da inteligência emocional na aprendizagem e no como aprender.

Encorajando a aprendizagem, temos sempre recorrerrido aos domínios "cognitivo" e "afetivo", belamente explicados por Sir Alec Clegg (1980) como "pães" e "jacintos". Nesse contexto, Clegg explicou: "Os pães dizem respeito principalmente aos fatos e à sua manipulação, e baseiam-se no intelecto. Os jacintos dizem respeito aos afetos, desafetos, temores, entusiasmos e antipatias da criança, juntamente com sua coragem, sua compaixão e sua confiança".

---

* N. de R.T. A respeito de alunos assumirem suas aprendizagens, é possível saber mais em Perrenoud, P. *Dez novas competências para ensinar*. Porto Alegre: Artmed, 2000.

Os professores e os outros adultos da escola têm um papel importante no estabelecimento de expectativas claras e na moldagem de atitudes positivas em relação à aprendizagem, expondo assim os jovens a uma ampla série de contextos e exemplos para a aprendizagem, junto com a experiência de genuína responsabilidade. Eles vão reconhecer que a aprendizagem ocorre em toda parte, usando uma ampla variedade de recursos culturais, sociais, financeiros e físicos – e certificando-se de que os alunos possam se apropriar dessas oportunidades.

Com relação à voz do aluno, as boas escolas estão engajando ativamente os alunos na moldagem da aprendizagem e do ensino, desenvolvendo "conversas de aprendizagem" entre os professores e os alunos, e também entre os alunos. Alguns exemplos disto são:
- solicitar que os alunos, como observadores das lições, deem *feedback* sobre determinadas aulas após terminá-las;
- envolvê-los na participação do processo do FAE com relação às pesquisas sobre a qualidade do ensino e da aprendizagem;
- envolver os alunos no processo de seleção de novos membros da equipe;
- utilizar os alunos como recursos de aprendizagem um para o outro, ajudando seus colegas a aprender e a se desenvolver, tanto dentro da sala de aula quanto fora dela.

A fim de ajudar os alunos a assumir sua aprendizagem, as escolas estão mudando algumas de suas estruturas organizacionais para que a força de trabalho seja mais engrenada com a aprendizagem personalizada. Algumas escolas têm suplementado o papel do regente de classe com assistentes de aprendizagem e instrutores de aprendizagem; outras têm desenvolvido a ideia do "guia de aprendizagem", uma pessoa que entra em contato com alunos individuais durante um período de tempo, trabalha com eles para estabelecer e avaliar suas necessidades de aprendizagem e monitorar seu progresso, conseguindo atuar como um defensor deles. O papel do guia de aprendizagem é diferente daquele dos orientadores, pois seu foco é especificamente a maneira como o aluno está progredindo em sua aprendizagem, em vez de lidar com questões particulares. Esse sistema garante que cada aluno tenha pelo menos uma pessoa na escola que o conheça, saiba o que ele está aprendendo na escola e fora dela, e entenda suas necessidades globais de aprendizagem, para, então, junto com ele, estabelecer metas para a sua aprendizagem e analisar o progresso através de uma série de indicadores.

Melhorando a aprendizagem

As características do aprendiz não são permanentes: as experiências, a competência e as crenças prévias influenciam a presente aprendizagem, que pode ocorrer por meio de muitos canais e de diferentes estilos. Os aprendizes diferenciam-se em suas crenças sobre o sucesso e na sua motivação para aprender. A escola, como principal local da aprendizagem institucional, exemplifica a aprendizagem eficaz encorajando a sua personalização dentro de um clima de altas expectativas, ações conjuntas e responsabilidade compartilhada pela aprendizagem. Ela sabe que a aprendizagem eficaz ocorre onde os alunos conseguem adquirir e usar uma série de habilidades, integrar conhecimento anterior e novo, pensar criticamente e resolver problemas individualmente e em grupo. As escolas que se tornam comunidades de aprendizagem profissionais estão mais capacitadas para se conectar com a aprendizagem fora da escola, para que suas crianças e jovens possam se tornar aprendizes eficientes, entusiasmados e independentes, comprometidos com um aprender para a vida toda, e mais capazes de enfrentar as demandas da vida adulta.

O Relatório Gilbert (2006) identifica a melhor prática no ensino e na aprendizagem e faz algumas recomendações fundamentais:

- Todas as escolas devem refletir um compromisso com a aprendizagem personalizada em suas políticas e em seus planos de aprendizagem e ensino, indicando as estratégias particulares a serem utilizadas.
- As escolas devem identificar suas próprias estratégias para incorporar a avaliação para a aprendizagem.
- As escolas devem considerar a melhor maneira de garantir que o seu currículo apoie a aprendizagem personalizada.
- As escolas devem considerar qual a melhor maneira de integrar o currículo o "Aprendendo a aprender" – concentrando-se nas habilidades e atitudes que os alunos necessitam para se tornarem melhores aprendizes.
- As escolas devem considerar de que maneira os melhores recursos dentro delas, como as novas tecnologias e o ambiente físico, podem contribuir para satisfazer o seu compromisso com a aprendizagem personalizada.
- As escolas devem considerar todos os alunos e os grupos que não estão progredindo em qualquer nível e, baseadas nisso, pôr em ação planos de progresso para superar as barreiras à aprendizagem.

A CELEBRAÇÃO DO ENSINO E DA APRENDIZAGEM

Como dissemos no início do capítulo, o novo professor que se une à escola poderia se tornar melhor pelo simples fato de fazer parte do corpo docente, se houvesse uma política concordante sobre a prática do ensino e da aprendizagem, e uma cultura mantendo o ensino e a aprendizagem de boa qualidade. Em tal cultura, tanto os alunos quanto os adultos estariam engajados como aprendizes ativos, encorajando a aprendizagem de todos os demais.

O *Times Educational Supplement* teve, durante algum tempo, uma coluna semanal com o tema "Meu Melhor Professor", e é interessante refletir sobre as qualidades do professor mais frequentemente comentadas por seus antigos alunos. Os artigos reafirmam a alegria de ensinar e aprender e mostram a todos nós que podemos instantaneamente nos lembrar, por nossa própria experiência, dos professores que eram entusiasmados, comprometidos e dedicados, que tratavam todos com justiça e que estavam interessados em nós como indivíduos. Lembramos de nossos melhores professores como sendo aqueles que tornavam a aprendizagem estimulante, eram bons comunicadores, estavam sempre dispostos a ajudar e obviamente gostavam do seu trabalho. Também recordamos sua espontaneidade, seu humor e sua maneira de agir. Acima de tudo, nos lembramos deles como professores apaixonados que gostavam de crianças, adoravam aprender e tinham a capacidade de tocar nossos corações.

Em seu livro *The Passionate Teacher* (1995), Robert Fried declara que, para os professores:

> A paixão não é apenas um traço de personalidade que algumas pessoas têm e outras não, mas sim algo que pode ser descoberto, ensinado e reproduzido, mesmo quando os regulamentos da vida escolar conspiram contra isso. A paixão e o senso prático não são conceitos opostos; o bom planejamento e o bom propósito são tão importantes quanto a dedicação e a espontaneidade para extrair o melhor dos alunos.

Na escola realmente bem-sucedida todos se beneficiam da capacitação e do mentoramento em uma cultura compartilhada e do entendimento dos processos de aprimoramento. Ter uma visão compartilhada* é vital para as organizações de aprendizagem porque proporciona o foco e a energia para

---

* N. de R.T. Sobre a prática da visão compartilhada, ver mais em Andrade e colaboradores. *Pensamento sistêmico*. Porto Alegre: Artmed, 2006. Ver também Senge, P. *A quinta disciplina: caderno de campo*. Rio de Janeiro: Qualitymark, 1995.

a aprendizagem. É percebido pelo novo professor que a escola é com frequência visitada por outros diretores, professores e conselheiros que estão ansiosos para ver em primeira mão a eficácia do ensino e da aprendizagem na escola, e para participar mais do debate para torná-lo ainda melhor.

Um passeio por uma escola bem-sucedida proporciona outras oportunidades para questionar, especular e analisar. A sala de aula, assim como todas as áreas e os espaços de aprendizagem, faz sua contribuição para a alegria e o entusiasmo do processo de aprendizagem. Os ritmos do dia e do ano letivo proporcionam oportunidades melhoradas de ensino e aprendizagem e também para suas celebrações. A comunidade escolar tem evidentemente considerado ideias de assembleias de aprendizagem, oportunidades para o estudo independente na biblioteca ou em áreas específicas de recursos, o desenvolvimento de habilidades de estudo e a provisão de oportunidades de aprendizagem individual para superar uma dificuldade de aprendizagem ou estender um talento. A tecnologia de informação e comunicação melhora as oportunidades para alunos, professores e pais aprenderem um com o outro, assim como através de programas específicos e da internet. A extensão do currículo e as oportunidades de enriquecimento proporcionam aprendizagem durante o ano todo por meio de experiências residenciais ou da oportunidade de se unir a outros alunos em organizações de aprendizagem, que proporcionam experiências após a escola e durante as férias. Em suma, a escola se esforça para proporcionar sucesso para todos – tanto para a equipe quanto para os alunos, oferecendo muitas entradas para o sucesso e oportunidades para celebrá-lo.

CARACTERÍSTICAS DE UMA ESCOLA DE APRENDIZAGEM

Resumindo, as características de uma escola de aprendizagem são as seguintes:

- ***Aprendizagem personalizada***
Ajudar cada criança e jovem a ter um melhor aproveitamento através da educação moldada às necessidades, aos interesses e às aptidões do indivíduo, e também satisfazer o seu potencial lhe proporcionando a motivação para ser um aprendiz independente pela vida afora.

- ***Planos de aprendizagem***
Todos os membros do corpo docente têm um plano de aprendizagem anual, assim como um portfólio, para ajudá-los a melhorar suas habilidades.

- ***Estilos de aprendizagem***
Um reconhecimento de que as crianças e os adultos aprendem de maneiras diferentes, o que é refletido por meio da pedagogia.

- ***Hábitos de aprendizagem***
Integrar o "Aprendendo a aprender" no currículo, concentrando-se nas habilidades e atitudes que os alunos necessitam para se tornar melhores aprendizes.

- ***Diálogos de aprendizagem***
Uma abordagem planejada e sistemática do diálogo profissional, assim como um diálogo entre o corpo docente e os alunos.

- ***Passeios de aprendizagem***
Uma abordagem concentrada para descobrir a melhor prática dentro da escola, assim como recebendo e visitando outras escolas.

- ***Guias de aprendizagem***
(principalmente para as escolas de ensino médio)
Tendo por base o princípio de que todos os alunos devem ter pelo menos uma pessoa que os conhece e sabe o que eles estão aprendendo, os guias de aprendizagem estabelecem metas para a aprendizagem, monitoram o progresso e podem agir como um defensor do aluno dentro da escola.

- ***Avaliação para a aprendizagem***
Entender a posição de cada aluno em sua aprendizagem, dando-lhe *feedback* de qualidade e planejando os próximos passos com objetivos compartilhados.

- ***Fórum de aprendizagem***
Reuniões para os docentes particularmente interessados nas abordagens inovadoras do ensino e da aprendizagem, onde a pedagogia é explorada, compartilhada, experimentada e depois discutida.

Iniciamos este capítulo afirmando que a qualidade do ensino e da aprendizagem está no cerne do aprimoramento da escola, e descrevemos processos e práticas que permitem a qualquer escola garantir a melhoria contínua nesta área. Em particular, enfatizamos a importância do estabelecimento e do desenvolvimento de uma cultura eficaz de ensino e de aprendizagem, constantemente energizada pelo corpo docente e pelos alunos, assumindo a responsabilidade de melhorar o que nele já havia

de melhor. Nesse sentido, as boas escolas estão sempre em formação, levando muito a sério a sua missão e desenvolvendo sua própria dinâmica interna relacionada a:
- uma curiosidade intelectual insaciável com referência aos campos do conhecimento e da pedagogia;
- um impulso incansável para atingir padrões mais elevados de realização para todos os alunos;
- um enorme compromisso para gerar confiança, competência e autoestima entre todos os aprendizes;
- professores e funcionários entusiasmados, cujo objetivo é sempre a mais alta qualidade das experiências de aprendizagem para os alunos.

> Uma escola ensina de três maneiras; pelo que ensina, pelo modo como ensina e pelo tipo de lugar que ela é.
>
> **Peter Senge (1990)**

Desenvolvimento profissional contínuo 4

Como qualquer habilidade ou arte, aprender a ensinar é um processo desenvolvimental caracterizado por desastres devastadores e sucessos espetaculares. O ensino é um trabalho que nunca pode ser realizado com perfeição – pode-se sempre melhorar.

Sara Bubb (2005)

Os professores ensinam, mas a menos que aprendam constantemente, serão incapazes de desempenhar o seu papel fundamental em uma sociedade que muda tão rapidamente.

Michael Barber (1996)

A aprendizagem contínua para todos é fundamental ao conceito de escola inteligente.

B. McGilchrist, K. Myers & J. Reed (2004)

RECRUTANDO, INDICANDO E DESENVOLVENDO A EQUIPE

Cada melhoria da escola envolve mudança e desenvolvimento. Entretanto, a experiência da mudança pode ser individualmente ameaçadora ou desconcertante, e por isso precisamos de locais e sistemas organizados nas escolas que apoiem os profissionais no processo de mudança, tornando mais e não menos provável que a melhoria da escola ocorra, garantindo o desenvolvimento de escolas boas e destacadas. Sabemos que o crescimento profissional contínuo dos professores e dos profissionais de apoio está intimamente relacionado a melhores resultados e, por isso, criar oportunidades para que os profissionais aprendam juntos irá tornar o desempenho melhor e mais consistente em toda a instituição. As boas escolas melhoram sua competência interna criando e ampliando comunidades de aprendizagem profissional. Elas são organizações de aprendizagem em que todos estão engajados no entendimento e no desenvolvimento da prática eficaz.

> Uma organização de aprendizagem é uma organização que está continuamente expandindo sua competência para criar o seu futuro.
> **Peter Senge (1990)**

Essas escolas reconhecem a importância de estabelecer um clima positivo, no sentido de estabelecer a confiança e a abertura entre os profissionais, entre os alunos e a comunidade. O sucesso é celebrado, a tomada de decisão é um processo aberto e a comunicação é clara.

Construir e ampliar uma comunidade de aprendizagem profissional que possa transformar a realização do aluno requer o desenvolvimento de uma alta proporção de "criadores de energia" na equipe, os quais:
- sejam entusiasmados e sempre positivos;
- pratiquem a liderança em todos os níveis;
- estimulem e ativem os outros através do trabalho em equipe;
- usem o pensamento crítico, a criatividade e a imaginação;
- sejam capazes e dispostos a inspecionar sua própria prática e torná-la acessível aos outros;
- acreditem que podem melhorar o que de melhor fizeram anteriormente.

Acima de tudo, todos estão conscientes de ser um exemplo para os colegas. Os "criadores de energia" podem demonstrar suas qualidades de liderança trabalhando junto com outros profissionais, ajudando-os a aprimorar seu desempenho ou a aproveitar melhor as oportunidades para desenvolver e melhorar sua prática. Um dos segredos das escolas boas e destacadas é que elas ajudam as pessoas comuns a se comportarem de uma maneira extraordinária.

Um indicador fundamental de qualquer escola é como seus profissio-nais – tanto os professores quanto o pessoal de apoio – se comportam em relação uns aos outros e em relação aos alunos. Eles são animados, otimistas e cheios de ideias e de bom humor, ou são irritados e sarcásticos?

As escolas bem-sucedidas parecem concordar que se busca três coisas na equipe:
- uma competência no emprego;

- o potencial e a disposição para melhorar (seja de médio para bom ou de bom para excelente);
- a disposição de acertar.

Sabemos que estamos com problemas quando visitamos uma escola e encontramos "Bem, o que mais se pode esperar de garotos provenientes de um meio como este?" ou quando uma explicação para uma deficiência reconhecida é concluída com a frase "Você sabe como é". O criador de energia será tentado a replicar "Bem, não, eu não sei como é. Explique por que é assim!"

As melhores escolas sabem que podem às vezes transformar um "consumidor de energia" em um "criador de energia", mas todos estão de acordo que, se possível, é melhor evitar esse desafio. O que nos leva à questão das indicações...

Sendo exigente com relação às indicações – a começar pelo anúncio

Se o nosso objetivo é ter o máximo possível de criadores de energia, o anúncio pode ter o efeito de atrair os candidatos certos e repelir os errados. "Detalhes adicionais" vigorosos apresentados com humor e ilustrações da vida na escola vão atrair os "otimistas" que a escola está buscando atrair. E certamente irão afastar os sarcásticos. O mesmo vai acontecer com as conversas com os profissionais que podem e realmente recomendam trabalhar na escola e com frequência dão dicas à equipe sênior se indagados sobre os possíveis candidatos promissores. É claro que os relatórios do Ofsted estão disponíveis e são lidos pelos candidatos... "certamente aqueles que queremos", como disse um diretor. Evidentemente, a escola com um relatório brilhante do Ofsted inicia com uma vantagem, mas se os outros detalhes mostram que uma escola com um relatório mediano do Ofsted o está encarando como um "chamado à ação" e demonstra claramente sua determinação de mudar para melhor, os melhores candidatos não serão repelidos.

Estudo de Caso

"Sou sincero sobre a nossa determinação de passarmos de 'satisfatórios' para 'bons' e de 'bons' para 'excelentes'", disse-nos uma diretora que estava mudando sua escola para a direção certa, graças aos bons profissionais que

continua

> *continuação*
> ela conseguiu contratar. "Mas", prosseguiu, "é o processo da entrevista que possibilita ou impossibilita isso". Ela, como muitos outros diretores, jamais sonhou em contratar um professor de qualquer nível da escola, a menos que ela, outros membros da equipe e, é claro, os alunos o vissem ensinar e lhe dessem um *feedback*. "Isso seria o equivalente a um técnico de futebol contratar um novo jogador sem tê-lo visto jogar", continuou ela, fazendo com que um de nós recordasse com tristeza os aparentes hábitos do time de futebol para o qual torcemos. Ela também toma um cuidado similar com toda contratação da equipe de apoio, proporcionando-lhes situações onde possam demonstrar suas habilidades. "Todos são vitais na nossa escola. Por exemplo, a recepcionista facilita ou dificulta o nosso trabalho através do telefone e da maneira como você é tratado quando chega aqui. Por isso, certamente não queremos contratar a pessoa errada. Eu tento fazer perguntas que solicitam que os candidatos busquem suas respostas no que eles têm feito em seus empregos ou na vida, em vez de focar naquilo que vão prometer fazer."

Repetidas vezes diretores bem-sucedidos e, é claro, seus colegas de confiança que assumem o seu papel, vão dizer, ao refletir sobre cargos específicos: "Demoramos muito tempo para encontrar a Sra. Scott para a área de ciências", ilustrando sua exigência com referência ao número de vezes que recorreram ao processo de busca de um profissional até encontrar a pessoa certa.

Todos também concordam que uma contratação apressada, ou mesmo quando não se está inteiramente seguro, significa se arrepender quando tiver tempo para pensar.

Outro dispositivo utilizado pelas escolas é se tornar envolvida na formação inicial do professor, quer sendo um membro de um grupo de escolas que dirige uma associação para o treinamento inicial do professor (SCITT), quer participando do esquema de treinamento na graduação ou, mais frequentemente, fazendo parceria com uma universidade em um esquema de PGCE baseado na escola. "É um processo de entrevista longo e completo. Nunca fazemos ofertas para os candidatos errados recentemente qualificados", confessou um professor de Stoke-on-Trent, que durante 10 anos recrutou um terço da sua equipe através do esquema local do PGCE.

OBTENDO AS DESCRIÇÕES CERTAS DO CARGO

Qualquer membro da equipe precisa obter uma descrição do cargo quando é indicado. A maneira como isso é estruturado é também de fundamental importância no encorajamento de energia, em vez de exaustão. Já nos referimos à necessidade disso no Capítulo 2. E é algo tão importante e tão frequentemente negligenciado que achamos que vale a pena repetir.

As escolas mais bem sucedidas se asseguram de que os contratos de seus professores enfatizem não mais do que duas ou três responsabilidades principais (questões para as quais o professor é a principal pessoa da escola) e três ou quatro responsabilidades secundárias (questões nas quais o professor é uma pessoa de apoio na formulação da política). Essas são as questões importantes: elas darão ao professor a energia para contribuir para toda a vida da escola e, assim fazendo, vão também oferecer ao professor realização e satisfação.

Uma amostra de descrição do cargo

Além de participação em toda a vida profissional da escola, que está comprometida com o ensino e a aprendizagem bem-sucedidos e requer de todos os membros da equipe de ensino a responsabilidade e o apoio dos outros nas questões administrativas habituais da escola, você tem as seguintes responsabilidades principais:
- Assumir a liderança em conjunto com os colegas de departamento no estabelecimento das prioridades matemáticas e das práticas da escola.
- Assegurar, em conjunto com os colegas de departamento e a administração da escola, que o departamento esteja adequadamente suprido de pessoal e recursos.
- Como resultado dos dois itens acima, estabelecer com os colegas e com o líder do currículo da escola critérios acordados para mostrar como um número progressivamente maior de alunos da escola pode desenvolver seus talentos matemáticos.

Você tem também as seguintes responsabilidades secundárias:
- Contribuir apropriadamente em todo o processo de revisão do currículo da escola até o desenvolvimento do currículo geral.
- Eventualmente assumir a liderança, com critérios acordados para o planejamento, a organização e a revisão de um aspecto do trabalho intercurricular.
- Participar de algum aspecto da atividade extracurricular.

- Monitorar a eficácia do programa de PSHE (Personal, social and health education) da escola secundária.

Diferentes escolas usam diferentes linguagens, dependendo do clima que estão buscando encorajar para aquelas atividades intimamente relacionadas e do clima que consideram apropriado para as discussões individuais da equipe.

Como dissemos no Capítulo 2, nas melhores escolas as descrições do cargo são provisórias e sujeitas à revisão e mudança após um determinado período. Dessa maneira, a liderança pode ser revista e rodiziada para o benefício do indivíduo e da escola como um todo.

O programa de apresentação dos profissionais

É claro que os detalhes essenciais para o programa de apresentação dos profissionais – a política básica e os detalhes das práticas – estarão incluídos no manual da equipe. Mas vale a pena realçar isto: ele se torna um apoio vital para a manutenção da consistência onde há uma alta rotatividade da equipe. A apresentação da equipe deve abranger todos os funcionários, tanto o pessoal de ensino quanto o pessoal de apoio. Deve conter um elemento comum para todos, com elementos baseados no corpo docente (incluindo a função administrativa da equipe). O calendário em geral seguirá um ciclo anual. Vai oferecer oportunidades para aqueles que chegam no início do ano letivo ou no decorrer dele, de terem uma introdução geral breve, repetida. Isso deve ser seguido por uma sequência de módulos, cuidadosamente concentrados naqueles elementos que a escola julga vitais para todos "cantarem a mesma música". Há, além disso, um guia para os funcionários que trabalham em tempo parcial e no estoque, para que saibam o que se espera que eles façam para apoiar a escola.

O desenvolvimento dos funcionários... conduzindo a um ensino e a uma aprendizagem bem-sucedidos

Quando falamos dos funcionários da escola ou da sala dos funcionários, automaticamente pensamos nos professores. Pode-se argumentar que *alguns* dos membros mais vitais dos funcionários de uma escola não são professores: muitos professores têm comentado ironicamente,

"Se você realmente quer descobrir o que está acontecendo na escola é melhor perguntar ao zelador ou ao secretário". O comentário, que aparentemente diz respeito aos sistemas de comunicação, oculta uma questão mais fundamental. Afinal, todo o negócio da escola – diga respeito a alunos-problema, a visitantes inadequados, ao sistema de apoio administrativo, aos dispositivos para viagens, às refeições, ao pedido de equipamento e suprimentos, a lidar com a administração local, às autoridades diocesanas ou ao DCSF, e até mesmo às reuniões com os administradores – tudo tende a passar pela secretaria. Na verdade, se o diretor soubesse tanto sobre os detalhes da escola quanto o secretário/o administrador/o tesoureiro, eles não estariam executando suas funções adequadamente.

Ainda prosseguindo no tema da equipe de apoio, o que dizer das habilidades e dos deveres dos há muito estabelecidos supervisores do meio do dia? Há pouca dúvida de que sua habilidade, associada ao impacto do ambiente externo nos horários de almoço, tem tido um profundo efeito sobre a incidência do *bullying* em particular, e sobre o comportamento da escola em geral. Por isso, a escola dá uma alta prioridade ao desenvolvimento das habilidades e atitudes dos supervisores do meio do dia. Toda escola de ensino fundamental procura estender suas horas para trabalhar individualmente com os alunos em algum momento do horário de almoço; nas escolas de ensino médio, alguns têm se tornado "mentores da aprendizagem".

Portanto, se os professores são as pessoas que mais contribuem para a principal tarefa de uma escola – ou seja, descobrir o talento da futura geração – convém não esquecer que a equipe de apoio também tem o potencial para contribuir significativamente para essa tarefa. E esta contribuição não ocorre apenas nos bastidores. A maneira como os alunos são tratados na secretaria da escola, como a equipe de apoio conversa com os alunos no corredor ou no caminho para a escola, como eles lidam com as confidências, tudo isso afeta as oportunidades de vida das crianças. Além de tudo, como quase sempre acontece de mais membros dessa equipe do que professores viverem no local, suas mensagens para a comunidade do entorno sobre o que está realmente acontecendo na escola são cruciais. Então, se depois de tudo isso ainda se pensa principalmente nos professores, é porque sua força moral é mais vulnerável. Entretanto, em todos os estágios é necessário parar e perguntar em que medida essas mesmas questões afetam todos os membros do corpo funcional.

Os professores ficam exaustos enquanto o resto de nós apenas se cansa

Os professores sabem que a inflexão da sua voz, o movimento de uma sobrancelha e sua atitude, em todos os minutos de todos os dias, quando eles estão com os alunos, afetam a sua capacidade de aprendizagem. E eles estão muito em contato com os alunos. Por isso os professores ficam exaustos enquanto o resto de nós simplesmente se cansa. Aprender é a função primordial da escola: merece estar na linha de frente das mentes e das conversas de todos, que atualmente precisam se proteger contra o deslocamento da aprendizagem por tópicos administrativos ou organizacionais, tais como "manejo de recursos", "relações externas", etc.

Diferentemente dos professores, o resto de nós (incluindo os diretores) desfruta de "tempo livre" quando estamos adequadamente envolvidos em atividades que não requerem que nos entreguemos eternamente: podemos trabalhar na privacidade, ainda que por um período breve.

Para realizarem seus deveres de maneira eficiente, todos os funcionários requerem quatro condições para estarem satisfeitos. Eles necessitam de:
- responsabilidade;
- circunstâncias favoráveis;
- novas experiências;
- respeito e reconhecimento.

Vamos examinar cada uma delas individualmente.

RESPONSABILIDADE

A maioria das pessoas confunde responsabilidade com trabalho. Gostamos muito da primeira, mas somos propensos a ficar estressados por um excesso do segundo. A maioria de nós, com o passo acelerado das comunicações, particularmente na forma escrita, e com a expansão do conhecimento, não sofre de escassez de trabalho. Na verdade, de vez em quando, todos nós nos sentimos desesperados diante das coisas que deveríamos ter lido, mas ainda não lemos. Isso é particularmente difícil para os especialistas na questão do professor, pois eles têm visto seu próprio campo de especialidade transformar-se em um espaço de tempo muito curto, com frequência em apenas um ou dois anos. As publicações têm aumentado a tal ponto que é praticamente impossível para um intelectual sério estar a par do conteúdo e do impacto de tudo o que tem sido escrito sobre a sua especialidade. Esta questão foi animadamente levantada em um recente programa de rádio sobre a vida de J.B.S. Haldane, quando os especialistas concordaram que, por essa mesma razão (isto é, a expansão do conhecimento do especialista), não devemos mais ver pessoas semelhantes a Haldane. Seria simplesmente impossível para uma mente, ainda que excepcional, estar na fronteira do conhecimento em um campo tão amplo e traduzir esse conhecimento de uma maneira popular. Por isso, há hoje uma pressão muito maior sobre os professores do que havia anteriormente, quando os avanços no conhecimento não se aceleravam com a mesma velocidade.

Como aqueles que estão nas escolas tendem a ser idealistas, sua incapacidade para lidar com isso provoca uma enorme culpa. O mesmo acontece com as escolas para terem clareza da diferença entre o trabalho, que é demasiado e causa uma sensação de culpa, pânico, desamparo e inadequação, e a responsabilidade, que com frequência é muito mal distribuída. Afinal, ter responsabilidade por algo é ter a palavra final a respeito: é assumir a liderança e proporcionar uma visão de como as coisas podem ser.

É claro que toda a questão da responsabilidade, como já enfatizamos, é mais bem enfrentada no momento em que as pessoas são contratadas. O trabalho realizado no preparo de uma "afirmação de posição" básica para os candidatos ao cargo e da lista de responsabilidades principais e secundárias para o cargo em questão é vital. Além disso, ele precisa ser compartilhado entre toda a equipe. Nós particularmente admiramos a escola que dedicou uma parte do seu quadro de avisos inteiramente a esse propósito, de forma que, quando as vagas surgissem, os frutos do trabalho preparatório fossem regularmente exibidos. Quando a ocasião exigisse, o representante encarregado chamaria a atenção de todos os funcionários para os detalhes da nova vaga. Nessa escola, o processo de contratação significava que aquelas pessoas envolvidas nas responsabilidades principais e secundárias do recém-chegado participariam em algum aspecto do processo da entrevista e da contratação, mesmo que houvesse apenas um candidato.

A escola tinha um sistema para saber quem era responsável pelo quê, e havia um sistema aberto de contratações. Evidentemente, havia ideias diferentes sobre como ele poderia ser melhorado, mas todos reconheciam que eles tinham um sistema melhor do que haviam encontrado em outros lugares. Significativamente, uma das melhorias que estava sendo considerada era a extensão disso para a equipe de apoio. Vamos ser claros. Eles tinham um sistema similar, mas os cargos não eram exibidos no quadro de avisos. Além disso, a participação interligada envolvendo a equipe de ensino e a equipe de apoio nos processos de contratação, fase muito experimental, tende a melhorar a percepção compartilhada da equipe sobre o propósito comum.

CIRCUNSTÂNCIAS FAVORÁVEIS

Uma vez que os professores (e as outras pessoas) têm suas responsabilidades esclarecidas, eles necessitam desesperadamente de "circunstâncias favoráveis". Simplificando, isso tem um significado óbvio. Se não houver livros, materiais ou equipamentos, a oportunidade de ensinar fica, para dizer o mínimo, restrita. Por isso, o vínculo com o ambiente (ver Capítulo 5) é de fundamental importância: é análogo à necessidade humana básica de alimento e de calor humano.

Quatro questões muito importantes ficam às vezes negligenciadas.

1 As equipes

Em primeiro lugar, há a necessidade de assegurar que os professores possam trabalhar em equipe, e isso significa não apenas o agrupamento óbvio de salas de interesse da matéria, para que os recursos sejam compartilhados, mas também como todos os grupos do ano serão registrados.

- Dentro dos departamentos há um recinto para o ensino em equipe, caso este seja necessário?
- Como o departamento ou o chefe do corpo docente consegue a ajuda física para criar um trabalho de equipe?
- Há quadros de aviso que mostrem a curiosidade intelectual do corpo docente?
- Se há ênfase no grupo da casa ou no grupo do ano, como essas atividades são fisicamente estimuladas?
- As áreas de refeições ou sociais podem ser usadas em benefício do esforço da equipe de ensino, quer do departamento, do grupo do ano, quer de casa ou da escola?

2 A sala dos funcionários

Em segundo lugar, há a questão da sala dos funcionários. Aqui nós faremos inimigos. Você pode obter uma pista muito forte sobre o sucesso de uma escola através de sua sala de funcionários. Se há o problema da "pressão do grupo de pares" entre os alunos, este também existe entre os funcionários.

Costumava haver o "canto do *bridge*" em nossos primeiros anos de ensino. Era muito divertido, mas era o inimigo do pensamento e do debate reais. Ele foi sucedido pela mesa de sinuca e pelo jogo de dardos. Algumas pessoas vão dizer que estamos exagerando. Não estamos. Muito simplesmente, a disposição da sala dos funcionários, até mesmo as paredes, são um barômetro do sucesso de uma escola. As conversas podem ser dominadas pela "fofoca" ou pelo debate sobre o progresso das crianças. Pode haver conversa social sem nenhuma "alfinetada" ou debates sobre interesses que podem informar o progresso da escola. As paredes podem ser o repositório da charge cínica ou, mais positivamente, do último "material para se pensar" sobre algumas questões educacionais. *Bridges*, dardos e sinuca – e, vamos deixar claro, somos devotados aos três – não devem dominar. Isso não quer dizer que não deva haver alguma provisão disso. Por que não providenciar talvez uma área social separada, disponível para funcionários, pais e alunos como parte da prática comunitária? Entretanto, esta não deve ser na sala dos funcionários.

3 Equipe de apoio para o ensino e a aprendizagem

O terceiro ponto de negligência nas circunstâncias físicas favoráveis aos professores tem sido o seu acesso a uma unidade repleta de colegas de apoio, os quais estão dedicados à produção de materiais para apoiar seu ensino e a aprendizagem das crianças. Ele está associado à questão da aprendizagem baseada nos recursos – ou aprendizagem flexível, como às vezes é chamada hoje em dia. Os professores vão achar que o uso dessas abordagens será consideravelmente melhorado se houver uma unidade adequadamente organizada e dedicada ao seu serviço. Muitos bons planos nessa direção basearam-se na organização e na provisão de alternativas de não ensino para o mais bem intencionado dos projetos. O mesmo problema existe quando as grandes escolas não têm pessoal adequado na biblioteca ou no centro de recursos. Uma escola que conhecemos tem um recinto para todos os professores serem "secretamente" filmados em vídeo, para que os pontos fortes e fracos do seu estilo pedagógico possam ser avaliados em seus momentos de lazer ou na sua privacidade, se assim o desejarem.

4 Assumindo riscos

É importante que os professores sejam encorajados a assumir riscos. Entretanto, há algo bem mais importante para as circunstâncias favoráveis do que as circunstâncias físicas. Dito de maneira simples, será que os professores trabalham em ambientes onde é permitido – e até mesmo encorajado – que eles experimentem novas ideias? Afinal, ao abrir a mente de cada criança eles precisam manter renovado o seu sentido de curiosidade intelectual:

precisam estar recuando das fronteiras do seu conhecimento de como algumas crianças aprendem e como as habilidades e atitudes de informação podem ser aprendidas e desenvolvidas com maior sucesso. Os melhores professores assumem riscos e, quando o fazem, precisam saber que serão apoiados. Uma diretora que conhecemos colocou isso de maneira simples, dizendo que ela realmente esperava que sua equipe assumisse riscos, mas que quando isso fosse realmente arriscado e pudesse colocá-la em má situação com os pais ou com os administradores, eles deveriam avisá-la. Ela não os deteria, mas estaria preparada para apoiá-los. É incrível, mas ocasionalmente ela lhes lembrava que há algum tempo não era levada ao limite de dizer "não".

NOVAS EXPERIÊNCIAS

O terceiro aspecto do desenvolvimento dos funcionários é a necessidade de todos passarem por "novas experiências". As pessoas precisam de novas experiências para se manterem intelectualmente estimuladas. É claro que, até certo ponto, isso acontece na sala de aula ou nas reuniões de departamento, ou ainda nas atividades de toda a escola. Pode ser um novo cargo: certamente, construir uma carreira em apenas uma escola é menos abrangente do que ter a experiência de três, quatro ou cinco locais diferentes. Os professores, e também outras pessoas, criticam duramente aqueles nos quais "não se pode confiar" ou que "pensam apenas na sua carreira", referindo-se àqueles que ficam pulando de um cargo para outro sem jamais permanecer tempo suficiente para provar algo. Certamente, é improvável que uma permanência de menos de três, quatro ou cinco anos em um conjunto de circunstâncias signifique que você dá tanto quanto recebe. No entanto, se ficar muito mais do que sete, oito ou nove anos, correrá o risco real de se tornar "caduco".

> **Estudo de caso**
>
> Sra. Hughes é diretora de uma escola de ensino fundamental, séries iniciais. Quando ela chegou, herdou seus professores, dos quais um estava na escola, na mesma sala de aula, há pelo menos oito anos. Era um lugar onde eles se sentavam nas mesmas cadeiras na sala dos professores. Todos tinham entre 30 e 40 anos. Depois que conversou com todos eles individualmente, ela nem precisou estimular três dos professores, que, separadamente, lhe perguntaram se podiam fazer algo mais do que ensinar crianças da mesma idade, na mesma
>
> *continua*

> *continuação*
> sala de aula, da mesma maneira, durante os próximos 20 anos! Foi natural e fácil, tendo ela própria ensinado suas classes, levar os três a iniciar discussões sobre as várias diferenças entre as crianças de 6, 8 e 10 anos, respectivamente, que eram da responsabilidade deles. Logo sugeriram uma troca de turmas durante um ano. Não demorou muito, dois outros membros da equipe estavam pedindo para ter a mesma oportunidade. Até mesmo os três remanescentes conseguiram ser persuadidos a mudar de classe.

Em um nível mais avançado, essas mudanças são mais fáceis de gerar do que no nível departamental ou escolar, pelo simples fato de que o calendário da escola vai requerer alguma mudança de experiência de ensino de um ano para o outro. Na escola de ensino fundamental, séries finais e de ensino médio, algumas das responsabilidades são permutadas a cada três anos para que novos olhos possam ser levados ao desenvolvimento do mesmo problema. Com frequência isso é restrito à equipe administrativa sênior de três, quatro ou cinco membros. Entretanto, é perfeitamente possível designar responsabilidades principais ou secundárias que podem ser compartilhadas em todos os níveis da administração dos funcionários. É necessário ser bastante firme sobre a necessidade de os colegas tentarem algo novo. Do contrário, há um perigo real de que o trabalho seja algo feito quase automaticamente e que as únicas fontes de estímulo e novas experiências venham da experiência fora de casa.

É claro que você sabe que é um vencedor quando encontra membros da equipe que, espontaneamente, perguntam se podem experimentar algo novo na escola, seja um clube extracurricular ou um conjunto diferente de experiências de ensino. A professora que conhecemos antes das férias de verão, sentada num muro da escola Stoke-on-Trent, era o sonho de um diretor. Ela havia viajado para os desertos da América em suas férias de verão. Disse ela: "É em parte prazer, mas em parte a necessidade que eu sinto de ter experiências vivas que vão animar o meu ensino no ano seguinte". Exatamente da mesma maneira, você conseguirá identificar o marido resignado de uma professora de ensino fundamental que está sempre colecionando coisas nas férias. Eles enxergam suas experiências de vida como um auxílio ao ensino.

Entretanto, acima de tudo, é essencial entrar com um apelo para um conjunto adequado de experiências sob o título amplo de "O Que os

Professores Necessitam", assim como qualquer outro grupo de funcionários, para estimular um desvio novo das velhas ideias e a chance de aprender novas habilidades.

Nada é mais importante do que o papel do "coordenador do desenvolvimento profissional", com frequência dado a um assistente ou vice-diretor. Entretanto, este é às vezes o aspecto mais negligenciado e incoerente da vida escolar. Muito frequentemente, alguém da equipe de liderança recebe a responsabilidade de ser um "complemento" a muitos outros. É a pessoa a quem um membro da equipe vai procurar para pedir permissão para fazer um curso. O papel é superficialmente examinado, se tanto, e não é sujeito a uma avaliação cuidadosa do Ofsted.

Acreditamos que se o governo investisse de maneira criativa e a longo prazo no desenvolvimento profissional, e também solicitasse ao National College for School Leadership ou à Training and Development Agency (TDA) a criação de uma série de modelos de "boas práticas" baseados na escola, as crises atuais e periódicas no planejamento de sucessão da liderança e no suprimento do déficit de professores de diferentes matérias seriam uma coisa do passado.

Há também a questão do melhor uso dos cinco dias do INSET. Este tempo precioso pode ser desperdiçado em uma conspiração coletiva, supostamente para permitir que os departamentos ponham em dia coisas nas quais estão atrasados; em outras palavras, para fazerem "suas próprias coisas separadas". É alguma surpresa que nos queixemos do "efeito silo" do departamento? Mas há outra maneira de usar esse tempo. Ele pode ser usado, como tem feito uma escola, para permitir que os docentes visitem duas ou três escolas diferentes que estão funcionando enquanto eles tiveram seu dia ocasional de licença, para aprender mais sobre uma prioridade consensual da escola ou do corpo docente. As reuniões do corpo docente, do período e da equipe, são utilizadas como acompanhamento e todos observam a regra dos "seis meses" que resultam em um item constante da agenda diária do desenvolvimento profissional, uma busca de revisão honesta daquilo que mudou a partir de visitas anteriores, cursos realizados e palestrantes visitantes.

Em Londres, como parte do London Challenge, nós supervisionamos a introdução do esquema do Chartered London Teacher (Professor Diplomado de Londres – PDL). Propusemos o projeto tendo por base que os professores recém-qualificados para as áreas pobres do centro da cidade necessitavam de mais conhecimento e competência, nas cinco áreas de ensino, conhecimento da matéria, melhoria da escola, consciência cultural (por exemplo,

ILE, credos, etc.) e superação das barreiras à aprendizagem das crianças. Isso significa – declaramos de forma talvez controversa – que um professor das áreas pobres do centro da cidade necessitava de congênere em uma área mais rica e, principalmente, mais homogênea. Então, solicitamos que os candidatos a PDL acumulassem um portfólio de evidências para cada uma das cinco áreas. Eles seriam recompensados com mil libras, caso sua escola atestasse o aumento da sua competência e confiança.

É claro que a verdadeira razão que está por trás de um projeto desse tipo é a de aumentar a probabilidade de que os professores mantenham viva a sua curiosidade intelectual, e não permitam que ela se encolha nas crises e pressões da vida cotidiana de uma escola urbana. Mais de 38 mil estão matriculados e muitos vão se inscrever para obter seu grau de mestrado, a maior parte deles em algum aspecto prático da vida escolar. Há muito mais coisas a serem feitas nacionalmente para estabelecer um clima positivo para o desenvolvimento profissional. Mas cada escola, individualmente, pode conseguir mais no desenvolvimento profissional bem-sucedido do que é possível nos níveis da administração local ou nacional.

Já mostramos que as escolas podem e realmente usam seus cinco dias do INSET para ótimos propósitos. O estudo de caso que se segue – não raro – mostra como uma escola "permutou" dois de seus cinco dias para garantir um programa regular quinzenal de desenvolvimento dos professores dentro da escola.

Estudo de caso

Trata-se de uma grande escola localizada no sul de Londres. Em quintas-feiras alternadas – ela tem um cronograma quinzenal – os alunos não chegam às 8h45, mas às 9:10h, para que possa ocorrer um breve período de desenvolvimento dos profissionais entre as 8h25 e as 9h10. Certo dia nós testemunhamos o evento. O departamento de matemática estava ilustrando como utilizou um vídeo para captar o ensino de todos os departamentos de um dos nove conceitos fundamentais que considerava essencial serem dominados para se conseguir uma nota mais alta no GCSE[1*]. Todos deram uma explicação para a classe inteira que era ligeiramente diferente e concordaram que duas das explicações deveriam ser arquivadas. "Fizemos um debate sobre a 'explicação'

continua

---

[*] N. de T. O General Certificate of Secondary Education (GCSE) é uma qualificação acadêmica concedida em uma determinada matéria, em geral abrangendo várias matérias de alunos de 15 a 16 anos na Inglaterra, no País de Gales e na Irlanda do Norte.

> *continuação*
> vinculada à história e às imagens eficazes do curso." Depois colocaram as duas melhores para cada conceito em DVD e as introduziram na intranet da escola (que em breve seria convertida em uma plataforma de *e-learning*). "Dessa maneira", explicaram eles, "temos pelo menos duas boas explicações alternativas para eles experimentarem quando um de nossos alunos ainda não conseguir entender, após nossos esforços repetidos e pacientes para ajudar! É também útil para os alunos que estiveram fora e perderam aulas importantes." O mesmo departamento tem um acordo claro do que são aulas "importantes" e um período extra após o horário escolar para os alunos frequentarem e obterem uma ajuda a mais para entender a matéria.

A pessoa responsável na equipe sênior pelo desenvolvimento profissional declarou que dois outros departamentos estavam adotando a ideia. Esta seria provavelmente incluída como um de seus aspectos de concordância geral nas "Políticas e práticas de ensino e aprendizagem para toda a escola", uma espécie de bíblia para garantir a consistência da abordagem na instituição.

Outra escola no leste de Londres tem um programa extenso, publicado para toda a equipe no início do ano letivo, dos eventos que vão ocorrer às quartas-feiras após as aulas. "Eu me certifico de que, uma vez convidada, toda a equipe será encorajada a participar. Vamos ter palestrantes convidados, mas as melhores sessões serão conduzidas por nossos próprios professores, todos os quais, através de um enfoque departamental, fazem parte de uma pesquisa de clima". Foi dessa maneira que o diretor descreveu o projeto, e prosseguiu acrescentando que as sessões sempre terminariam com um bom bufê.

Todas essas escolas gastaram uma grande proporção do seu orçamento (2% em um dos casos) no desenvolvimento da equipe, de um tipo ou de outro, e esses projetos incluíam todos os funcionários, não apenas os professores. Eles avaliam sua eficiência e como os funcionários a avaliam em uma base regular. Sabem que esta é uma maneira sistemática de encorajar e manter "criadores de energia".

> **Estudo de caso**
> Uma escola decidiu aceitar uma relação de maior contato (85%) para que um membro da equipe pudesse ser liberado como um "flutuante", apoiando uma liberação regular da equipe de um determinado departamento, para que o de-
> *continua*

continuação

partamento em questão pudesse elaborar seu próprio plano de desenvolvimento do currículo. Isso foi conseguido através de visitas durante o ano a outras escolas, da seleção e da preparação de materiais de informação e ensino, e da adoção de algumas novas abordagens para a aprendizagem e o ensino. O mesmo projeto foi aplicado para diferentes departamentos e está em vigor há sete anos.

Estudo de caso

Uma pequena escola de ensino fundamental constituída de quatro professores contava com uma diretora que tinha um compromisso de ensino durante metade da semana. Ela utilizava uma das manhãs da outra metade da sua semana para juntar 60 alunos e pais voluntários em uma produção teatral planejada, enquanto os dois professores liberados visitavam, juntos, outras escolas e planejavam uma mudança conjunta do currículo. Durante a segunda metade do dia (também parte do seu tempo não dedicado ao ensino), a mesma diretora passava ensinando um dos grupos, enquanto os dois professores que haviam sido liberados, retornando da sua visita, davam aula juntos na outra classe e comparavam suas anotações.

Estudo de caso

Outra liderança de escola realmente permite a um departamento um dia extra da semana planejado por semestre. O colega que substitui os professores neste dia ensina as classes em rodízio para que o planejamento do ensino da equipe e/ou do currículo possa acontecer. Outro exemplo foi incluído na seção de liderança, em que os administradores seniores utilizaram suas próprias obrigações de ensino para liberar os departamentos para o desenvolvimento coletivo do currículo e a observação planejada de outras aulas.

Há outras sutilezas, e todos esses estudos de caso proporcionam um vislumbre das muitas maneiras engenhosas que as escolas utilizam para manter viva a chama da curiosidade intelectual da sua equipe.

RESPEITO E RECONHECIMENTO

A quarta necessidade dos funcionários é de respeito e reconhecimento. Pelo simples fato de o ensino ser uma atividade muito isolada, seu sucesso precisa ser reconhecido. Existe, às vezes, pouco respeito e reconhecimento pelos professores, algo que o adorável poema que se segue, extraído do *Times Educational Supplement*, tão bem ilustra:

> Quem gostaria de ser professor? é o que todos nos perguntamos,
> Quando pouco depois da meia-noite nos enfiamos na cama
> E pensamos no dia de amanhã com alguma apreensão;
> Esta não pode ser a melhor maneira de eu ganhar a vida.
> Quem gostaria de ser professor? estou certa de que você exclamou
> Quando mais uma vez nos jornais os professores são responsabilizados
> Pelas brigas, drogas e pichações, e pelos crimes;
> Deve ser culpa nossa – temos nos dito tantas vezes.
> Quem gostaria de ser professor? Isso simplesmente não é racional,
> E agora todos nós devemos ensinar o currículo nacional;
> Metas são estabelecidas, e vamos testar cada criança.
> E o professor saberá o que fazer com o restante.
> Quem gostaria de ser professor, quando algum pedagogo idiota
> Surge com uma teoria idiota, e com uma idiotice para fundamentá-la,
> E então, no devido tempo, anuncia, Seus métodos estão errados;
> As crianças aprendem melhor se você lhes ensinar uma canção.
> Quem gostaria de ser professor? Não precisamos ganhar mais,
> Basta olhar a extensão das nossas férias;
> E o horário não é ruim, das nove às quatro;
> Então, por que eles não estão fazendo fila na porta depois das dez?
> Quem gostaria de ser professor? Bem, eu não lamento
> Estar me aposentando. Estou disposta a fazer uma pequena aposta.
> Percebo um pouquinho de inveja naqueles que permanecem,
> Que sabem que no futuro haverá mais queixas.
> Quem gostaria de ser professor; todos nós sabemos o resultado;
> Fracassos e frustrações todos nós experimentamos, e muito mais.
> Mas todos sentimos a paixão quando uma criança obtém sucesso,
> E o orgulho de que ajudamos a dar o que essa criança precisava.
> Quem gostaria de ser professor? Vou fazer uma confissão.
> Estou orgulhosa de ter seguido esta grande profissão.
> E nesta ocasião vou erguer um brinde –
> Aos professores – Deus os abençoe – eles são o máximo!
>
> (Jennie Radley, ex-diretora da Simms Cross Country Infants School, Widnes. O poema foi reproduzido com a gentil permissão do *TES*.)

Então, como toda a equipe pode ser respeitada e reconhecida? Evidentemente, a maior parte desse respeito e desse reconhecimento deve vir de dentro da escola. Em primeiro lugar, há a visita planejada pelo diretor às salas de aula e aos departamentos; há a busca das questões a serem elogiadas, tanto através de um bilhete de agradecimento escrito à mão quanto oralmente. Nas reuniões de equipe, o líder inteligente sempre buscará encontrar maneiras de agradecer nominalmente os colegas por contribuições específicas. Há também a reunião com os administradores. E há a necessidade, por exemplo, de garantir que a administração central procure elogiar a equipe, assim como o diretor, em ocasiões públicas.

Seria fácil aperfeiçoar todas as técnicas de boa administração de relações interpessoais. Afinal, esta é a qualidade requerida acima de todas as outras, como dissemos no Capítulo 1. É certamente a chave para o desenvolvimento dos profissionais.

Reserve algum tempo todos os dias para agradecer as pessoas – as necessidades pessoais requerem a maior consideração. Não se pode simplesmente deixar passar a oportunidade de regularmente se lembrar de dizer uma palavra a uma pessoa e lhe agradecer. Um dos melhores líderes que conhecemos costumava reservar 15 minutos de cada dia especificamente para escrever bilhetes às pessoas sobre as coisas boas que ele observou ou que as pessoas lhe disseram que eram boas. Uma vez estabelecido o clima de reforço positivo, é muito mais fácil fazer aquela crítica ocasional que, é claro, sempre deve ser feita privadamente. De vez em quando também vamos precisar dessa "sacudida".

Entretanto, em algumas escolas bem-sucedidas, o respeito e o reconhecimento não são apenas um processo "de cima para baixo". Isso é de particular importância também entre os grupos de pares. A equipe pode tornar suas próprias vidas mais agradáveis simplesmente resolvendo fazer coisas uns para os outros. Há uma aglutinação social nas salas dos professores que é tão intangível quanto real: ela vem das ocasiões sociais compartilhadas e do clima onde o mais provável é que as pessoas simplesmente queiram passar muito mais tempo juntas. Afinal, o resultado é uma atmosfera de trabalho muito mais prazerosa.

Em toda essa conversa de desenvolvimento da equipe pode-se observar que, até agora, não mencionamos a avaliação dos funcionários. Isso simplesmente porque ainda não encontramos uma escola bem-sucedida que, durante um determinado período, tivesse um programa de avaliação dos profissionais que considerasse terem sido instrumentais para afetar positivamente o seu sucesso. Além disso, isso também não é destacado como importante nas pesquisas realizadas nos Estados Unidos, onde os estudos sobre o ensino eficaz têm uma longa história e há muita experiência em avaliação.

AS NECESSIDADES "COLETIVAS" E "INDIVIDUAIS": AJUDADAS OU PREJUDICADAS PELA ADMINISTRAÇÃO DO DESEMPENHO?

Já nos referimos à necessidade vital de equilibrar as necessidades coletivas da escola como um todo com aquelas dos membros individuais da equipe. Na ocasião da primeira edição deste livro, a "avaliação da equipe" era a moda. Agora, é a "administração do desempenho". Ambos estão na corda bamba entre a "indagação apreciativa" e a demasiada "resolução de problemas". A tensão entre as duas está delineada na psicologia empresarial por Cooperrider e Srivasta (1987) de uma maneira prontamente reconhecível para os profissionais da escola, especialmente os professores. A teoria é que são necessárias pelo menos três partes de "indagação apreciativa" para cada parte de "resolução de problemas". Cada uma segue quatro estágios, a saber:

Indagação apreciativa:
1 Identificar o que é bom em "o que é?"
2 Perguntar como seria possível ter mais disso ou ampliá-lo.
3 Dialogar e buscar outras práticas.
4 Apoiar a ação para o acompanhamento. (Perguntar "Por que não?")

Resolução de problemas:
1 Identificar uma necessidade ou um problema.
2 Analisar as causas.
3 Pensar exaustivamente nas possíveis soluções.
4 Decidir sobre um plano de ação.

O perigo, tanto da avaliação da equipe quanto da administração do desempenho, é que as pessoas tendem a se aprofundar demais na segunda e não suficientemente na primeira, o que provoca uma postura defensiva e uma perda de energia. (Evidentemente, a primeira cria energia e a segunda a utiliza.)

Segundo nos disse uma veterana de três chefias em 24 anos, "qualquer que seja o nome que se dê a isso, o que temos achado útil é começar com as coisas realmente boas que temos percebido juntos durante o ano, porque eu sempre encontro ocasiões aparentemente informais durante o ano para reforçar o que foi acordado nas sessões mais formais". É interessante notar que a mesma diretora enxergava como sendo seu dever capacitar todo membro da equipe de liderança na arte e na ciência da boa técnica de conversa/entrevista.

Por isso, na verdade, há três aspectos deste processo que as boas escolas enfatizam:
1 metas
2 objetivos
3 critérios de sucesso.

Se forem demasiadamente impingidos a uma pessoa podem deixá-la louca! Mas alguns que sejam mutuamente acordados são vitais se um dos valores acordados pela comunidade escolar é a "aprendizagem" e, no processo, "melhorar o melhor que já se fez até agora". Assim fazendo, provavelmente uma interpretação da "indagação apreciativa" *versus* a teoria da "resolução de problemas" seria procurar "jacintos".

Procurando "jacintos"

Cada membro da equipe tem um conjunto de interesses privados e profissionais que o estimula. Pode ser algum aspecto do que ele ensina: pode ser um interesse como fotografia, viagens ou música. Evidentemente, nenhum destes pode se relacionar ao que ele realmente ensina. Mas são eles que o energizam e animam sua vida. Seja o que for – e isso pode ser encontrado no que eles faziam muitos anos antes em outra escola – precisa ser totalmente liberado, no seu ensino, em algum outro aspecto da vida escolar ou em ambos. Do seu renascimento, e com uma quantidade suficiente dele, o que chamaríamos de "jacintos" desencadearia esse entusiasmo contagioso que é a marca registrada do professor excelente. Mas também vai proporcionar o estímulo para lidar com os muitos "pães" que temos em nossas vidas.

Usamos as imagens de "pães" e "jacintos" de uma história que Alec Clegg, Diretor de Educação do West Riding, usava como justificativa para se conseguir o maior equilíbrio no currículo. Quando adolescente, ele visitava sua tia em Grantham, onde a jovem Margaret Roberts (mais tarde Thatcher) tomava aulas particulares extras de língua. Na parede havia um cartaz que dizia o seguinte:

Se fores despojado da tua fortuna,
E do teu suprimento na terra restarem
Dois pães, vende um e com o dinheiro
Compra jacintos para alimentar tua alma.

Molish Eddin Saadi, *Garden of Roses*

Os diretores bem-sucedidos evitam o estresse e o esgotamento em sua equipe permanecendo bastante atentos aos seus jacintos e garantindo que ela tenha o suficiente deles.

A segunda e a última sentenças parecem ressoar com os mais bem sucedidos diretores que conhecemos e cujas observações e exemplos conduziram a esta publicação. Quando estiver "atolado" por intermináveis e complicadas solicitações ou sofrendo mais um golpe injusto que pode tentá-lo a se perguntar se "Tudo isso vale a pena?", lembre-se do trecho de Shaw, talvez você o tenha afixado na parede, e decida-se imediatamente a procurar o seu jacinto.

> Esta é a verdadeira alegria na vida, ser usado para um propósito reconhecido por você mesmo como um intento poderoso... ser parte de um grande empreendimento, em vez de um montinho egoísta e exaltado de aflições, queixando-se de que o mundo não vai se dedicar a fazê-lo feliz. Quero estar totalmente consumido quando morrer, pois quanto mais trabalho, mais eu vivo. Para mim, a vida não é uma vela breve. É uma espécie de tocha esplêndida que continuo por enquanto segurando. Quero que ela se mantenha acesa e brilhando tanto quanto possível antes que eu a passe para as futuras gerações.
>
> **George Bernard Shaw,** *Man and Superman*

Nossas fraquezas ou pontos a serem desenvolvidos

Com o advento das "tecnologias da aprendizagem", com frequência sugeridas pelas iniciais TIC (Tecnologias da Informação e Comunicação), a maioria de nós pode, animadamente, concordar com a proposição de que sempre teremos áreas da nossa atividade em que uma maior vontade da nossa parte nos ajudaria no nosso trabalho. Em parte alguma isso acontece mais do que na escola, onde os desenvolvimentos acelerados estão transformando a aprendizagem, o ensino, a administração e a comunicação. Há um caso a ser discutido, como o de uma escola que precisa ter um item para discussão não apenas na administração do desempenho, mas também na revisão dos departamentos ou fases, e também no FAE (Formulário de Avaliação da Escola) de toda a escola. Não estamos, é claro, declarando que a TIC seja o único item – longe disso –, mas estamos identificando que ela ilustra bem a sequência de se passar da "incompetência inconsciente" para a "competência inconsciente" via "incompetência consciente" e "competência consciente". Siga o mesmo processo de quatro partes em todas as ocasiões e as pessoas ficarão exauridas. O segredo é mantê-las aprendendo o tempo todo, para que suas habilidades não feneçam.

PRECONDIÇÕES PARA UM DESENVOLVIMENTO PROFISSIONAL CONTÍNUO EFICAZ

Considerando tudo o que foi dito anteriormente, achamos que há algumas precondições essenciais para o estabelecimento do melhor desenvolvimento Profissional Contínuo (DPC) e para as comunidades de Aprendizagem.

1. Que haja uma política acordada da escola sobre a prática de ensino, sujeita a uma contínua revisão

A política enfatiza uma filosofia e uma linguagem compartilhadas sobre a aprendizagem e o ensino. Cobre as questões principais dos estilos de aprendizagem, habilidades de ensino, práticas de avaliação, inclusão, e também os recursos para a aprendizagem. As principais mensagens da política geral são transmitidas eficientemente para todas as áreas do currículo. A equipe que trabalha nos grupos do ano, nos Estágios Fundamentais ou nos departamentos das matérias, pode basear seu planejamento nesses princípios, processos e práticas explícitos, monitorando e avaliando de acordo com eles. Há uma consistência da prática educacional entre toda a equipe na escola, baseada em valores e crenças sobre as complexidades da aprendizagem e da arte do ensino, conectadas às altas expectativas e ao desafio apropriado.

2. A escola e, em particular, aqueles que estão em postos de liderança enfatizam continuamente a importância do estudo, da aprendizagem e do ensino como uma competência essencial da escola

Há algumas manifestações óbvias disso como um quadro de avisos dedicado à prática da aprendizagem e do ensino em que todos se alternam, individualmente ou como um departamento, para proporcionar materiais apropriados, tais como artigos de jornal, comentários de livros e recursos de ensino genéricos. Além disso, há uma área de recurso da sala dos professores, onde eles podem ter fácil acesso a textos e informações importantes de TIC para ajudá-los a desenvolver sua prática. A política de aprendizagem e ensino é exibida, juntamente com as prioridades delineadas no plano de desenvolvimento da escola. Há uma publicação anual de estudos de caso das melhores práticas em ensino e aprendizagem baseadas em coleções de "borboletas" sobre vários temas, como aulas iniciais, plenárias, o melhor uso da TIC, etc. Há também disponível em material escrito e *online* um conjunto de relatórios que a equipe escreveu após retornar de cursos, conferências ou visitas a outras escolas. Estes relatórios são escritos em um formato preestabelecido para informar facilmente a prática de todos. Talvez, mais fundamentalmente, nenhuma reunião da equipe ocorre sem que o primeiro item seja dedicado a algum aspecto da aprendizagem e do ensino.

> 3. *A colaboração é apoiada e estimulada. O que faz hoje uma boa escola é o ingrediente fundamental do coleguismo entre a equipe, a iniciação, o apoio e a melhoria sustentada da aprendizagem e do ensino*

As boas escolas têm a capacidade organizacional de trabalhar produtivamente tanto como grupos quanto como subgrupos para garantir um ensino de alta qualidade para todos os alunos. A colaboração não é deixada ao acaso ou à boa-vontade, mas estruturada através do desenvolvimento das equipes e do trabalho em equipe, de grupos de estudo, grupos de referência e planejamento, ensino e avaliação cooperativos. A escola bem-sucedida terá um compromisso de compartilhar e projetar o planejamento para a aprendizagem e a preparação e disseminação dos materiais de aprendizagem. Quanto mais a equipe trabalhar junta em grupos apropriados, mais emergirá um entendimento compartilhado sobre a complexidade da aprendizagem e do ensino com o objetivo de impactar significativamente a realização dos alunos.

> Boas escolas desenvolvem bons professores.
>
> **Judith Little (1981)**

> 4. *Como parte do desenvolvimento da equipe, em qualquer escola bem-sucedida haverá uma capacitação e um mentoramento bem organizados envolvendo pares ou pequenos grupos da equipe trabalhando juntos*

Estamos familiarizados com o papel do conselheiro aplicado a uma equipe nova ou de iniciantes, mas estamos menos familiarizados com o conceito quando aplicado a outras equipes. Precisamos ter clareza aqui sobre a distinção entre o mentoramento e a capacitação. A capacitação vai além do conselho geral e do apoio pessoal para a melhoria específica das habilidades em aprendizagem e ensino. As boas escolas têm explicitamente identificado seus capacitadores, comumente reconhecidos como profissionais de destaque ou professores com habilidades avançadas, e habilmente os comparam a outras equipes com o propósito explícito de melhorar a distribuição e a elevação dos padrões.

> 5. *A pesquisa-ação e a reflexão profissional são mais a norma do que a exceção. Em uma cultura eficaz de aprendizagem e ensino, haverá uma expectativa de que a equipe, individual ou coletivamente, realize a pesquisa-ação e dissemine seus achados para que a prática seja continuamente avaliada e melhorada*

Os professores são pesquisadores naturais, no sentido de que todo o ensino é baseado na indagação, e a resposta e a voz dos alunos em geral proporcionam evidências imediatas da eficácia dos vários métodos de aprendizagem e ensino. A escola poderia encomendar pesquisa adicional a grupos da equipe e de alunos para descobrir o que melhor funciona em seu contexto particular e, desse modo, proporcionar as evidências para fazer os ajustes das políticas e das práticas. Evidentemente, nem mesmo as boas escolas são bem-sucedidas para todos os alunos, e seria importante identificar, através de avaliações criativas e cumulativas, aqueles alunos e grupos que não estão experimentando sucesso em sua aprendizagem. Por exemplo, por que os meninos estão atrás das meninas em determinadas atividades e disciplinas de aprendizagem? A escola sabe exatamente por que isso está acontecendo? O que está sendo feito para se descobrir mais a esse respeito? Como a escola pode corrigir isso? Parte dessa ação de pesquisa pode ser realizada como parte de um vínculo entre uma escola e a ES, e ela poderia contribuir para um programa de credenciamento como o Chartered London Teacher, em que todos os professores têm de apresentar uma "reflexão profissional", ou poderia ter lugar em um nível inferior, como parte da prática do dia a dia.

> 6. *A administração do desempenho e o desempenho profissional continuado são integrados*

A administração do desempenho é fundamental, particularmente nos estágios da avaliação, especialmente à medida que os professores têm mais responsabilidade por seu próprio DPC. Dentro de uma cultura de planejamento da ação e estabelecimento de metas, as necessidades de DPC são reconhecidas e compartilhadas. O DPC de toda a escola baseia-se, então, nisso para satisfazer as exigências e as necessidades da escola e dos indivíduos. Os novos padrões de ensino apresentam áreas a serem consideradas, em especial na maneira em que são apresentadas, como um modelo de progressão. Utilizando tais modelos, juntamente com o modelo de planejamento baseado no futuro, e através dos objetivos de administração do desempenho, a equipe pode planejar e definir as necessidades de desenvolvimento. Quando os planos de desenvolvimento pessoal do DPC conduzem à efetivação de um professor "excelente" ou a postos de professor com habilidades avançadas e de liderança sênior em particular, a equipe é encorajada a identificar as necessidades de desenvolvimento apropriadas e criam-se vínculos geradores do planejamento da sucessão. Exemplos disso podem incluir uma perícia no desenvolvimento do currículo, experiência nas estruturas da nova escola, especialização na agenda de "inclusão" e sucesso na melhoria de condições especiais.

> A melhoria da escola é atingida mais segura e completamente quando, segundo Little (1981):
> - Os professores se envolvem em uma *conversa* frequente, contínua e cada vez mais precisa sobre a prática de ensino... criando uma linguagem compartilhada adequada à complexidade do ensino.
> - Os professores frequentemente *observam* um ao outro ensinando e proporcionam um ao outro um *feedback* útil.
> - Os professores planejam, organizam, monitoram e avaliam seu trabalho juntos.
> - Os professores *ensinam* um ao outro a prática do ensino.

As boas escolas e aquelas que estão melhorando são organizações em que todos estão engajados no entendimento e no desenvolvimento da prática eficaz como um processo contínuo. Toda a equipe tem de ser constituída de aprendizes avançados para desenvolver novas habilidades e *insights*. David Hargreaves escreveu sobre o "capital intelectual", que abrange a educação e a capacitação de indivíduos com conceitos afins para cobrir um espectro mais amplo – seu conhecimento, suas habilidades, suas capacidades, suas competências, seus talentos, suas especialidades, suas práticas e suas rotinas. As escolas são evidentemente ricas no capital intelectual proporcionado pelos professores e pelos funcionários, mas também pelos estudantes, suas famílias e comunidades. O fundamental é a competência de uma escola para mobilizar seu capital intelectual,* pois é isso que estimula novas ideias e cria novo conhecimento ao tornar a escola

---

* N. de R.T. A respeito da mobilização do capital intelectual numa organização, na construção de vários "saberes" relacionados à competência coletiva, é possível ver mais em Le Boterfe, G. *Desenvolvendo a competência dos profissionais*. Porto Alegre: Bookman/Artmed, 2003.

mais eficaz. É o crescimento pessoal e profissional dos professores e da equipe de apoio que terão o maior impacto no desenvolvimento e na realização do aluno. Se tomarmos o exemplo da nova professora que se une à escola, ela estará em algum lugar no *continnum* de professora iniciante a especialista, e é essencial que a cultura recebida da aprendizagem e do ensino seja suficientemente flexível para levá-la adiante. Com todas as precondições anteriormente referidas, nossa nova professora vai perceber que está se unindo a uma escola de aprendizagem onde os profissionais são capazes e estão dispostos a avaliar sua prática e tornar sua experiência disponível para os outros, e onde todos possam abraçar uma cultura de melhoria contínua. O desenvolvimento profissional e a melhoria da escola contínuos estão intimamente relacionados, no sentido de que aumentam a competência e o desempenho da escola, contanto que estejam fundamentados em uma cultura colaborativa de valores, crenças, políticas e práticas.

Há quatro aspectos dos professores e dos funcionários como aprendizes que devem ser vistos de forma combinada:
- a melhoria das habilidades;
- a competência para analisar e refletir sobre a prática;
- a capacidade para investigar, explorar e reunir evidências;
- a confiança para receber e dar ideias e assistência.

É direito de cada professor, como parte do seu desenvolvimento profissional contínuo, observar outros professores e ser observado, como uma atividade de aprendizagem colaborativa. Nas boas escolas, este processo é, com frequência, organizado em torno de "três aprendizagens", em que os profissionais se revezam para ensinar, observar e presidir, depois, a reflexão. Se a aula não segue o planejamento, os professores devem encarar isso como um evento com o qual devem aprender, estando abertos à crítica construtiva e a ideias para melhorar. Tudo isso faz parte do desenvolvimento de uma cultura de ensino colaborativo, no qual cada um é um promotor da equipe, ganhando confiança a partir da observação dos colegas na forma de confirmação de seus pontos fortes e melhoria dos pontos fracos de sua prática, e tendo acesso à capacitação e mentoramento apropriados.

As boas escolas dão exemplo, promovem e apoiam o desenvolvimento profissional proporcionando uma série de oportunidades para a aprendizagem. Algumas destas são internas à escola, como a observação dos colegas anteriormente mencionada, mas há muitas outras, incluindo *workshops* de habilidades, sessões de desenvolvimento da matéria, discussões profissionais, caminhadas de aprendizagem, participação em projetos de pesquisa-ação, associação a grupos de trabalho e ensino em grupo. Haverá uma proliferação de oportunidades onde há ambientes de aprendizagem positivos e abertos, e isso vai encorajar a aceitação de uma responsabilidade e de uma avaliação compartilhadas do planejamento e do funcionamento bem-sucedidos das experiências de aprendizagem. Isso terá um impacto em termos de elevação dos padrões. Também deverá encorajar um senso de responsabilidade pessoal pelo desenvolvimento profissional, que é um dos objetivos do novo sistema de administração do desempenho. Embora tenhamos enfatizado a importância do clima e dos sistemas da escola no apoio ao desenvolvimento profissional, como parte do desenvolvimento da infraestrutura de uma comunidade de aprendizagem profissional, os membros individuais da equipe precisam tirar plena vantagem dessas circunstâncias propícias para que a escola prossiga com o impulso da melhoria. Uma maneira de fazê-lo é os profissionais terem um plano de aprendizagem individual, anual, que identifique as habilidades a serem praticadas e desenvolvidas, as experiências de aprendizagem específicas a serem tentadas, o desenvolvimento de liderança a ser experienciado e as oportunidades de acompanhamento do trabalho, todos alinhados com o sistema geral de administração do desempenho. Certamente, toda a equipe deve ser capaz de desenvolver um extenso portfólio baseado nos novos padrões de ensino, que vão ajudá-la a construir uma proposição de carreira como uma contribuição para o desenvolvimento da liderança e o planejamento da sucessão em geral. As boas escolas desenvolvem seus próprios professores, mas também desenvolvem seus próprios líderes. Nessas escolas, a maior parte dos funcionários está ansiosa para progredir em suas carreiras. Eles vão buscar oportunidades de desenvolvimento interno, mas também credenciar sua aprendizagem com outros grupos, tais como associações da matéria, associações profissionais, o General Teaching Council (GTC), o National College of School Leadership e instituições de educação superior.

> **Plano de aprendizagem anual:**
> - *Acompanhamento do trabalho*
>   Por exemplo, de outros professores da escola, tais como o vice-diretor, o coordenador da alfabetização ou o coordenador das necessidades especiais.
> - *Desenvolvimento das habilidades*
>   Por exemplo, utilizando determinados aspectos da tecnologia da informação no ensino, aprendendo a usar o questionamento de maneira mais eficaz, aprendendo a diferenciar de maneira mais precisa.

- *Experiências de aprendizagem*
  Por exemplo, liderando um grupo de tarefa e relatando achados, realizando algumas pesquisas-ação, liderando um grupo de pais sobre algum aspecto do currículo.
- *Metas da aprendizagem*
  Por exemplo, frequentando cursos e conferências específicos, lendo a literatura de pesquisa sobre um aspecto particular do ensino e da aprendizagem, escrevendo um artigo para publicação, conseguindo uma qualificação mais avançada.

Embora nesta seção tenhamos nos concentrado na construção de uma cultura de desenvolvimento profissional dentro da escola, também temos de reconhecer a importância de trabalhar, junto a isso, entre e além das escolas. Nenhuma escola pode proporcionar todas as oportunidades de DPC com seus próprios recursos e, na verdade, rapidamente se tornaria ineficiente se permanecesse isolada da boa prática realizada em outros lugares. Para esse fim, muitas escolas de ensino fundamental em particular têm se ligado a "comunidades de aprendizagem integradas", compartilhando sua aprendizagem e sua perícia, tais como dias e eventos de desenvolvimento conjunto da equipe, e saídas com foco na aprendizagem em diferentes escolas. As escolas de ensino médio que são, hoje, decisivamente "especialistas", trabalharam com organizações especializadas, como a Youth Sports Trust. Outras escolas têm desenvolvido parcerias de aprendizagem através de trabalhos em equipe com as autoridades locais, às vezes baseadas em "famílias" de escolas similares, e outras têm estabelecido seus próprios *websites* e buscado fazer conexões através da TIC com escolas similares em outros locais. Frequentar cursos e conferências externos pode desenvolver consideravelmente o conhecimento, o pensamento e a prática, e também oferece a oportunidade de se relacionar com outros professores e ampliar os horizontes. Entretanto, é fundamental levar essa aprendizagem para a escola, através de um relatório por escrito ou de uma apresentação, para que todos possam ganhar com isso.

O teste decisivo para um DPC bem-sucedido é que qualquer membro da equipe se torne um profissional melhor pelo simples fato de pertencer à equipe, sustentado por uma cultura que promova a aprendizagem e o ensino de melhor qualidade. Em uma comunidade profissional desse tipo, a aprendizagem é uma experiência estimulante com uma equipe repleta de criadores de energia que exibem um entusiasmo contagiante e um compromisso de encorajar o aprendizado de todos os demais. A equipe celebra o seu sucesso através de suas conversas, através de sua linguagem compartilhada em vários grupos e reuniões, e através da sua curiosidade intelectual quando debatem as melhores maneiras de aprimorar a sua prática. Na escola há uma generosidade de espírito quando um grupo experiente orienta e capacita os outros, e há oportunidades para qualquer equipe liderar o debate em determinadas ocasiões. Há uma percepção de sucesso quando os professores sentem-se confiantes em conversar com um grupo de suporte sobre o que estiveram aprendendo a fazer melhor, assim como sobre o que eles fizeram bem. Há também um orgulho coletivo em torno de pertencer à equipe de uma escola desse tipo, reforçado pelas realizações dos alunos, pela publicação de pesquisa-ação e pelo reconhecimento da perícia individual e coletiva além da escola.

Se considerarmos esses aspectos particulares das escolas com as políticas bem-sucedidas de ensino e aprendizagem que conduzem a padrões mais elevados, o ingrediente central é aquele de um desenvolvimento profissional amistoso e contínuo. As boas escolas têm mais do que profissionais individuais competentes. Elas têm um capital organizacional e intelectual para trabalhar produtivamente como um grupo para a aprendizagem de alta qualidade de todos os alunos. O coleguismo é a característica mais importante de uma escola de "enriquecimento da aprendizagem", mais do que simplesmente uma "escola de melhoria da aprendizagem". A escola como uma comunidade de aprendizagem profissional tem sido construída e desenvolvida através da apresentação, do planejamento conjunto, da aprendizagem, da capacitação e do mentoramento conjuntos, e também da descoberta, da pesquisa e do compartilhamento da melhor prática, e da avaliação das evidências. A base dessa cultura são os valores e crenças que ligam uma comunidade de pessoas com ideias afins no compromisso comum de continuamente melhorar a prática e elevar os padrões de realização dos alunos.*

> Imagine que você poderia se tornar um professor melhor apenas por estar na equipe de uma determinada escola – apenas por este simples fato.
>
> **Judith Little (1981)**

---

* N. de R. T. A esse respeito, ver mais em Zarif, P. *Objetivo competência:* por uma nova lógica. Atlas Editora, 2001.

Comportamento, prédios e o ambiente criado afetando o clima na escola

5

> O que os melhores e mais criteriosos pais querem para seus próprios filhos deve ser o que a comunidade quer para todas as suas crianças. Qualquer outro ideal para nossas escolas é estreito e inadequado; se posto em prática, destrói a nossa democracia.
>
> **John Dewey (1916)**

RECONSTRUINDO NOSSAS ESCOLAS COMO LOCAIS DE BELEZA QUE TAMBÉM FUNCIONAM

O presente exercício de reconstrução das escolas – o chamado "Construindo as Escolas do Futuro" – tem significado que, pela primeira vez para uma geração, há um debate real sobre como devem ser os prédios da escola. No período imediato pós-guerra houve um breve tempo em que os prédios das novas escolas eram construídos para o que foi descrito como "os filhos dos heróis que retornaram". Isso logo deu lugar à improvisação das escolas "construídas pelo sistema", que foram rapidamente erigidas nas décadas de 1960 e 1970, quando o *baby boom* pós-guerra demandou certo tipo de prédios para as escolas, embora imperfeitos. E eram imperfeitos tanto no recinto dedicado ao ensino e à aprendizagem quanto nos materiais de construção e no projeto frágeis. Então, como todos pudemos apreciar, o teto plano logo apresentou goteiras e, à medida que a proteção apodrecia, as guarnições das janelas caíam. Como dizem agora, estas escolas (como todos dolorosamente descobrimos) não eram "adequadas ao seu propósito". Elas tornaram o trabalho das instituições muito mais difícil. "Cerque-as com coisas que são nobres", declarou um famoso diretor vitoriano, e na verdade tivemos de voltar àquela era para encontrar uma geração que estava atenta à necessidade de criar prédios de escola que devessem parecer à maioria das crianças mais grandiosos do que os locais onde viviam; pois era assim que os prédios das escolas vitorianas devem ter parecido aos meninos e meninas que os frequentaram.

"Construindo as Escolas do Futuro" oferece a chance de se fazer o mesmo. No último capítulo vamos voltar às possíveis ciladas que o projeto enfrenta. Nesse meio tempo, começaremos pelo impacto no etos e no clima dos prédios das escolas, no comportamento das pessoas dentro deles e, mais amplamente, no ambiente visual e auditivo.

A importância da aparência física de uma escola nos convenceu quando recentemente um de nós foi juiz de uma reedição da competição "A escola que eu gostaria", do famoso *Guardian*, que inspirou o igualmente famoso livro de mesmo nome, de autoria de Edward Blishen, cerca de 30 anos atrás.

Os juízes triaram a lista final dos mais ou menos 40 mil trabalhos de alunos que a competição inspirou. Foi uma experiência salutar: uma das mais vivas foi a apresentada por três alunos da 8ª série, todos meninos. Sua escola era uma construção do sistema da década de 1960, um aglomerado de prédios quadrados e conectados com estrutura de aço em um mar de asfalto, com um fosso de comunicação através de um pequeno campo lamacento e exposto ao vento. O vídeo deixava pouco espaço à sua imaginação, e nós visitamos os usuais lavatórios esquálidos, os desolados corredores e portas descascados e os *playgrounds* repletos de lixo. Isso foi mostrado durante 10 minutos com os comentários humorísticos dos alunos de 13 anos. Fizemos uma pausa para conhecer apenas um adulto, a maternal bibliotecária, que trabalhava em um ambiente que contrastava com o resto da sombria escola: um adulto receptivo em um belo oásis de calma. O filme terminava com um "zoom-out" incorporando todo o prédio revestido de vidro e madeira podre e as palavras, "na nossa escola ideal, tudo isso seria como a biblioteca".

Ele não venceu. O vencedor foi um trabalho que apresentou uma mensagem similar, que aqui reproduzimos:

> Minha escola ideal jamais poderia existir. Não há realidade no idealismo. Eu sonho em felicidade e aprendizagem unidas. Sonho com não interrupções. Se eu fosse para minha escola ideal, não acordaria toda manhã com medo do dia seguinte, da semana seguinte, do ano seguinte e do resto da

minha vida. Na minha escola perfeita, nós só teríamos os professores que soubessem e entendessem aquilo sobre o qual estão falando. Eles seriam todos apaixonados pelas matérias e nos ajudariam a liberar nossas paixões. Na minha escola perfeita ainda haveria regras, mas elas nos guiariam, não nos confinariam. Os professores e os alunos estariam harmoniosamente misturados. Não haveria notas, e os elogios seriam apenas para o esforço árduo e não para a competência mental. Eu não teria de tentar competir com meus amigos, e eles não quereriam todos ser melhores uns que os outros. Não estaríamos preocupados em se fizemos o máximo na classe, mas apenas se todos estavam felizes com o que estavam fazendo e como estavam progredindo. Ainda haveria punições, mas estas seriam importantes para os alunos. Eles teriam de perder suas aulas preferidas por uma semana e teriam de ter aulas dobradas das matérias que menos gostassem.

Não estaríamos confinados dentro de paredes de pedra: sairíamos para experienciar o tempo. Viajaríamos e experimentaríamos outros prazeres. Adquiriríamos um entendimento de como o mundo funciona. Os exames seriam abolidos, as pessoas trabalhariam juntas e sozinhas; elas usariam o conhecimento das outras pessoas para se enriquecer e os outros fariam o mesmo com elas. Na minha escola perfeita não haveria intimidadores, não haveria inseguranças. Nós discutiríamos nossas opiniões em todas as aulas e todos ouviriam e respeitariam uns aos outros. Professores e alunos seriam iguais, não privilegiados e desfavorecidos; todos estariam no mesmo barco. Na minha escola, as únicas coisas que seriam proibidas seriam a infelicidade e o sofrimento, e não haveria espaço para a mentira, a vingança e a fraude.

Mas para que a minha escola perfeita exista, é necessário um mundo perfeito, e se existisse um mundo perfeito, não haveria espaço para o sonho.

Daí fica claro que a maneira como as pessoas se comportam umas com as outras é de fundamental importância. No Capítulo 2 delineamos o exemplo que a diretora estabelece conversando – de preferência positivamente, é claro – com todos os membros da comunidade. A diretora dá o exemplo do comportamento. Se ela grita, as outras pessoas vão gritar. Se ela está constantemente descobrindo os erros, os outros farão o mesmo. Se ela for otimista, os outros também o serão. Como já observamos anteriormente, o diretor é encorajador, e não repreendedor.

A linguagem utilizada também é vital. Ela vai refletir os valores reais que a escola defende.

"Nossa linguagem faz a escola"

A linguagem pode construir ou acabar com uma escola. A conversa negligente pode sugar a energia de uma escola. A energia e a motivação até mesmo dos colegas mais otimistas e dispostos podem ser rapidamente drenadas. Assim, é importante usar o "nós", em vez do "eu" e do "você", não simplesmente na linguagem falada, mas também na forma escrita. Você pode usar o "eu" quando está assumindo a responsabilidade e o "você" em vez do "nós" quando estiver elogiando e celebrando o sucesso genuíno. É aqui que entra o atual jargão "personalização". As cartas para casa, supostamente individuais e pessoais, que se referem a "seu filho/filha" e não mencionam nomes, são impessoais. É claro que quando se trata de menções gerais de informações é diferente; mas aqui também a apresentação é importante. Mais de um diretor bem-sucedido me disse que o trabalho mais importante que realizam é escrever o boletim informativo semanal para casa, e como é importante encontrar as palavras e o tom certos.

Referir-se aos funcionários "que não são de ensino" é tão ofensivo quanto se referir aos funcionários ou aos alunos "não brancos". Isso provavelmente revela uma mensagem subliminar sobre a hierarquia do valor atribuído a algumas tarefas e a algumas pessoas em uma época que isso não existe mais. Continuar a usar os descritores "capacidade geral" para descrever "estigmatizações" ou "correntes" ou para se referir ao "pessoal de categoria inferior" na sua presença (ou não importa para o que seja) é o equivalente moderno a gravar "corretivo" na capa interna de um livro. Vai encorajar uma noção deslocada da capacidade geral, em vez de a forma multifacetada mais generosa a que a escola pode estar dizendo defender. Usar "aprender" em vez de "trabalhar" é também uma marca positiva em vez de negativa. (É incrível a diferença que faz se referir ao progresso dos alunos em sua aprendizagem em vez de em seu trabalho.)

A linguagem escrita usada nas descrições de cargo, prospectos da escola, propagandas de emprego, notas, relatórios escolares e manuais dos profissionais é tão vitalmente importante quanto a palavra falada nas assembleias, aulas particulares, aulas regulares, nos corredores e no *playground*. Todas as reuniões evocam mensagens implícitas no que é dito e na linguagem corporal dos participantes.

"Na nossa escola nós sempre cantamos a mesma música": a busca ilusória pela consistência

Esta é a parte mais intangível e ilusória, porém vital, do sucesso de uma escola. Ela está no cerne do que todos os diretores chamam de "consistência". Evidentemente, quanto maior a escola, mais importante e delicada se torna a questão. Afinal, se você declara com muita precisão o que todos devem fazer, o talento individual e a criatividade vão enfraquecer. Além disso, os profissionais livre-pensadores mais imaginativos logo estarão buscando outros locais. No outro extremo, onde virtualmente nada acontece, a escola começa a desmoronar. Quanto menor a escola ou departamento, mais fácil é.

É forçar um pouco as coisas, mas quanto mais disfuncional for uma escola ou um departamento, mais a regra do "cantar a mesma música" precisa ser delineada, acordada e – mais vitalmente que todo o resto – seguida por todos. Quanto mais bem sucedida for a escola ou o departamento, mais liberdade de movimento haverá, mesmo para a experimentação

Há coisas que são absolutamente essenciais em "cantar a mesma música"? Nós achamos que, provavelmente, há, e listamos abaixo três práticas que qualquer escola, aplicando-as, irá perceber que o exame e o debate a este respeito trará compensações. Cada escola, é claro, vai procurar garantir tocar a nota certa em sua própria versão particular da canção que os profissionais estão tentando cantar juntos.

1 As lições

Evidentemente, é necessário algum acordo sobre o planejamento e o registro dos planos de aula. Se deve ser uma aula de três, quatro ou cinco partes, isso vai variar dentro e entre os departamentos ou, na verdade, ser estabelecido dentro dos descritores de outros modelos possíveis. Mas, por exemplo, haverá provavelmente um acordo sobre "cumprimentar e sentar". Ou seja, é esperado que o professor esteja na porta da classe para permitir que os alunos entrem na sala e se acomodem em suas carteiras. Evidentemente, há um mundo de diferença entre realizar bem e não tão bem esse processo. Você fica entre a porta aberta e a soleira da porta, aumentando a probabilidade de os alunos roçarem em você, enquanto os ignora enquanto entram, exceto para repreendê-los? Ou abre totalmente a porta com braços receptivos, permitindo o máximo de espaço e dirige uma palavra a cada aluno, talvez acenando para um perturbador em potencial para sussurrar palavras ameaçadoras engraçadas em seu ouvido? Uma vez dentro da sala, há uma convenção de que todos os docentes, do mais ao menos experiente, do mais forte ao mais fraco, determinem o plano de assento adequados aos alunos? Este ritual é estabelecido com toda a escola em assembleias anuais realizadas na primeira semana de cada semestre?

2 Os corredores

Em uma escola, os alunos nos confessaram que grupos ou gangues de alunos controlavam os corredores. A escola, é claro, era disfuncional, exceto, como eles observaram, no caso do departamento de matemática, onde um chefe de departamento forte criou um oásis de ordem. Em outra escola, no entanto, as conversas entre os profissionais e os alunos nos corredores, nos intervalos, no início e no final do dia letivo, eram agradavelmente casuais e frequentes. Portanto, a conversa nos corredores é uma parte essencial de se "cantar a mesma música".

3 O comportamento

A menos que haja consistência sobre as expectativas do comportamento, todos na escola sofrem. Há um programa americano chamado "Consistent Management Cooperative Discipline" (CMDC), que foi experimentado por algumas escolas em circunstâncias desafiadoras. Todas as escolas envolvidas declaram que ele é um sucesso. Quando se descreve os principais aspectos, eles parecem óbvios. Os professores concordam que quando alguém quer silêncio, levanta as mãos e espera que os alunos pouco a pouco, mas rapidamente, façam o mesmo. A mesma prática prossegue nas reuniões de equipe. Todo semestre, cada membro da equipe – até mesmo o melhor – estabelece seu plano de assento revisado para suas aulas. Os alunos são preparados para isso em assembleias anuais conduzidas pelo regente de turma e pelo diretor. Os alunos se candidatam para funções na sala de aula e são encarregados destas: um deles será o "monitor das perguntas", que envolve usar uma caneca com os nomes de todos os alunos em pauzinhos de picolé e escolher um aleatoriamente quando um professor requerer um respondente.

As escolas de ensino fundamental reconhecem a estratégia da "candidatura para funções na sala de aula". Eles utilizam um "tempo de grupo" e capacitam os mediadores dos alunos. As duas estratégias podem ser encontradas também nas escolas de ensino médio, onde toda a série de tutores, conselheiros e mentores dos colegas refletem uma estrutura que permite o envolvimento dos alunos e a voz dos alunos.

Todas as escolas estabelecem uma proporção preferida de recompensas com relação às sanções. Todas são cuidadosamente registradas, assim como incidentes menos e mais importantes, para que possam ser analisados e a prática ser ajustada de acordo.

"Nós ouvimos e envolvemos nossos alunos"

"A voz do aluno" tem sido há anos discutida como uma questão desejável. Os alunos necessitam de uma voz; no entanto, isso tem consequências para a comunidade. Assim, um conselho escolar sem um orçamento é simplesmente uma "conversa de negócios". Talvez isso se estenda a conselhos do ano nas escolas grandes.

Os alunos também são envolvidos em papéis diferentes:

- Dentro da sala de aula, em papéis administrativos e na autoavaliação como parte da "avaliação da aprendizagem".
- Como tutores dos colegas – uma maneira excelente de aprender e modificar o comportamento para alunos mais velhos que têm a tarefa de ajudar os mais jovens.
- Como mentores dos colegas – dentro e além da sala de aula como um símbolo de aprendizagem cooperativa.
- Como conselheiros e mediadores dos colegas – para ajudar o comportamento dentro e em torno da escola e atuando como um guarda contra o *bullying*.
- Como "trabalhadores comunitários" – ajudando no nível local como parte de programas de cidadania.
- Como editores e colaboradores de uma revista produzida pelos alunos.
- Como conselheiros no projeto e nas construções da escola.

Os alunos das melhores escolas são envolvidos uma vez por ano em um "levantamento dos alunos", que testa a temperatura do etos da escola e da motivação dos alunos para aprender. O conselho do ano e o conselho escolar recebem relatórios por escrito dos resultados.

Os alunos são observadores no corpo administrativo e estão envolvidos nas nomeações dos funcionários.

Talvez a melhor prática que tenhamos presenciado tenha ocorrido em uma escola júnior, que tinha o que é chamado de um programa de "diretor por um dia" como parte do "dia das crianças" todos os anos. Ela envolve seis alunos da 6ª série se candidatando para a eleição duas semanas antes das eleições locais e depois que as TAPs estão encerradas. Cada um tem de publicar uma circular e cada um tem de comparecer a uma espécie de palanque para responder perguntas diante dos funcionários e dos alunos. A votação tem lugar no dia das eleições locais; todos os funcionários têm direito a votar, assim como todos os alunos, exceto aqueles que chegam atrasados. O vencedor é anunciado e se torna "diretor por um dia". Auxiliado por um gabinete formado por colegas, ele estabelece suas propostas para o dia após consulta com os funcionários e os alunos. O "diretor por um dia" deve realizar a "assembleia de premiação", quando entrega os prêmios de "realização da semana". Toma chá com seus membros favoritos da equipe e prepara um boletim informativo para os pais sobre sua experiência como diretor. Há um evento para levantamento de recursos. O dia em geral termina com uma sessão de apresentação de talentos.

"Tornamos o nosso horário de almoço civilizado e nossos banheiros lugares agradáveis de visitar"

Durante gerações, os banheiros das escolas têm sido trancados ou são locais onde os alunos só vão *in extremis* (há anos as bexigas das crianças têm sofrido de maneira surpreendente.) Não precisa ser assim. Algumas escolas atualmente encaram os banheiros como um critério para avaliar se as melhorias que têm feito são apenas superficiais. Envolvendo o que é chamado de "voz do aluno", eles sugerem ao conselho da escola questões que são do interesse do "grupo de melhoria da escola", buscam seus comentários sobre as questões e questionam sobre as omissões. O conselho da escola recebe então um orçamento ou uma parte dos recursos adquiridos para resolver o problema específico. O conselho da escola pode ter o direito de levantar questões que afetem o ambiente. Os banheiros têm uma grande probabilidade de estar em sua lista!

Há muitas soluções atualmente declaradas pelas escolas. Os melhores ingredientes, além do envolvimento do aluno, na identificação das soluções incluem reforma, instalação de detectores de fumaça que só disparam no escritório central (para que os infratores, possam ser pegos "com a boca na botija") e inspeção regular dos banheiros, quer por funcionários pagos ou por patrulhas regulares dos membros do conselho da escola ou por funcionários da escola.

Horário do almoço

Há chances de que a escola também receba comentários sobre o horário de almoço e as filas. Os horários de almoço também podem ser transformados. As soluções variam desde concentrar o horário do almoço até aboli-lo totalmente. A primeira pode envolver:
- Garantir que toda a equipe de apoio tenha deveres em seu contrato de ajudar com supervisão.
- Proporcionar uma ampla série de atividades, realizadas pela equipe permanente, por alunos capacitados com supervisão da equipe ou por entretenimento "comprado".
- Ter uma prática claramente ponderada e implementada de música, utilizada como fundo, com escolha de DJ (um rodízio entre os alunos "pretensos DJs"), durante o horário de almoço, ou uma música de fundo tranquila para modificar o comportamento (algumas músicas afetam o humor e, é claro, a disposição para aprender, de diferentes maneiras).
- Mudar a natureza do *playground*. Aqui o trabalho pioneiro da "Aprendizagem através das paisagens" significou que o asfalto convencional pôde ser transformado em uma sequência de espaços definidos por plantas, estruturas e esculturas.
- Ser receptivo ao acesso do aluno a uma série de instalações de TIC cuidadosamente planejadas e bem supervisionadas, incluindo aquelas da biblioteca, onde os alunos possam realizar seu "estudo independente" ou suas atribuições de "lição de casa".

A abolição do horário do almoço foi implementada por algumas escolas. Qualquer um que embarque nessa opção precisa visitar uma escola que tenha tomado essa decisão e refletir sobre o resultado. As escolas que conhecemos e que realizaram isso são a Compton, em Barnet, e a Ninestiles, em Birmingham. Cada uma delas reformou seu refeitório e as instalações de preparo dos alimentos, uma solução com frequência incidentalmente buscada por aquelas que desejam minimizar as filas. As duas escolas modificaram seu horário, para que os alunos de diferentes grupos de idade (vinculados a um corpo docente ou matéria) estejam almoçando em horários diferentes. Por exemplo, entre 11h45 e 13h30, os grupos almoçam juntos em um local em que não há mais de 250 alunos. Durante seu tempo "livre", depois de almoçar e enquanto os outros estão em aula, os alunos são encorajados a estudar ou participar de atividade supervisionada no *playground*. As duas escolas relatam uma "transformação": escolhendo grupos de idade diferente para comer juntos, eles minimizaram os problemas de comportamento dos grupos de pares.

Há muito poucas escolas em áreas desafiadoras que recuariam de sua decisão de ter clubes de café da manhã antes da escola. As oportunidades incluem acesso dos alunos e dos profissionais aos jornais da manhã e um ambiente calmo com música de fundo adequada.

Todas essas medidas – a reforma dos banheiros, a transformação do *playground*, o uso de música, o encorajamento do acesso para buscar uma aprendizagem independente, a mudança no horário de almoço, o início do ano letivo – minimizam oportunidades de *bullying* e reduzem o estresse dos profissionais. São todas parte da criação de um ambiente adequado à aprendizagem. Se a música, a alimentação e a água (a qual é sempre recomendado que esteja prontamente disponível nas aulas para melhorar a concentração) são fundamentais, assim como é o pano de fundo visual para a aprendizagem. Eles são parte "da maneira como fazemos as coisas aqui". O que se segue agora é uma consideração a respeito do "visual" e do "auditivo".

E QUANTO AOS PRÉDIOS E AO AMBIENTE VISUAL?

Já nos referimos à importância dos próprios prédios. Escolas bem-sucedidas sabem que ainda há mais coisas referentes a isso do que já foi dito, e estão conscientes do ambiente auditivo e espiritual. Entretanto, diversas escolas aparentemente encaram o ambiente como algo distante e secundário, e certamente não lhe dão a atenção que merece. Assim fazendo, deixam sua escola com, no mínimo, uma "ferida aberta".

Além disso, a herança natural, especialmente para os professores das escolas de ensino médio do centro pobre das cidades, é pouco menos que horrenda. Se esqueceram os prédios do esquema frágil da década de 1960, é bom lembrar que foram provavelmente construídos de concreto corroído. Suas janelas terão de ser substituídas tão frequentemente quanto seus tetos planos. Muitos também veem suas fiações e seus encanamentos necessitando de renovação, o que desfigura continuamente o ambiente diário de professores e alunos que se cruzam nos corredores, onde os tacos frequentemente substituídos transformaram o chão em uma pouco atrativa colcha de retalhos. É claro que todas as escolas recebem diferentes legados dos arquitetos da sua administração, que originalmente as projetaram, e daqueles que desde então têm procurado mantê-las.

Considere o melhor do setor independente. Os alunos que frequentam Eton e Harrow em geral moram em casas com belos arredores, e não apenas do ponto de vista arquitetônico: eles são provavelmente imersos em livros e experiências musicais desde que começaram a dar seus primeiros passos. Mas os ambientes que eles próprios encontram na escola os deixam estupefatos.

Alguns do setor estatal podem se comparar. Eu sempre achei que o legado de Albert Smith, o arquiteto da velha Oxfordshire, e o de seu mentor e contraparte em Buckinghamshire, Fred Pooley, suportariam o teste do tempo melhor ainda que seus contrapartes de alguns outros condados. Em geral, a herança rural do centro e do norte da Inglaterra legou algumas escolas esplêndidas que parecem estar ali há séculos. Para exemplificar, eu citaria duas escolas de Oxfordshire no que foi um dia a cidade de Witney, famosa por suas mantas, bem na fronteira com Costwolds.

Uma das escolas, Henry Box, fica próxima de uma bela igreja no final de um gramado, cercada por casas medievais. A escola é uma combinação dos séculos XVII, XVIII e XX. Há alguns prédios da década de 1930 e uma extensão substancial datada das décadas de 1960 e 1970. Os prédios são bem espaçados e próximos a um campo de árvores alinhadas. A herança da escola comoveria até a criança menos visualmente perceptiva em algum momento da sua existência.

Wood Green fica no outro extremo da cidade, um prédio baixo, plano, cinzento e com placas de concreto herdadas das últimas reformas na década de 1950, à beira de um campo verde e aberto. Por acaso, um talentoso professor de artes, habilmente auxiliado por uma sucessão de líderes sensíveis e colegas comprometidos, estava agudamente consciente disso. Os corredores logo foram o tema de um conjunto de exibições e mostras que durou um ano. Agora são suplementados externamente por jardins que poderiam estar abertos para qualquer passeio "aberto ao público".

Por que as crianças das origens mais pobres recebem os piores locais? Será que a criação de academias e as Building Schools for the Future (BSF) tornaram esta crítica superada? Não costumava ser assim: as últimas escolas vitorianas e aquelas de antes da Segunda Guerra Mundial, e mesmo de depois, pareciam belos locais para seus contemporâneos, e na década de 1950, quando os moradores do centro pobre da cidade foram transferidos para novos conjuntos habitacionais, o público em geral chamava suas novas escolas de "palácios de vidro". A praga se instalou durante a década de 1970 no início da crise do petróleo. Exatamente no momento em que nos tornamos, em geral, mais conscientes do nosso ambiente e da necessidade de preservá-lo e conservá-lo, não precisávamos mais de novas escolas. E lamentávamos por aquelas que tínhamos. Pouco espanta, por isso, que a BSF tenha sido tão entusiasticamente recebida.

Estudo de caso

O novo diretor de uma escola de uma cidade-mercado reconheceu imediatamente a influência subconsciente do projeto monstruoso do prédio principal com o qual as pessoas conviviam há 20 anos. Sua primeira ação foi plantar trepadeiras. A segunda foi atormentar as autoridades para a substituição de um grupo de prédios tipo cabanas de madeira, na esperança de um novo prédio cujo projeto pudesse, com um pouco de sorte, encorajar nosso arquiteto a fazer algo para melhorar o impacto da construção original. Para toda uma geração de crianças daquela escola, o ambiente construído de repente tornou-se vivo, enquanto toda a comunidade da escola dedicava sua atenção ao projeto de construção planejado, e todo o ambiente melhorou.

Estudo de caso

A diretora da escola de ensino fundamental de 200 alunos estava infeliz há dois ou três anos com os generosos campos de jogos, na verdade excessivamente grandes. Ela convenceu a equipe de manutenção dos campos de que o seu trabalho seria menor se a metade do campo fosse deixada como uma área selvagem. Um ganso foi em seguida amarrado em outra parte do campo e apareceu um pombal. Não demorou muito havia galinheiros e cercados para coelhos, e toda a comunidade ia olhar os animais. As crianças, é claro, ganharam um bem-estar pessoal com o contato com os animais e aprenderam muito sobre o ciclo de vida e os hábitos de várias espécies. Para alguns foi o início de um interesse para o resto da vida; para outros, um memorável interlúdio. Naquela escola realmente não havia *bullying*.

Estudo de caso

A sra. Bennett por 20 anos foi diretora de uma grande escola de ensino fundamental das seis cidades de Stoke-on-Trent. Ela tinha uma cerca viva de 300 anos de idade, que dividia o local ao meio. Durante o período em que lá

continua

> *continuação*
> trabalhou, ela enriqueceu o hábitat com uma grande variedade de árvores e arbustos. Existe um lago que há muito está ali e parece ser antecedente ao prédio de 1950, mas é, na verdade, o apogeu de 12 anos de envolvimento de toda a escola. Ela confessa que parte do seu critério para a seleção dos candidatos para qualquer vaga na escola é o seu interesse evidente pelo ambiente externo.

Dentro da escola, o ambiente *visual* é importante. Aqui também as escolas das séries iniciais do ensino fundamental nos ensinaram muito. Para elas, provavelmente tudo começou com a exibição de Cizec de arte infantil em Viena na década de 1930, evento a que compareceu um grupo de HMIs (Hauman Machine Interface) liderados por John Blackie, que mais tarde seria Senior Chief Primary Inspector. Este recrutou para sua equipe pessoas do tipo de Robin Tanner, ele próprio um grande artista, e também um professor.

Como resultado da sua influência, surgiu um grupo de professores que estavam profundamente convencidos de que a expressão artística representava uma rica veia do talento das crianças, que poderia ser explorada muito cedo, quando a inibição era menos intrusiva. Através de experiências bem-sucedidas nos vários aspectos das artes, a confiança das crianças aumentaria e, por isso, também sua capacidade para dominar questões básicas como leitura, escrita e aritmética, que nosso sistema de ensino naturalmente enfatiza.

Há muita verdade neste argumento, ainda que a liberação da realização artística em tenra idade em geral possa estimular o engano no que diz respeito ao talento. Não obstante, o que emergiu foram algumas gerações de professores das séries iniciais do ensino fundamental que deram rédea solta à expressão artística. Através de sua capacitação e de sua prática, eles aprenderam as habilidades e técnicas da boa exibição.

Por isso, tornou-se mais a regra do que a exceção que as salas de aula das séries iniciais e da própria escola se tornassem um encanto para os olhos, mesmo que isso às vezes estivesse explícito no seu propósito, a ponto de os colegas mais velhos e um público mais amplo tenderem a usar o termo "decoração" pejorativamente. Mas se olharmos além da camuflagem das séries iniciais do ensino fundamental conseguiremos enxergar o seu propósito. Por exemplo, o *hall* de entrada vai ilustrar vários temas do currículo da escola ou da atividade comunitária. Haverá evidência da prática em vários meios de comunicação. Nas salas de aula, é bom observar que estão expostos os trabalhos de todas as crianças.

Além disso, a escola evitou a armadilha daqueles primeiros artistas entusiasmados de celebrar apenas a arte e as formas literárias? Há um ou dois quebra-cabeças matemáticos? E quanto a trabalhos científicos? E esta bem-sucedida escola ocasionalmente, durante todo um semestre, vai voltar à atividade de exibição em toda a escola de um tema vinculado, o que corrobora um conjunto planejado de explorações de valores para toda a escola e para a comunidade.

Na sala de aula das séries iniciais do ensino fundamental, o ambiente é planejado para encorajar a criança a realizar a aprendizagem autônoma: ela deve saber onde estão guardados materiais, equipamentos e outros recursos de aprendizagem. As crianças precisam assumir a responsabilidade, não apenas individualmente, mas coletivamente, na organização e na conservação dos recursos. Você se deparará com grupos de alunos debatendo o trabalho exibido, e mostrando com orgulho aos pais visitantes seu próprio esforço e o esforço de seus amigos. Às vezes, nas melhores salas de aula de Educação Infantil todo o espaço será transformado com enormes moldes para alguma exibição estranha e estimulante que reforça a aprendizagem das crianças após uma visita (por exemplo, a uma mina de carvão local, a uma fazenda ou a um parque temático).

Nessas escolas mais bem dirigidas, a escola como um todo é um reflexo da sala de aula individual. Nas de ensino fundamental e médio, essas políticas ambientais individuais e de toda a escola são mais a exceção do que a regra. Por que? Em primeiro lugar, o professor das séries iniciais, através da tradição Cizec-Blackie, foi iniciado na importância do visual na sua capacitação, e quase todos esses professores tiveram uma capacitação em média mais longa do que seus colegas que dão aulas para alunos mais velhos. A maioria deles, com a exceção de alguns, de artes expressivas, dificilmente experienciou mais que uma menção superficial das técnicas de exibição em sua capacitação. Em segundo lugar, é claro, os especialismos da matéria, com seu profundo viés de conhecimento, exige tanto tempo e atenção que as questões mais gerais de toda a escola acabam ficando perdidas. Além disso, os diretores vêm há anos nessa tradição, esquecidos de seus ambientes, como atestam tão frequentemente seus estudos.

Por exemplo, ainda é lamentavelmente raro encontrar a parede do gabinete do diretor das séries finais do ensino fundamental e do ensino médio expondo deliberadamente, em forma de rodízio, exemplos do trabalho das crianças; e quando isso acontece, muito frequentemente será apenas arte. Nós dizemos "apenas arte", não porque ela não seja importante, mas porque mostra que o diretor não levou em conta a mensagem muito mais ampla da questão da exposição.

> **Estudo de caso**
>
> Dois anos atrás, um de nós cruzou com um diretor de Londres que confessou tristemente saber que a exibição era uma questão realmente muito importante para toda a escola, mas que depois de um avanço inicial na sua chegada, ela deteriorou quase a seu nível não existente anterior. Ele sabia que havia cometido o erro crucial de repartir o trabalho como uma das duas responsabilidades de "toda a escola", com alguém que não tinha credibilidade entre os funcionários. Havia sido produzido um documento para explicar a justificativa para a mostra? "Não!" O membro responsável da equipe inicialmente convidado apresentou objetivos de curto e médio prazo para a exposição em algumas áreas da escola com critérios para orientar a escolha? "Bem, na verdade, não." As perguntas e respostas poderiam ter prosseguido: entretanto, a questão real que estava em jogo não era uma análise de julgamento, mas uma determinação conjunta promovida pelo diretor para reviver a questão da exposição. O diretor em questão logo veio com a resposta: ele conseguiu que alguns de seus professores do departamento de inglês se reunissem com as escolas das séries inciais do ensino fundamental, todas com professores hábeis em exposições. Na segunda metade do semestre do verão, o melhor trabalho do 1° ano do ensino médio foi conjuntamente planejado e exibido em todo o departamento, para que todos os alunos em setembro pudessem ver algo familiar.
>
> Ele não parou aqui; usou algum tempo disponível do professor para promover um debate sobre a qualidade do trabalho de inglês antes, durante e depois da transição, com os colegas tendo o prazer de compartilhar seu entendimento com outras séries. No ano seguinte o diretor conseguiu fazer o mesmo para matemática e descobriu que seus colegas de inglês conseguiram o mesmo resultado.
>
> Nesse meio tempo, dois membros do departamento de inglês tornaram-se hábeis em exposições e um dia do INSET foi planejado, conduzido inteiramente em casa, por professores que eram conhecidos e respeitados como sendo bons profissionais. Eles promoveram mais amplamente as questões da exposição simples, com uma colega de artes taticamente escolhida, proporcionando um *workshop* para os membros da equipe interessados em se tornar ceramistas (é interessante notar que eles realizaram isso à noite). Por isso, o resultado do dia foi um clube de cerâmica da equipe e uma determinação de montar uma exibição conjunta das produções da equipe e dos alunos no vestíbulo da escola antes do Natal.
>
> Finalmente, a "reforma da força de trabalho" proporcionou a peça que faltava no quebra-cabeça. A escola designou um membro da equipe de apoio para "planejar, organizar e distribuir" o ambiente visual. A pessoa indicada encontrou um conjunto pronto de equipes de melhoria reconhecível em cada departamento.

A ilustração não nos fala da resposta, mas de uma resposta que se adequou àquele diretor naquela época com a equipe que ele liderava. Ele aproveitou algo – uma transição das séries iniciais para as séries finais do ensino fundamental – que de todo modo já estava na agenda e simplesmente lançou uma ideia para um grupo de entusiastas. O ambiente da escola já está transformado para melhor.

Estudo de caso

Em outra escola, quatro anos atrás, uma diretora que chegava, junto com alguns voluntários animados de sua equipe, transformou durante um fim-de-semana um *hall* de entrada que era um deserto. As crianças agora adquirem experiência em receber visitantes – uma tarefa estrategicamente escolhida para a 9ª série. Afinal, se algum grupo de crianças corre o risco de perder a motivação, são as crianças da 9ª série. Elas também cuidam do telefone: é tudo parte de um currículo de cidadania cuidadosamente estruturado, destinado a encontrar maneiras de capitalizar suas realizações, e parte de um exame intensivo de seus pontos fortes e fracos, com ensino extra disponível para deixá-los prontos para os três anos que faltam para finalizarem o ensino médio.

A mesma diretora, uma mulher (é importante notar que os diretores com mais consciência visual das escolas das séries finais do ensino fundamental e do ensino médio tendem a ser mulheres), logo passou a lidar sistematicamente com o ambiente visual porque tinha isso em mente – nas discussões individuais e informais de "apresentação" que são uma característica de todos os novos diretores em seu primeiro ano.

Nesse contato inicial, ela descobriu que tinha uma equipe de seis membros do corpo docente de todos os departamentos, exceto o de ciências, que expressaram um vivo interesse em questões relacionadas com a exibição ambiental ou com o ensino ambiental. Além disso, uma checagem rápida das salas de aula confirmou sua prática. Ela os convidou para uma reunião no horário do chá e conversou com eles, primeiro sobre suas visões individuais e depois habilmente sobre o que emergiu como sendo sua visão coletiva, mas que, provavelmente, era a sua própria. Prometeu falar com os chefes dos docentes interessados, que também ficaram bastante satisfeitos em deixar seus colegas entusiasmados espalharem ilustrações de suas habilidades nas áreas comuns dos docentes.

Já havíamos perdido um passo na história – o departamento de ciências. Foi acordado que a professora de ciência experimental deveria ser convidada a se envolver porque não havia pessoa mais óbvia entre os outros membros do corpo docente. Foi-lhe proporcionado um INSET extra sobre a questão, o mesmo acontecendo com sua parceira, que era uma professora das séries iniciais do ensino fundamental capacitada de uma escola próxima. O grupo de ciências escolheu o tópico para a exibição e a experimentadora, juntamente com alguns monitores a sua escolha, o montou.

continua

> *continuação*
> Foi assim que tudo começou. Agora, quatro anos depois, a escola tem trabalhos dos alunos habilmente exibidos em três trimestres do ano. Eles consideravam a lista de perguntas colocada no final deste capítulo. Todos os docentes (bem, todos menos seis velhos rejeitados que declararam não conseguir aprender novos truques, mas estão sendo cada vez mais alvos de gracejos) estão envolvidos em uma revisão dos trabalhos exibidos no final da sessão.
> Devemos acrescentar que os seis rejeitados constituem agora um júri que dá um prêmio aos esforços de cada departamento e explica os critérios que usaram para conceder o prêmio. De início foi tudo uma brincadeira, mas agora não é só isso. Mais uma vez, o trabalho árduo envolvido tem sido bastante auxiliado pela indicação da equipe de apoio como parte da reforma da força de trabalho.

E QUANTO AO AMBIENTE AUDITIVO?

Alguém disse certa vez que com os passos que ecoam no corredor, as sirenes agudas e as portas rangentes, as escolas de ensino fundamental, séries finais e de ensino médio podem ser confundidas com apenas outro tipo de instituição. Na verdade, no fim de um ano letivo, o efeito cumulativo de milhares de cadeiras arranhando os pisos duros, de mochilas atiradas, de portas batendo e de sirenes para anunciar a mudança das aulas, cobra o seu preço até mesmo da paciência do professor mais calmo.

Em torno de 1971, Geoff Cooksey tornou-se o pai fundador e inspirador de Stantonbury, em Milton Keynes. Ele estava preocupado com os carpetes. Vamos explicar. Na época, eu era assistente de educação em Buckinghamshire. Entre meus deveres estava resumir para os arquitetos o projeto para as novas escolas e a ligação com um colega da manutenção para o fornecimento dos materiais. Geoff Cooksey, em Stantonbury, apresentou um interessante desafio. Estávamos ambos convencidos de que as escolas deveriam ser projetadas de forma flexível para encorajar o trabalho em equipe, mas planejada de tal maneira que permitisse o ensino e a aprendizagem tranquilos e individuais. Parecia-nos então uma pena se o prédio fosse inflexivelmente construído, requerendo que os professores, através de tijolos e cimento, trabalhassem, quer isoladamente, quer em equipes. Pouquíssimos arquitetos haviam decifrado esse problema. Em Stantonbury não havia esse problema porque Roy Harding, seu diretor na época, recrutou Geoff Cocksey do conselho da escola. Ele estava inequivocamente comprometido com o trabalho em equipe e era também um realista encantador e persuasivo. A execução do prédio reflete uma aula objetiva de planejamento e construção de uma escola eficiente para as necessidades presentes e futuras. O que ele queria, no entanto, eram carpetes.

Isso foi em 1972, quando havíamos acabado de convencer os conselheiros de que não era um desperdício de dinheiro colocar carpete nas áreas de silêncio entre as salas de aula das séries iniciais e quando a tecnologia dos carpetes industrialmente utilizados ainda estava em seus primórdios. Geoff queria carpetes em toda parte. Ele conseguiu que fossem colocados na maioria dos lugares.

Os mais brilhantes diretores, casualmente, estão vinculando o advento dos carpetes como uma "entrada" na exibição nos departamentos específicos afetada pelo carpete. Um dos não comentados benefícios do Gerenciamento Local das Escolas é a percepção do poder que as escolas desfrutaram com relação ao ambiente da aprendizagem. Elas não se sentem mais culpadas de deixar a decoração a cargo de uma autoridade displicente, mas entendem que é sua própria prioridade.

Assim, os carpetes são uma contribuição para uma estratégia auditiva para uma escola e um auxílio poderoso na melhoria das relações entre professor e aluno e para uma aprendizagem e um ensino mais eficazes. Vamos considerar alguns dos outros.

Eu fui a uma escola em Leicestershire num horário de almoço chuvoso e não conseguia acreditar no que estava vendo. Ali, na área próxima à entrada, ao refeitório e aos dois corredores principais, estava uma orquestra de câmara percorrendo suas salas. A metade da fila para o almoço estava assistindo e ouvindo, como se isso fosse a coisa mais normal do mundo. Eu perguntei a um aluno que estava na fila se isso realmente acontecia com frequência. "Sim", disse ele, "mas eu prefiro os dias de jazz – ou seja, as quintas-feiras." Ele imediatamente se envolveu em uma discussão com outro aluno da fila que preferia os "dias asiáticos".

Logo depois descobrimos um diretor muito satisfeito, que me explicou como o novo diretor musical decidiu que uma maneira de despertar os consideráveis interesses musicais da maioria dos alunos era mudar seu ambiente. Durante seis semanas de cada semestre, durante o horário de almoço, os alunos tinham programas de música que dominavam a impressão auditiva do ambiente interno da escola. O contraste nas outras semanas era tão notável que, por solicitação popular do conselho da escola, o professor de música dispôs para cada classe tocar programas a pedido na mesma área – é claro que com um volume suficientemente moderado para não se transformar em um pesadelo.

É interessante notar que a mesma escola estava debatendo a abolição do sistema de sirene elétrica: eles o achavam invasivo e o estavam substituindo por um sistema de "pagers" de bolso para os professores, programados para tocar na hora de trocar de aula.

Como dissemos no início deste capítulo, o clima da escola é mais que auditivo ou visual. Ele é captado nos corredores, na maneira como as pessoas se comportam em relação umas às outras, nas portas que são mantidas abertas ou fechadas descuidadamente na nossa cara, em adultos e membros do corpo de funcionários que têm tempo para dar um sorriso ou uma conversa rápida com os alunos que passam ou que passam sem piscar ou reconhecer um membro da comunidade. Como as escolas estabelecem isso?

Isso vem dos valores compartilhados, como um acordo comum entre a equipe de ensino e de apoio para se concentrar em algumas coisas e reforçá-las, chova ou faça sol. A maioria dessas coisas será positiva. Elas vão afetar o comportamento nos corredores e no *playground*, a escolha dos monitores e o seu papel (ou a decisão de não haver monitores), o lugar para a competição coletiva entre grupos em vez de entre indivíduos, e a celebração e comemoração de excelência em uma ampla série de talentos humanos. Vai envolver uma íntima consideração do serviço prestado por todos os membros da comunidade, quer dentro da escola ou em uma comunidade mais ampla.

Mas de nada adiantam essas poucas coisas que a escola diz serem importantes para os estudantes terem uma carga leve, se as ações e os hábitos cotidianos dos profissionais as contradizem. A escola que está preocupada com esta terceira dimensão ilusória e comportamental do ambiente escolar bem-sucedido vai examinar atentamente as mensagens comunicadas por seus ritos, rituais e pela organização e prática de toda a escola. Alguns dos ritos e rituais estão ilustrados nas histórias da vida escolar, que pontuam os principais capítulos deste livro, e em algumas das organizações e práticas nas seções sobre liderança e manutenção do sucesso.

RESUMO

Para resumir, temos algumas perguntas para aqueles que gostariam de melhorar o clima da escola.

Pessoal e comportamental – o aspecto emocional das escolas:
1. Há um código de conduta que é aplicado a todos os membros da comunidade escolar – alunos, funcionários, pais, administradores?
2. Como nossos ritos e rituais refletem esse código de conduta e a declaração de princípios, valores ou missão da escola?
3. De que maneira reunimos evidências com as quais podemos examinar da maneira mais objetiva possível os sucessos e fracassos nos padrões de comportamento social dentro da comunidade escolar? Nós fazemos pesquisas com os alunos e os funcionários?
4. Que elementos das práticas de manejo acordadas de "cantar a mesma música" nós temos em nossa escola?
   - regras de classe acordadas no início do ano letivo e consistentemente mantidas;
   - alunos que têm funções específicas na sala de aula;
   - mudança nos planos de assento na aula a cada meio semestre;
   - rotas para tráfego de alunos no corredor;
   - entrada nas salas de aula;
   - "avaliação da aprendizagem" que está em contraposição ao melhor trabalho e exibição pessoal anterior;
   - algum sinal acordado, universalmente observado por todos na comunidade, para se fazer silêncio quando alguém quer falar.
5. Como a voz do aluno é expressada na escola?
   - através de um orçamento para o conselho da escola;
   - do envolvimento no processo de nomeação dos funcionários;
   - de "observadores" no corpo administrativo;
   - do mentoramento e da tutoria dos colegas, realizando serviço comunitário, realizando aconselhamento e mediando as oportunidades;
   - do encontro anual dos "interessados".

Visual:
1. Quem é responsável pelas exposições na escola e quem mais está envolvido? Os próprios alunos têm alguma responsabilidade na seleção e no auxílio à montagem das exposições nas áreas comuns?

2. Usamos "artistas residentes", talvez da comunidade local ou através do conselho de artes, para engajar jovens na criação e homenagem a algo belo? Por exemplo, esculturas, murais e outros trabalhos de arte?
3. Nas séries finais do ensino fundamental e no ensino médio (onde é improvável que mais de uma pequena proporção da equipe tenha tido capacitação em exposições), como os novos membros da equipe obtêm um conhecimento das exibições como parte de sua admissão? Como isso se relaciona à equipe de apoio designada na reforma da força de trabalho para assumir a responsabilidade para garantir que elas aconteçam?
4. Quando usamos pela última vez parte de um dia de desenvolvimento profissional para debater o impacto visual da escola? Como nos preparamos para isso? Nós usamos um consultor externo ou interno para liderar a discussão sobre as exibições nos departamentos?
5. Dentro da sala de aula quais são as paredes usadas? Elas são usadas para exibir os trabalhos de todos os alunos? Há alguns quebra-cabeças na parede? Com que frequência as exposições são trocadas? Há algum trabalho inacabado a ser debatido? Nas séries finais no ensino fundamental e no ensino médio isso reforça o amor pela matéria? É às vezes – digamos, meio semestre em dois anos – parte de um levantamento intercurricular deliberadamente planejado de toda a escola? Na escola das séries iniciais do ensino fundamental, parte do trabalho reforça as políticas de linguagem, matemática e ciências, assim como talvez o tópico/tema de um grupo de classes?
6. Fora da escola, quem é responsável pelas áreas cultivadas? Como envolvemos a geração mais velha da comunidade na manutenção e no desenvolvimento de uma parte da área externa da escola? Se a nossa escola é um mar de asfalto, como acabamos com isso? Há cadeiras para os alunos, especialmente para aqueles que não querem ser arrastados em jogos de equipe informais nos horários de intervalo? Os supervisores do meio do dia conhecem e contribuem para o desenvolvimento do ambiente externo? Que INSET podemos conseguir para eles?
7. Nas salas dos professores há notícias depreciativas ou bem-humoradas? Há artigos fotocopiados de interesse da equipe no quadro de avisos?

8. Se nossos prédios são persistentemente pouco atrativos, o que pode ser feito a respeito? A escola pode ser camuflada por trepadeiras que crescem rápido e não danificam a construção? Qual é a nossa estratégia para garantir que não nos tornemos ou permaneçamos vítimas de vandalismo?

Auditivo:
1. Os corredores, mesmo quando vazios, são barulhentos? Se são, qual é a estratégia utilizada para mudar isso? Quanto da área da escola é acarpetada? Como é a acústica do *hall* de entrada e do refeitório? Que passos simples podem ser seguidos para melhorá-la? Por exemplo, a exibição de uma exposição pode ajudar a melhorar a acústica?
2. Há um sistema de alto-falantes na escola? Se há, ele é necessário? O som do telefone interno atrapalha as aulas? Que outras coisas podem ser mudadas para reduzir o estresse da equipe? E quanto às mesas e cadeiras? As portas batem naturalmente?
3. Há uma política planejada de música para os horários das refeições e para as áreas sociais nos intervalos antes e depois das aulas? Há um misto de música pop, jazz, reggae, e música clássica oriental e ocidental? Parte das apresentações são feitas por estudantes e algumas reproduzidas? Se há necessidade de haver uma sirene para reunir os alunos que estão no campo, ela precisa ser institucional?

A nova aprendizagem e as tecnologias de comunicação:
1. Há acesso antes e depois das aulas para os alunos usarem as salas de computação?
2. Temos usado todo o potencial da nossa plataforma de *e-learning* para personalizar a aprendizagem?
3. Como usamos a exibição digital na sala de aula e nas áreas públicas?

É fácil negligenciar ou se tornar complacente sobre o ambiente e o clima da escola: no fim, isso pode ser tacitamente aceito. As práticas cotidianas no comportamento, em particular, podem falhar se não houver um reforço constante.

Não conhecemos nenhuma escola de destaque que não busque continuamente fazer pequenas melhorias em seu ambiente auditivo, visual e comportamental.

Parcerias e interessados   6

> Uma escola não é um exemplo de engenharia; é uma cidade-estado com cidadãos, com paixões e facções, sonhos e temores. Se ela se tornar uma comunidade de aprendizagem vital, aberta, que grande mensagem ela terá a oferecer a um mundo mais amplo.
>
> **David Clark (1996)**

> A melhor justificativa para a educação pública tem sido sempre o fato de ela ser um bem comum. Todos, finalmente, têm uma participação nas escolas, e a educação é do interesse de todos.
>
> **Michael Fullan (2004)**

AS PARCERIAS SÃO A CHAVE DO SUCESSO

Como já vimos, a boa escola vai continuar a alcançar o sucesso através do desenvolvimento da liderança em todos os níveis, concentrando-se na questão básica da aprendizagem, do ensino e da avaliação, e da manutenção da melhoria através do desenvolvimento profissional e da inovação. Entretanto, pode haver uma influência desproporcional dos fatores externos à escola sobre a realização das crianças e dos jovens, e para conseguir o sucesso as escolas devem se conectar à sua comunidade, buscando novas formas de capital social. Além disso, a agenda *Every Child Matters* exige um trabalho de muitas agendas e de parcerias, pois nenhuma escola pode realizar esse serviço sozinha. O trabalho de parceria é a chave para o sucesso, com referência às crianças e aos jovens serem saudáveis, permanecerem em segurança, darem uma contribuição positiva, conseguirem bem-estar econômico, diversão e aproveitamento. Quando indagados, as crianças e os jovens com frequência chamam a atenção para a segurança na escola, em casa e nos locais públicos como sendo uma preocupação fundamental – parcerias para uma escola mais segura podem proporcionar a segurança que a criança necessita para se sobressair. Clínicas informais nos centros para crianças colocam as escolas na base da comunidade e melhoram tanto os níveis de saúde quanto de desempenho dos alunos, com uma alimentação saudável e esquemas de segurança no caminho, para que a escola siga desempenhando seu papel. Muitas escolas procuram atingir os padrões de "escolas saudáveis" através de uma série de atividades escolares e comunitárias. Em termos de bem-estar econômico, há uma ampla série de organizações, serviços e negócios através dos quais os alunos podem obter um maior entendimento econômico e uma consciência do mundo do trabalho além daquela obtida através do currículo. As empresas podem contribuir com apoio, tanto em termos de empregados habilitados e comprometidos quanto em termos de patrocínio, como no apoio a escolas técnicas ou profissionalizantes. Algumas escolas estão vinculadas a empresas que proporcionam mentores para os alunos. Outras empresas voluntárias ajudam as escolas com seus programas de Young Enterprise e atuam através de parcerias com o Education Business. Os desafios de "dar uma contribuição positiva" para a comunidade exige que o programa de cidadania da escola seja bem ensinado, com um entendimento desenvolvido dos direitos e responsabilidades dos estudantes e também das outras pessoas, e participando ativamente das atividades da comunidade, como projetos ambientais, filantropia e regeneração local.

As parcerias podem ser definidas como "um senso de comunidade", criado entre sistemas sociais como um processo de educação comunitária. Os líderes das escolas são fundamentais nas parcerias com a comunidade centralizadas nas crianças, porque a escola é, com frequência, a instituição que todos os adultos reconhecem como importante em suas vidas. Por isso, os profissionais e os líderes das escolas precisam envolver ativa e consistentemente uma série de interessados e parcerias no correr do tempo, por meio de conversas com a comunidade, conhecendo e entendendo suas necessidades e expectativas, e planejando como a escola pode contribuir para satisfazer essas exigências. Este é um processo de duas vias e em muitos casos a comunidade é uma fonte muito ampla de habilidades e recursos inexplorados, que também podem apoiar a escola em suas aspirações e em seus objetivos específicos. As boas escolas dão exemplos de comportamentos eficazes que vão apoiar parcerias bem-sucedidas, incluindo tempo e energia, mostrando compromisso, respeito e confiança. Mais do que nunca elas estão conscientes do seu papel no entorno fora da escola, em seu relacionamento com os líderes da comunidade e com os pais, e da necessidade de distribuir liderança e de se comunicar com eficiência com outros profissionais.

Então, quem são os interessados? Os alunos e seus pais têm o maior interesse, pois a escola existe fundamentalmente para eles como um serviço público. Outros interessados incluem a equipe da escola, os administradores, os líderes e as organizações comunitárias. Os alunos têm o principal apelo à atenção, e a literatura sobre a melhoria e a eficácia da escola está repleta de estratégias para envolvê-los nas decisões sobre o seu trabalho e sobre a administração da escola – algo que tratamos no Capítulo 5 e em outros lugares. Os pais e os administradores são abordados separadamente neste capítulo. Com frequência a equipe de apoio, mais que a equipe de ensino, tem maior probabilidade de morar e trabalhar nas proximidades da escola e de ter seus filhos frequentando a instituição. Aceitamos que isso não acontece invariavelmente; estamos apenas enfatizando que o investimento de alguém que trabalha na escola e mora próximo dela (certamente se são também um pai ou mãe) é maior do que aquele de alguém que vive em uma comunidade totalmente diferente. Além disso, a escola entende que as mensagens mais poderosas dos adultos sobre uma escola são transmitidas para a comunidade local por aqueles que lá trabalham e aprendem. Por isso, os assistentes de ensino e aprendizagem da escola, os supervisores do meio do dia, a equipe de *catering* da escola, os cuidadores, o pessoal administrativo, os técnicos e os mentores de aprendizagem têm maior probabilidade de divulgar a reputação da escola do que os professores e os líderes seniores da aprendizagem. Isso, é claro, tem todo o tipo de implicações para o desenvolvimento da equipe como um processo e uma provisão fundamentais, que contribuem mais amplamente para a força de trabalho da escola. Nós também temos de reconhecer que, segundo o contexto da instituição, os interessados contribuem com mais ou menos capacidade produtiva para a sua tarefa. Quanto mais próxima uma escola está da pobreza, menor a probabilidade de que a procedência desses alunos terá a percepção do apoio consistente que proporciona a qualquer aluno e à escola que frequentam uma vantagem competitiva na revelação do talento e do potencial. É como se os interessados nessa situação estivessem associados de maneira mais vaga e menos permanente ao propósito da escola: na verdade, nessas situações, a turbulência e a mobilidade dos alunos e da comunidade são uma realidade diária. Essas escolas requerem energia, direção, habilidade e entusiasmo em um grau desproporcional, pois suportam uma pressão implacável para apresentar os cinco resultados do *Every Child Matters*. Elas vão necessitar de parcerias ainda mais eficazes com os pais, a assistência social e os serviços de saúde, com outras escolas locais e organizações comunitárias.

Sejam quais forem suas circunstâncias locais, espera-se que em 2010 todas as escolas ofereçam serviços estendidos à sua comunidade, e muitas já foram oficialmente designadas como "escolas estendidas". Uma escola estendida, além do seu dever de coordenar clubes e oportunidades de cuidado antes e depois da escola, pode oferecer um serviço integrado para as crianças, atuando além das fronteiras profissionais para elevar os padrões – incluindo prevenção e intervenção inicial, e melhor apoio aos pais e às famílias. A oferta básica inclui atividades de apoio ao estudo, atenção de alta qualidade à criança, apoio aos pais, encaminhamento rápido e fácil a serviços de apoio especializados, e acesso da comunidade a instalações de TIC, esportes e artes.

Desenvolvendo relacionamentos ricos e significativos com os pais, as comunidades e as agências locais onde a aprendizagem segue nas duas direções, as escolas podem criar e comunicar abordagens bem-sucedidas à realização. As escolas também podem apelar para os índices aumentados de voluntarismo e compromisso comunitário entre os adultos. Entretanto, a conexão com o ambiente externo raramente significa um consenso fácil, mas algo que requer mente aberta e determinação.

PAIS E CUIDADORES

Os pais fazem diferença. Uma análise realizada pelo Professor Charles Desforges (2003) descobriu que os pais podem influenciar positivamente a aprendizagem de seus filhos, proporcionando:
- um ambiente seguro e estável;
- estimulação intelectual através da brincadeira e da curiosidade;
- discussões entre pais e filhos;
- bons exemplos de valores sociais e educacionais;
- altas aspirações relacionadas à boa cidadania e à realização pessoal.

Há evidências irrefutáveis de que as aspirações, as expectativas e o envolvimento dos pais têm um impacto importante no desempenho dos filhos. Os pais também têm um impacto quando têm contato com as escolas para compartilhar informações, e quando participam dos eventos escolares, do trabalho e do controle da escola.

As boas escolas pensam estrategicamente sobre modos de envolver os pais de maneira cada vez mais profunda no apoio à aprendizagem de seus filhos. A boa prática nos primeiros anos da criança tem liderado o caminho do trabalho com os pais como recursos e como parceiros na aprendizagem e no crescimento de seus filhos. *Workshops* e grupos de discussão, em que os pais podem ver e entender como os filhos estão aprendendo em diferentes áreas do currículo e podem ajudá-los a obter acesso.

É claro que o envolvimento dos pais pode ser socialmente complexo, especialmente em áreas de alta privação ou onde as crianças são vulneráveis. Nessas situações, as escolas vão se basear em boas parcerias com outras agências, tais como serviços sociais, Youth-Offending Teams ou organizações voluntárias. Entretanto, deve haver uma base comum de desenvolvimento de confiança com os pais, estabelecendo um diálogo sobre a aprendizagem de seus filhos e proporcionando informações sobre o que eles podem esperar da escola e do progresso que seu filho está realizando.

Além dessa provisão universal, as boas escolas têm ponderado onde pode ser necessária mais concentração de energia, particularmente para famílias com necessidades adicionais específicas e nas quais os pais podem ser hostis ao envolvimento com a escola. É requerida uma atenção particular para lidar com as necessidades das crianças sob cuidados, que devem ser a principal prioridade da escola.

Principais aspectos do trabalho eficaz com os pais

- Literatura acessível cobrindo o que todos os pais querem saber sobre a escola, que também inclua um *website* e comunicados regulares por escrito.
- Informações disponibilizadas para os pais sobre o que podem esperar da escola com relação ao progresso individual dos alunos. O ideal é que isso inclua, cada vez mais, o acesso aos planos de aula e aos materiais de aprendizagem.
- Comunicação frequente, dizendo claramente aos pais como está o desempenho de seus filhos, mas também se referindo aos vários eventos de aprendizagem aos quais eles podem comparecer.
- Mecanismos para os pais darem *feedback* sobre a qualidade da educação – por exemplo, através de pesquisas regulares de satisfação dos pais, que, evidentemente, devem constar do formulário de avaliação da escola.

- Contratos entre o lar e a escola para apoiar a aprendizagem em casa em cooperação com a instituição de ensino, o que pode envolver projetos específicos de parceria, tais como planejadores para o lar e a escola, diários e leituras para o lar e a escola, envio de livros ou trabalhos para casa, brinquedotecas e bibliotecas para o empréstimo de brinquedos e livros para os alunos menores ou diários de lição de casa para os alunos maiores. Desse modo, os pais não apenas ficam envolvidos com a escola, mas lhes é demandado que contribuam para a aprendizagem de seus filhos.
- Consultas e sessões de revisão regulares com os pais e também com os alunos – particularmente para estudantes mais velhos. Os alunos podem rever seu trabalho com o tutor da classe e com seus pais e estabelecer metas para um maior progresso. Muitas escolas, através de "dias do desempenho", estão agora encorajando os alunos, mais que o tutor da classe, a liderar a revisão, assumindo desse modo um total controle dos problemas.
- Uma reunião semestral da classe nas séries iniciais do ensino fundamental para explicar aos pais a natureza do currículo do próximo semestre, e como os pais podem reforçar isso em casa (com o apoio de materiais auxiliares).
- Noites temáticas com os pais ou *open weeks* em torno de tópicos como o ensino de leitura e de aritmética ou o uso de TIC, em que os pais possam entender e participar do processo de aprendizagem e apoiar seus filhos da maneira adequada. Algumas escolas convidam os pais para trabalhar junto com seus filhos em uma determinada área de aprendizagem.
- Oportunidades proporcionadas pela escola para os pais melhorarem sua própria aprendizagem, às vezes obtendo qualificações de "acesso" – por exemplo, habilidades de comunicação, habilidades da maternidade/paternidade, educação sobre saúde, segurança e tecnologia da informação. Nas escolas das séries iniciais do ensino fundamental, em particular, pode haver uma sala ou base dos pais que pode ser utilizada para várias atividades e cursos.
- Comemoração do sucesso através de exibições, assembleias de classe, exibição de realizações dos alunos e apresentações de música, dança, teatro e esportes.
- Os pais e os membros da comunidade se tornando envolvidos no processo de ensino e aprendizagem como assistentes de aprendizado

(voluntários ou formalmente empregados), trabalhando junto com os professores ou assumindo outras funções dentro da escola.

O esforço para atrair os pais em termos do estabelecimento de parcerias significativas pode ser considerável, mas a compensação é alta. As boas escolas ponderam sobre o estilo e o tom dos contatos inicialmente estabelecidos pelo diretor e pelos líderes seniores. Entretanto, o essencial para o sucesso é a consistência com que eles são mantidos por toda a equipe. A consistência da abordagem do trabalho e do comportamento dos alunos também dá uma forte contribuição para a parceria entre o lar e a escola. Os pais precisam sentir que a escola é uma comunidade em que há lugar para eles, com acenos de boas-vindas e fácil acesso. Acima de tudo, os pais devem se sentir bem-vindos na escola e ser ativamente encorajados a participar da vida da escola através de contatos informados, eventos sociais, como voluntários na sala de aula e através de muitas intervenções com o trabalho que seus filhos trazem da escola para casa e levam de casa para a escola. As opiniões dos pais são atualmente buscadas com frequência, tanto de maneira informal quanto formal, por meio de questionários. As escolas estão ansiosas para demonstrar seu conhecimento, submetendo-o às opiniões dos interessados em geral, a fim de reforçar o processo de autoavaliação. As boas escolas vão se certificar de que levam a sério as opiniões dos pais e atuam em conformidade com elas.

> **Os pais na parceria – apoio na transição das séries iniciais para as séries finais:**
> - DVD para os pais sobre o apoio a ser dado aos seus filhos.
> - Uso de pares e pais voluntários.
> - Programa de cursos no fim do ano letivo sobre o apoio a ser dado ao filho adolescente, liderados por facilitadores.
> - Residências de finais de semana para determinadas famílias como parte da provisão da escola estendida.
> - *Workshops* específicos sobre o currículo, concentrando-se na continuidade da aprendizagem de língua e matemática das séries iniciais às séries finais da vida escolar.

ADMINISTRADORES

Os relacionamentos do corpo administrativo e de toda a escola com o diretor, com outros membros da equipe e com os pais é a parte menos pesquisada da eficácia e da melhoria da escola. Desde meados da década de 1980, tem sido dada aos administradores uma posição de influência muito mais poderosa no sistema escolar. Eles atualmente têm muitos poderes que anteriormente eram exercidos pela Autoridade Local (AL).

Na nossa experiência, a qualquer momento haverá 1 ou 2% do corpo administrativo da escola em desacordo com o diretor e/ou com outra parte do gerenciamento. Certamente, os diretores que estão perdendo apoio vão procurar ampliar o corpo administrativo (para reforçar sua posição) ou manter o corpo administrativo no escuro (para "manter o controle" da situação). A posição dos chefes de equipe quando as coisas dão errado é extremamente difícil.

Como já dissemos, esses casos não ultrapassam 1 ou 2%. Normalmente, o relacionamento entre o diretor e os administradores não é problemático: talvez o fundamental nesse aspecto seja ajudar e encorajar os administradores quando as coisas estão indo bem para que o seu próprio trabalho possa manter a melhoria.

Diferentemente dos outros interessados, os administradores representam não apenas eles próprios, mas também um grupo constituinte, tal como pais, equipe, a AL ou a comunidade. Eles necessitam particularmente trabalhar duro para ser o "amigo crítico" do diretor e da equipe: isso requer que sejam conhecidos na escola, pois, do contrário, seus questionamentos serão encarados como hostis ou irrelevantes.

> **Os corpos administrativos têm atualmente quatro tarefas principais:**
> 1. Proporcionar uma visão estratégica de para onde a escola está se dirigindo e ajudar a decidir a estratégia para sua melhoria, de modo que seus alunos aprendam de maneira mais eficaz e atinjam os padrões mais elevados.
> 2. Monitorar e avaliar os padrões educacionais e a qualidade da educação proporcionada, formulando perguntas desafiadoras e pressionando pela melhoria.
> 3. Assumir a responsabilidade direta pela supervisão do gerenciamento financeiro, do recrutamento da equipe sênior e de algumas questões disciplinares.
> 4. Agir como um amigo crítico de uma escola, proporcionando apoio, conselhos e informações ao diretor e à equipe, e se baseando no conhecimento e na experiência de seus membros.

Visando atingir essas metas, é necessário que haja um entendimento claro por parte dos administradores e dos diretores sobre a diferença entre gerenciamento e governança. Na prática, a maioria dos corpos administrativos pondera sobre uma série de processos e se vê em maior ou menor extensão "aconselhando", "direcionando", "apoiando" e "fazendo a escola prestar contas". Embora cada corpo administrativo decida por si mesmo *como* deve se envolver no andamento de uma escola, como todos os outros parceiros, ele deve demonstrar um compromisso com uma melhoria contínua, tanto em termos de melhoria da qualidade da educação para os alunos quanto no desenvolvimento da sua própria capacidade de aprendizagem e daquela da maior parte da comunidade geral da escola. Isso vai significar estabelecer um clima em que haja uma discussão aberta entre os administradores, o diretor, a equipe, os pais e, nas escolas mais destacadas, às vezes os alunos, para garantir uma linguagem compartilhada e comum sobre os papéis e as responsabilidades. Como acontece tão frequentemente na melhoria da escola, o fundamental é o processo. Os administradores também têm um papel vital na formulação de políticas, no planejamento do desenvolvimento, na monitoração e na avaliação, e vão querer ser informados e se informar sobre os pontos fortes e fracos de uma escola, para que possam trabalhar de maneira eficaz com o diretor e com a equipe em particular.

Os administradores e o planejamento do desenvolvimento

Os administradores podem participar plenamente no planejamento do desenvolvimento se a cada ano for reservado, com bastante antecipação, um dia de planejamento do desenvolvimento para todos os administradores. Neste dia, os administradores trabalham junto com a equipe na condução de uma auditoria e no estabelecimento de metas (tanto para o desempenho geral quanto para o desempenho dos alunos) para o plano de desenvolvimento da escola no ano seguinte. A monitoração subsequente do plano pode ser auxiliada dando-se a cada subcomitê a responsabilidade pelo relato de um elemento-chave do plano. Um processo similar é necessário quando se discute o Formulário de Avaliação da Escola (FAE). Quanto mais administradores e membros da equipe puderem se envolver no planejamento e na revisão, melhor o resultado.

Relatos do progresso

A programação das reuniões do corpo administrativo necessita de um programa de rodízios dos relatos do progresso. Estes podem cobrir o trabalho de departamentos individuais das disciplinas na escola secundária e áreas específicas do currículo na escola primária, além de outros aspectos como comportamento e frequência, de preferência incluindo tanto dados quantificáveis quanto quantitativos. Também é proveitoso discutir a estrutura do relatório semestral do diretor, para que isso permita um exame regular por parte de todo o corpo administrativo.

Administradores indicados

Em alguns lugares, administradores específicos são vinculados com sucesso a uma fase ou aspecto dos líderes do currículo nas escolas de ensino fundamental e de educação especial, e aos chefes de departamento nas escolas de ensino médio. Esses administradores "defendem" determinadas áreas e assumem um interesse direto na pedagogia, nos recursos e no desempenho. Estão bem situados para ajudar a preparar e receber relatórios dirigidos ao corpo administrativo. Já um administrador "responsável" tem um papel legal relacionado às necessidades educacionais especiais da escola, e trabalha em íntima conexão com o coordenador das necessidades educacionais especiais (Special Educational Needs Coordinator – SENCO). Entretanto, esse conceito pode ser consideravelmente ampliado. Outro exemplo seria um administrador ao qual é dada a principal responsabilidade por questões de oportunidades iguais ou, similarmente, saúde e segurança. Qualquer que seja o papel do vínculo, é importante que seja apresentada uma breve descrição da função para que todos tenham clareza do seu papel.

Visitas do administrador

É verdadeiro dizer que os administradores que não visitam a escola durante o dia letivo sempre lutarão para ter credibilidade na comunidade escolar. Além disso, as visitas proporcionam aos administradores a oportunidade de avaliar o impacto de seus planos e políticas sobre o funcionamento diário da escola. Entretanto, é importante haver uma política da visita, com um código de prática negociado com a equipe, que estabeleça o diferente conjunto de circunstâncias e ocasiões para as visitas e critérios, para o caso de ter de haver resultados escritos enviados ao corpo administrativo. O mal-entendido sobre o propósito das visitas é disseminado na nossa experiência, especialmente quando se está na fase de planejamento.

Rodízio das reuniões com o administrador

Quando as reuniões com o corpo administrativo são realizadas em salas de aula ou áreas diferentes da escola, e quando cada reunião começa com uma breve apresentação da equipe "anfitriã" sobre questões específicas do currículo, do ensino e da aprendizagem, é estabelecido o foco da discussão dos administradores. Por exemplo, um corpo administrativo que se reúne na creche ou na área de recepção de uma escola que conhecemos tem uma maneira de se engajar no debate sobre a qualidade da provisão nos Primeiros Anos, a avaliação básica, vínculos com os pais e outras questões relacionadas. Do mesmo modo, um corpo administrativo que se reúne no departamento de artes de uma escola de ensino médio, e como parte de sua agenda considera mais enfaticamente os recursos e as provisões do currículo de artes, vai persuadir o corpo docente de artes que está considerando seriamente as preocupações do seu departamento. Essas reuniões podem ser apenas "aperitivos" para outras questões do corpo administrativo, mas contribuem consideravelmente para o conhecimento e a capacidade dos corpos administrativos de tomar decisões fundamentais. Se a equipe anfitriã permanecer como observador, isso irá facilitar uma dinâmica de boas relações entre corpo docente e administradores.

Comunicações dos administradores

Os administradores precisam estar "visíveis", no sentido de que se for o caso de serem o corpo responsável pela escola, os alunos, os pais, os docentes e uma comunidade mais ampla precisam conhecer o seu trabalho e o seu papel. Todos os meios de comunicação usuais precisarão ser considerados para garantir que isso aconteça. Estes vão incluir comunicados por escrito, exibição de fotos dos administradores na escola junto com o restante da equipe, sessões abertas regulares e participação nos eventos da escola. O trabalho em subcomitês específicos ou em grupos de tarefa conjunta com outros parceiros na escola proporciona outra oportunidade para os administradores serem mais amplamente conhecidos. Subcomitês como finanças e recursos, edifícios, pessoal e currículo podem ajudar a concentrar o conhecimento em benefício da escola, mas os grupos de tarefa específica também podem ser úteis na construção de parcerias eficazes com a equipe de ensino, os pais e a comunidade local na produção de relatórios conjuntos para todos os administradores.

Apresentação e capacitação dos administradores

Aquelas escolas que levam os administradores a sério estabelecem mentores e proporcionam pacotes e guias de admissão. Os administradores novos e os já existentes necessitam de documentação fundamental, referente às políticas e planos existentes, relatórios sobre a escola, dados de desempenho dos alunos e informações administrativas básicas. Os mentores são em geral outros administradores, mas ter o mentoramento adicional de um membro da equipe é também muito benéfico. A capacitação e a aprendizagem para o credenciamento dos administradores é, em geral, conseguida através de programas especificamente designados, com frequência provenientes da unidade de capacitação de administradores da AL, mas, às vezes, através do ensino superior. Os administradores têm direito ao acesso à capacitação e, como todos os aprendizes, precisam ser encorajados e valorizados; então, por que não dar um certificado à experiência de capacitação específica, na escola ou em um centro local? A capacitação em tópicos como o entendimento dos dados de desempenho da escola e o estabelecimento de metas, monitoração e avaliação, gerenciamento financeiro e questões de pessoal são os passos lógicos no desenvolvimento do papel do administrador na melhoria das escolas.

Comemoração do sucesso

A comemoração do sucesso pode ser negligenciada, a menos que seja cuidadosamente planejada na rotina da escola. Isso pode consistir no envolvimento de um rodízio dos administradores na reunião de prêmios semanais ou na sua participação em atividades extracurriculares enriquecidas como exposições de artes, eventos esportivos, clubes e sociedades, experiências residenciais ou comemoração de um relatório bem-sucedido do Ofsted. Certamente, todos os administradores precisam estar envolvidos em algumas das séries de experiências e atividades proporcionadas pela escola, para que possam perceber que são parte de uma comemoração, assim como de uma melhoria, da comunidade de aprendizes. Eles podem ser, com frequência, usados para entregar certificados e elogios, mas é importante que os próprios administradores sejam valorizados por sua contribuição, através do uso criativo de prêmios por serviço importante.

Boas parcerias com os administradores são essenciais para a manutenção da melhoria da escola. Os corpos administrativos têm um papel vital no estabelecimento de uma cultura colaborativa que abranja a equipe, os alunos, os pais e a comunidade mais ampla. Os administradores podem melhorar as escolas desenvolvendo e protegendo os valores e a visão da escola através de seus papéis-chave no planejamento estratégico, na monitoração e na avaliação.

> A principal característica do corpo administrativo eficaz é sua capacidade para entender e implementar a contribuição diferenciada que ele pode dar ao gerenciamento da escola.
>
> **Nigel Gann (1998)**

EMPRESAS

Se o maior envolvimento dos pais com as escolas tem sido impressionante nos últimos anos, aquele das empresas tem sido igualmente notável. As Education Business Partnerships têm desempenhado um papel importante na conexão da aprendizagem que os jovens realizam nas escolas com o mundo do trabalho fora delas. Um dos resultados do *Every Child Matters* está relacionado à aquisição de bem-estar econômico, e as empresas locais estão cada vez mais desempenhando o seu papel, trabalhando intimamente com a escola na explicação e na exemplificação do mundo do trabalho. As parcerias escola-empresa estão sendo promovidas de muitas maneiras diferentes e as boas escolas estão aproveitando todas as oportunidades que lhes são apresentadas. Estão procurando desenvolver a aprendizagem para o trabalho, que vai além da experiência do trabalho e da orientação de carreira para uma forma mais estruturada de aprendizagem no local de trabalho, em que os alunos aprendem através da experiência direta, mas relacionam essa experiência aos resultados de aprendizagem que estão conectados aos seus objetivos de desenvolvimento pessoal e à sua aprendizagem credenciada baseada na escola. A aprendizagem no local de trabalho tem um papel ativo no currículo como parte de uma série de opções de curso, e as colocações são vistas como uma parte do desenvolvimento da educação de longo prazo do aluno, em vez de apenas uma explosão breve de experiência em um contexto específico. Como resultado de parcerias locais mais profundas com empresas, empregadores, professores, equipe de apoio e alunos tornam-se mais focados e motivados. O chamado "currículo relacionado ao trabalho" está proporcionando uma série crescente de qualificações vocacionais na fase dos 14-19 anos e novos diplomas foram oferecidos no final de 2008.

O Departamento de Crianças, Escolas e Famílias tem reafirmado a importância das escolas de ensino médio, particularmente na formação de vínculos com organizações empresariais. Muitas escolas já têm uma parceria direta com uma empresa, via o patrocínio de seu *status* de especialista, através do qual têm procurado proporcionar oportunidades extras de aprendizagem e de capacitação. Outras escolas têm buscado o apoio de empresas no desenvolvimento de seus programas de aprendizagem fora do horário da escola, educação empresarial e iniciação financeira.

> **Um exemplo de parceria entre uma escola e uma empresa:**
> - empresa representada no corpo administrativo;
> - patrocínio de atividades da empresa;
> - vínculo dos líderes da escola com os líderes da empresa em parcerias de aconselhamento;
> - voluntários da classe e mentores de alunos;
> - oportunidades de experiência no trabalho.

Amigos críticos

Isso nos leva à questão da necessidade da escola de ter "amigos críticos". Impelidas pelo New Relationship with Schools, todas as escolas têm indicado um Parceiro para a Melhoria da Escola (PME) a fim de que ele desempenhe formalmente este papel, mas há outros visitantes da escola que podem contribuir para seu sucesso assumindo parte desse papel. Eles são comissionados pela escola – como líderes consultores, consultores de educação, pesquisadores, equipe universitária e parceiros empresariais – ou visitantes em nome de agências oficiais, tais como profissionais de saúde e assistência social e, é claro, do Ofsted, que podem estar inspecionando aspectos específicos do currículo e também realizando uma inspeção formal. A AL e a diocese também devem atuar como amigos críticos para ajudar a escola a refletir sobre o seu progresso e se abrir a novas oportunidades.

> Ele tem o direito de criticar quem tem o sentimento para ajudar.
> **Abraham Lincoln, citado em F. Sennett (2004)**

É claro que o termo "amizade crítica" pode significar coisas diferentes para pessoas diferentes, e no pior dos casos, uma "crítica não amigável" ou uma "amizade não crítica". "Testemunhas hostis" trazem para o seu envolvimento na vida de uma escola um viés para a negatividade, que é ao mesmo tempo condenatório. Talvez mais perigosos, por serem sedutores, são os "amantes não críticos", que estão tão inebriados com o que percebem como sendo o sucesso amplo da escola que tendem a desvalorizar o uso do elogio porque todos os seus comentários são positivos e não oferecem sugestões para outras melhorias. As escolas bem-sucedidas tem, em geral, amigos críticos que entendem e são solidários aos propósitos da escola, conhecem muito bem suas circunstâncias e são muito hábeis no oferecimento de uma segunda opinião (ou às vezes uma primeira opinião) sobre uma questão apenas meio percebida pela própria escola ou, se percebida, vista como impenetrável.

Os amigos críticos, em maior ou menor extensão:
- fazem perguntas que são cada vez mais focadas, mas especulativas e não julgadoras;
- usam "nós" e "vocês" (mas não "eu", exceto para prometer ou assumir a responsabilidade) em igual medida;
- quando dão uma opinião, deixam perguntas ou frases semiconcluídas para preservar a dignidade;
- identificam-se pessoalmente com o sucesso e com os fracassos de uma escola;
- permitem que a escola realize melhor sua autoavaliação interna;
- enxergam os pontos fortes e também os pontos a serem desenvolvidos;
- equilibram a "indagação apreciativa" com a "resolução de problemas".

Os amigos críticos são valiosos para as escolas e quase todos os estudos de caso na pesquisa de melhoria das instituições referem-se a pessoas que estão visivelmente nesse papel. Uma escola necessita de uma série de parceiros e amigos críticos para diferentes aspectos da vida escolar. Cada amigo crítico necessita de um especialismo preciso e focalizado, mas também de alguma visão periférica para estar certo de que está desenvolvendo níveis de energia (talvez através da "indagação apreciativa"). Dessa maneira, olham para as matérias e áreas de experiência do currículo, talvez através dos consultores locais das Estratégias Nacionais, da frequência e do comportamento, dos resultados do *Every Child Matters*, da provisão da escola estendida e dos relacionamentos com a comunidade local. Sua análise da situação atual, suas perguntas e os pontos de desenvolvimento podem estar refletidos no Formulário de Avaliação da Escola e no Plano de Desenvolvimento da Escola e dão uma contribuição considerável para a dinâmica da melhoria da escola.

O parceiro para a melhoria da escola

De todos os amigos críticos, é o parceiro para a melhoria da escola que atua como o amigo profissional crítico formal da escola, ajudando sua liderança a avaliar seu desempenho, identificar as prioridades para a melhoria e planejar a mudança eficaz. Seu papel é desenvolver a capacidade da escola para melhorar o desempenho dos alunos e atingir outros resultados importantes relacionados com a realização. O PME representa a autoridade de sustentação da escola e é o principal canal (mas não o único) para a comunicação da AL com a escola. Na época da escrita deste livro, o sistema ainda era relativamente novo, mas as escolas estão rapidamente aprendendo como fazer o relacionamento funcionar de maneira eficaz. Para a maioria das escolas, o PME é outro diretor que oferece uma verificação da realidade e também desafio e apoio profissional. Manter esse equilíbrio certo é fundamental para que as escolas percebam que a prática é melhorada pelas interações com o PME e para que haja evidência do impacto. O foco do PME no progresso e na realização do aluno, e os muitos fatores que o influenciam, incluindo o bem-estar do aluno, os serviços estendidos e o envolvimento dos pais, podem ser de grande ajuda para o processo de autoavaliação da escola e para prioridades e metas principais para sua melhoria.

Como o corpo administrativo é responsável pela direção estratégica da escola, o PME precisa interagir com esse departamento e também oferecer ao diretor uma visão profissional sobre a direção geral da escola. O

PME também tem a responsabilidade específica de aconselhar os administradores sobre os dispositivos de administração do desempenho do próprio diretor e do desempenho coletivo da escola.

Como o nome já diz, os parceiros para a melhoria do desempenho são os parceiros fundamentais para elevar o padrão de desenvolvimento da escola com um programa de responsabilidade em relação à AL. As boas escolas usam os parceiros para a sua melhoria, juntamente com uma série de outros amigos críticos, para ajudá-las a liderar e a administrar a elevação do nível de excelência do trabalho.

Neste capítulo, tentamos refletir sobre a importância de estabelecer o clima e a necessidade da escola de ter amigos críticos. A contribuição dos interessados e dos parceiros para a melhoria da escola é melhor realizada através da indagação apreciativa, desenvolvendo os pontos fortes já existentes através de um processo de revisão coletiva. Como amigos críticos, as ALs, os pais, os administradores e outros parceiros são valiosos, pois fazem perguntas focadas, tais como "Até que ponto estamos indo bem?", "Como podemos nos comparar a escolas similares?", "O que devemos fazer para que isso aconteça?". Os interessados e parceiros precisam encontrar o equilíbrio exato entre a pressão e o apoio. Se conseguirem isso, trabalhando um com o outro, haverá uma probabilidade maior de sucesso.

O caminho para a melhoria da escola está sempre em construção.

Anônimo

7 Revendo o sucesso
revisão coletiva e autoavaliação da escola

> É um índice de saúde da nação quando suas comunidades escolares têm um alto nível de inteligência e sabem como usar as ferramentas de autoavaliação e automelhoria.
>
> **John MacBeath (1999)**

> Eu mantenho seis servos honestos
> (eles me ensinaram tudo o que eu sei).
> Seus nomes são o quê, porquê, e quando,
> Como, onde e quem.
>
> **Rudyard Kipling (1902)**

No espírito da citação de Kipling, vamos primeiro fazer a pergunta "Por que as escolas se engajam na autoavaliação?", depois passando ao "o quê" e ao "como" e "quem".

O "PORQUÊ"

As boas escolas se engajam na autoavaliação porque ela as ajuda a melhorar ainda mais, e não apenas porque isso é exigido pelo Formulário de Avaliação da Escola e pelo processo de inspeção do Ofsted. Elas praticam a responsabilidade inteligente baseada em suas próprias visões de como estão servindo aos seus aprendizes. Para oferecer a melhor educação possível, os profissionais e os administradores estão constantemente avaliando a qualidade da provisão que a escola lhes proporciona, o impacto dessa provisão e como ela pode ser melhorada. Desse processo de autoavaliação surgem as prioridades fundamentais para a melhoria e um plano de desenvolvimento único e integrado que mapeia as ações necessárias para produzir a melhoria.

> Se não sabemos para qual porto estamos nos dirigindo, nenhum vento é favorável.
>
> **Sêneca**

A característica que destaca a escola "em movimento" da escola "paralisada" é que a primeira tem uma cultura que mantém a reflexão e a indagação críticas, associadas a uma determinação de assegurar a melhoria contínua. A autoavaliação rigorosa é a dinâmica da melhoria da escola. Ela não é realizada com o propósito de inspeção, mas é essencial para o processo de melhoria e para o mais alto denominador comum dos valores compartilhados. As escolas bem-sucedidas têm um consenso muito elevado sobre seus valores, captados nas declarações de sua missão e consistentemente reforçados em todas as oportunidades. Nessas escolas há um alto compromisso, além de coesão e colaboração que reforçam e flores-cem na curiosidade intelectual e em uma disposição para a criatividade. Há uma vontade de reunir evidências e debater suas implicações. Em uma cultura de autoavaliação próspera haverá liderança suportiva e bem-informada, abertura para a melhoria, honestidade e confiança, diálogo reflexivo, boa colaboração e normas aceitas de compartilhamento, um foco incessante na aprendizagem do aluno e uma celebração da prática atualizada. Em suma, a escola é uma comunidade de aprendizagem profissional que desenvolve no momento certo a indagação e a revisão coletiva quando os profissionais são encorajados a colaborar aprendendo um com o outro. A própria escola é organizada como uma comunidade de aprendizagem que anda para a frente, promovendo um diálogo para novos conhecimentos, novas ideias e novas práticas.

Uma escola que se autoavalia nunca acha que chegou: está sempre a caminho de novos níveis de excelência.

O "O QUÊ"

Os critérios estabelecidos no programa de avaliação do Ofsted e as perguntas do FAE são muito úteis quando se realiza a autoavaliação da escola, embora valha a pena enfatizar aqui que o preenchimento do FAE não é, em si, uma autoavaliação, mas apenas o lugar no qual se registra e se resume os achados de um processo completo de autoavaliação.

As escolas devem avaliar tudo o que fazem, mas não necessariamente tudo ao mesmo tempo, algo a que vamos retornar na seção do "como".

Em termos de "realização" e "padrões", as escolas precisam saber até que ponto os aprendizes têm um bom desempenho em termos de:
- padrões gerais que eles atingem;
- padrões atingidos por diferentes grupos, como meninas e meninos, aqueles de diferentes grupos étnicos, aqueles com diferentes necessidades especiais, aqueles elegíveis para refeições gratuitas na escola, os bem-dotados e talentosos, aquelas crianças que estão na assistência social;
- progresso realizado pelos alunos individualmente e por diferentes grupos de aprendizes no correr do tempo, particularmente no ensino fundamental.

Tudo isso vai envolver revisões e análises de dados de realização para examinar criticamente tendências, padrões e anomalias, a fim de que seja possível o estabelecimento de prioridades e metas informadas. Com relação ao "desenvolvimento pessoal" e ao "bem-estar" dos aprendizes, é a extensão em que estão cumprindo as metas do *Every Child Matters* que é o teste a respeito de:
- permanecer seguro;
- divertir-se e realizar;
- dar uma contribuição positiva;
- conseguir bem-estar econômico.

É muito mais difícil quantificar o desenvolvimento pessoal do que a realização acadêmica dos aprendizes, mas as boas escolas têm desenvolvido tanto indicadores quantitativos quanto qualitativos, os quais lhes proporcionam uma série de evidências com as quais podem fazer um julgamento seguro a respeito da provisão atual e das prioridades futuras. A avaliação da qualidade da provisão vai incluir a qualidade do ensino e da aprendizagem e um julgamento sobre até que ponto o ensino satisfaz as necessidades dos indivíduos, assim como a adequação e o rigor da avaliação. Também incluirá a avaliação do currículo oferecido e como esta, e outras atividades, satisfazem a série de necessidades e interesses dos aprendizes, além de poder compreender até que ponto estão sendo bem orientados e apoiados. As boas escolas já terão avaliado isso em termos da provisão da personalidade de sua aprendizagem e de seus componentes-chave, das estratégias eficazes de ensino e aprendizagem, de avaliação da aprendizagem, de direito de escolha do currículo, de organização da escola e de parcerias fortes fora da escola, estabelecendo algumas prioridades fundamentais.

A qualidade da liderança e do manejo em toda a escola é, com frequência, a área mais difícil para os diretores, a equipe sênior e os administradores julgarem, e não raro uma perspectiva externa pode ser útil neste exercício. Certamente, é fundamental que qualquer avaliação leve em conta o impacto em termos do resultado para os aprendizes e a qualidade da provisão, e também estabeleça uma direção clara para a escola, que conduza à melhoria e à monitoração eficaz do desempenho em geral.

Em termos de eficácia e eficiência geral, os administradores e os profissionais vão precisar avaliar os planos que implementaram, todas as estratégias para a melhoria, se os recursos estão sendo usados de maneira eficiente e, em particular, o impacto da ação realizada em prol da aprendizagem e do bem-estar dos aprendizes da escola. Os relacionamentos que uma escola desenvolve com agências externas, assim como os vínculos entre a escola e outros provedores, serviços, empregadores e organizações, são também importantes. Fundamentalmente, eles estarão preocupados em julgar a capacidade da escola para realizar melhorias futuras. As boas escolas são capazes de fazer isso demonstrando a eficácia de seus processos de autoavaliação, identificando até que ponto a escola está servindo bem aos seus aprendizes. Nesse sentido, acabam evidenciando a integração da autoavaliação em seus principais sistemas de gerenciamento, e o vínculo entre a autoavaliação e as ações para atingir os objetivos de longo prazo no desenvolvimento da escola, mais especialmente demonstrados em um plano de melhoria integrado e de alta qualidade.

Em todos esses aspectos do trabalho de uma escola há conjuntos completos de indicadores de progresso e desempenho a considerar, alguns dos quais podem ser mensurados e comparados com o desempenho de escolas similares. No entanto, a escola bem-sucedida e autoavaliada sabe como ir além disso. Ela faz perguntas sobre áreas mais difíceis, como a extensão em que os valores proclamados são realmente compartilhados na comunidade escolar, a qualidade dos relacionamentos e do cuidado comum, a eficácia das comunicações – na verdade, o etos e a cultura da escola em sua totalidade. Sob o "o quê" da autoavaliação da escola é possível não perceber a mentalidade e a realidade da vida escolar, às vezes expressada simplesmente como "a maneira em que fazemos as coisas por aqui". As boas escolas são muito conscientes do que compõe sua cultura escolar, a "cola" que mantém todos unidos e como isso pode ser visto como uma força de desenvolvimento positivo. Entretanto, embora elas possam acreditar que os aspectos mais importantes da cultura estão agora incorporados, nunca assumem isso tacitamente e estão constantemente avaliando se a sua cultura está se desenvolvendo, estagnando ou declinando, e se é necessário ir renovando os valores e a visão que fizeram dela uma escola tão boa. Evidentemente, é muito mais difícil avaliar qualidades comunitárias como coesão, compromisso e colaboração, mas devemos sempre perguntar: "Esta é uma escola feliz?".

> Nem tudo aquilo que pode ser contado conta e nem tudo aquilo que conta pode ser contado.
> **Albert Einstein (1950)**

O "COMO" E O "QUEM"

> Revisão coletiva é assegurar que a soma das partes é excedida pelo todo coletivo.
> **Tim Brighouse e David Woods (1999)**

Até agora, estabelecemos o "porquê" e o "o quê" da autoavaliação da escola, mas "como" as boas escolas avaliam a qualidade de sua provisão e "quem" está envolvido nesse processo? Aqui não há nenhum modelo do Ofsted, mas as melhores escolas têm processos simples, embora bem entendidos e consistentes, para avaliar os programas de maneiras práticas através do seu trabalho cotidiano. Elas sabem que a boa autoavaliação se baseia em uma ampla série de evidências significativas, em vez de na asserção e no relato. Elas vão reunir, analisar e avaliar as evidências:

- examinando os dados de desempenho atuais e as tendências no decorrer do tempo;
- acompanhando os resultados do progresso e do desempenho de cada aluno;
- comparando os dados com o de escolas similares sobre desempenho, profissionais, finanças, frequência e exclusões;
- avaliando a qualidade do desenvolvimento pessoal e o impacto dos serviços externos na aprendizagem e no bem-estar dos aprendizes;
- observando e avaliando o ensino em um programa regular;
- reunindo as visões e percepções de aprendizes, pais, professores e outros interessados sobre a qualidade da provisão da escola;
- utilizando os resultados da monitoração interna realizada pelos grupos de revisão, equipe sênior ou administradores;

- consultando relatórios externos e as opiniões da comunidade escolar mais ampla e de agências externas – como a AL, as escolas preparatórias e outros provedores –, assim como de uma série de amigos críticos;
- engajando-se no diálogo com o PME na validação dos processos utilizados pela escola para a realização da autoavaliação e dos resultados que dela resultam;
- trabalhando com os administradores para monitorar e avaliar os padrões e a qualidade da educação provida, baseando-se em seu conhecimento e em sua experiência.

A maioria das escolas usará instrumentos como questionários para as opiniões de alunos e pais, entrevistas, minutas de reuniões, análise de dados e relatórios encomendados externamente sobre diferentes aspectos da provisão para complementar seus sistemas de autoavaliação já existentes. Entretanto, as melhores escolas irão mais longe e mais fundo do que isso, obtendo *insights* de uma série de diálogos reflexivos em todos os níveis tais como consultas com alunos, *learning thres* para avaliar o ensino e a aprendizagem (observação mútua e moderação de um terceiro), grupos de pesquisa-ação, grupos de foco, capacitação e mentoramento. Escolas assim envolvem todos no processo de autorrevisão contínua, não como uma tarefa onerosa ou porque está sendo aguardada uma inspeção do Ofsted, mas como parte do ritmo da vida escolar cotidiana. Elas desenvolveram o que tem sido chamado de "tendência para a indagação" – a busca ativa do entendimento e o uso sistemático de procedimentos de indagação para recuar, observar à distância e pensar em suas escolas.

> A verdadeira viagem da descoberta não consiste em buscar novas paisagens, mas em ter novos olhos.
>
> **Marcel Proust**

Na melhor das hipóteses, toda a comunidade da escola fala a língua e vivencia o processo da autoavaliação como uma parte integrante dos sistemas administrativos existentes, como a administração do desempenho dos profissionais, o desenvolvimento profissional continuado, a avaliação e o estabelecimento de metas para o desenvolvimento acadêmico e pessoal dos alunos, os relatos para os administradores, assim como o usual ciclo de planejamento e revisão onde todos participam. É muito importante que a escola tenha um ciclo consensual de autoavaliação como parte do seu movimento contínuo para a melhoria. Embora as escolas tenham incorporado sistemas de revisão em todas as atividades, o ritmo e o andamento da revisão de toda a escola, mantendo o FAE como um documento vivo e em constante mutação, também serão totalmente planejados. As escolas agora desenvolveram planos cronológicos de autoavaliação anual, certificando-se de que eles cubram todos os aspectos do trabalho da escola, tais como dados de desempenho, a qualidade do ensino e da aprendizagem, os resultados do *Every Child Matters*, a organização e a administração da escola. Elas planejam com antecipação e formalmente as oportunidades, para que tenham uma amostra das visões dos interessados e dos alunos, assim como das observações da aula e das análises do trabalho.

Evidentemente, há muitas abordagens e combinações de abordagens para a avaliação eficiente, mas as boas escolas em geral combinarão as seguintes abordagens para lhes proporcionar o melhor *insight* e estabelecer as prioridades para melhorias adicionais:

- ***A abordagem do interessado*** – envolve a escolha examinando as opiniões e as atitudes de alunos, pais, profissionais e da comunidade mais ampla com relação à escola. O Ofsted pergunta como a escola coleta as opiniões e com que frequência, quais são as opiniões e que ação a escola tem realizado em resposta a elas. Há atualmente uma série de questionários "objetivos" que as escolas podem usar especialmente preparados para alunos e pais. Alguns deles podem ser analisados e comparados com as respostas de outras escolas, mas as escolas inteligentes também usarão abordagens continuadas para extrair uma amostra das opiniões dos interessados, tais como dias ou noites de revisão de pais e alunos, avaliação dos dias e atividades do INSET, as opiniões dos empregadores com relação à experiência do trabalho ou tornando alguns aspectos da autoavaliação parte do currículo da cidadania. Seja o que for e onde for, as opiniões dos interessados são essenciais para demonstrar a diferença que isso tem feito.
- ***A abordagem do checklist e da avaliação*** – quando uma escola realiza uma avaliação de uma lista de perguntas, a AL, o DfES, o Ofsted ou qualquer outra instituição busca identificar os pontos fortes e fracos visando estabelecer prioridades para a melhoria. O exemplo mais comum é a auditoria financeira da escola (que não é uma questão de escolha); outras frequentemente incluem a agenda ou o elemento de provisão do *Every Child Matters*. Cabe inteiramente à escola decidir quanto desta abordagem ela quer utilizar, mas ela é muito melhor realizada como parte de um ciclo regular de algum

aspecto da provisão da escola, em vez de um grande evento isolado que pode obter uma reação depreciativa.
- ***A abordagem da revisão externa*** – quando uma escola apela para seus "amigos críticos" (tais como parceiros e pesquisadores da universidade, a AL e os consultores de educação) para examinar um aspecto particular do seu trabalho e fazer recomendações para sua melhoria. O PME pode realizar parte desse papel, mas às vezes há a necessidade de uma abordagem especializada em áreas em que a própria escola carece de experiência e não está segura da qualidade da provisão.
- ***A abordagem da administração do desempenho*** – esta deve ser essencial para um dos principais sistemas administrativos, mas nas boas escolas é usada não apenas como uma avaliação anual dos profissionais, mas como um foco contínuo de avaliação na qual ela mais importa: qualidade do ensino e da aprendizagem.
- ***A abordagem da comparação*** – nela o desempenho da escola é comparado ao de outras escolas similares através de tabelas de desempenho e de valor agregado ou de grupos de dados locais/regionais, como aqueles proporcionados pelos *City Challenge Programmes* em Londres, *Greater Manchester* e *Black Country*. Essa informação só é útil para a autoavaliação quando a escola realiza uma ação positiva, fazendo contato e visitando outras instituições cujos resultados e cuja prática são melhores que os seus. É claro que a mesma escola pode estar preparada para receber outras para explicar sua própria boa prática. Isso estimula mais o diálogo reflexivo e é um estímulo para mais melhorias na escola e no sistema.
- ***A abordagem do estudo de caso e da pesquisa-ação*** – nela, a capacidade de inovação e de melhoria da escola está refletida em sua forte cultura de reflexão profissional e em seus estudos de casos práticos. Alguns destes podem ser publicados externamente, mas são com frequência publicados internamente, e todos eles testemunham uma comunidade escolar ativa, reflexiva e inteligente, comprometida com a melhoria. Escolas assim geralmente têm um parceiro na educação superior para ajudá-las a pesquisar e a avaliar. Essa abordagem da autoavaliação é muito mais rara do que as outras abordagens e é a marca registrada de uma escola boa e destacada.

Proporcione à indagação e à reflexão um orgulho do seu lugar.

Stoll, Fink e Earl (2003)

RESUMO

As boas escolas têm incorporado o processo da autavaliação em todos os aspectos do seu trabalho e, por isso, têm uma dinâmica intrínseca de melhoria da escola. Elas não esperam pelas inspeções do Ofsted ou por ocasiões especiais para avaliar a qualidade do seu trabalho, pois estão interessadas na melhoria contínua da escola. Seu FAE nunca é concluído, sendo constantemente corrigido e atualizado. Toda a comunidade escolar sabe como:
- reunir e organizar evidências;
- analisar causas e soluções;
- aprender em conjunto para implementar a qualidade da provisão;
- planejar a ação para uma prática nova e melhor;
- desenvolver capacidade para a mudança;
- usar amigos críticos para ajudar na avaliação.

A busca é incessante e incansável. Como nos disse um diretor: "Quando o Ofsted chega, eu não avaliei nada como 'excelente', mas principalmente bom, e algumas coisas como satisfatórias. Nossa definição de 'excelente', como expliquei ao HMI, é que somos 'insuperáveis na classe', mas nunca sabemos o que isso poderia ser". Provavelmente, esta escola foi além dos sistemas normais de avaliação, análise de pontos fortes e fracos, e planejamento da ação, rumo a um equilíbrio notável entre a "indagação apreciativa" e a "resolução de problemas" (ver Capítulo 4).

Finalmente, na revisão coletiva, a escola inteligente entende que está incorporando mudanças e desenvolvimentos contínuos. Então, no fim do processo de "identificação das práticas para revisão", "relacionamento das políticas prescritas com aquelas existentes", "reunião de evidências" e, finalmente, "avaliação das evidências, da política e da prática com vistas à ação", a instituição bem-sucedida adota o que uma escola chama de o processo CAT. Ou seja, ela decide o que precisa ser
- consolidado;
- ajustado;
- totalmente transformado.

Quanto mais bem sucedida uma escola, mais ela percebe a si mesma "ajustando" mais do que fazendo.

Checagem da Realidade 2
preocupações atuais
e possibilidades futuras

Como já observamos, a escola bem-sucedida tem de manipular o passado, o presente e o futuro. Ignore qualquer um destes e você estará próximo de ter problemas. Na verdade, o passado e, mais especialmente, o presente são difíceis de ignorar.

> **Entretanto, é a manipulação desses três componentes que determina a escola continuamente excelente: ela nunca acha que "chegou". Para a escola excelente, se "ainda não está quebrado", está no momento adequado de começar a consertar. As escolas excelentes se antecipam.**

Como vimos na primeira "checagem da realidade", não há escassez de crise atual, especialmente para a escola desafiada. Qualquer que seja a escola, esteja ou não desafiada, as necessidades atuais dos alunos e dos profissionais não permitem muito tempo para especulações futuras: há eventos para organizar e comparecer; exames e testes para preparar, aplicar e corrigir; apresentações musicais, eventos e competições esportivas; aulas para dar e observar; encontros para marcar. A lista é longa. Mas sabemos que temos de nos antecipar e lidar com a agenda externa de mudanças constantes que cai sobre nós, parte da qual sabemos que foi malplanejada ou é definitivamente inadequada. Na verdade, gostaríamos de moldar isso às nossas necessidades para termos uma sensação de que estamos no controle, em vez de à mercê dos acontecimentos.

Assim, como uma segunda e última "checagem da realidade", apresentamos algumas dessas questões presentes e futuras na esperança de que o que escrevemos agora venha a ter alguma utilidade presente e futura – e não pareça imediatamente antiquado. Nós identificamos seis questões.

O RETORNO DO CURRÍCULO

Houve um tempo em que costumávamos buscar evidência de capacidade para inovar no currículo como um fator-chave ao marcar encontros de liderança. Considerávamos que, se o diretor estivesse interessado na mudança do currículo, então os mais criativos seriam os professores, com o resultado desejável de melhorar a motivação, o envolvimento e a aprendizagem dos alunos. Inversamente, é claro, tínhamos menos probabilidade (assim pensávamos) de indicar um conservador desinteressante, preocupado simplesmente em manter a escola como ela era. Nós os descrevíamos como defensores do sistema e buscadores de *status*.

Esse era o modo de pensar, anterior a 1988, das equipes de indicação de liderança. O Currículo Nacional mudou tudo isso. Tudo o que era curricular estava prescrito e, em um mundo regulado pelo Ofsted, a última coisa que se desejava era alguém que tocasse no currículo assumindo riscos injustificados ou, pior ainda, enfiando suas cabeças na areia e fingindo, como alguns brevemente fizeram, que o Currículo Nacional não havia realmente acontecido.

É claro que naquela época estávamos – e desde então estamos – procurando cabeças que assumam uma liderança profissional em vez de cair na armadilha, como algumas pessoas sugeriram que deveriam, de se tornar um "diretor executivo" que administrasse o orçamento e a organização. Por isso, alguns de nós acham que a única maneira de assegurar uma disposição mental similar nos diretores era buscar pessoas que assumissem uma liderança profissional ao estabelecer o tom do ensino e da aprendizagem, e de outros aspectos da melhoria da escola. Pensávamos que era a maneira pela qual poderíamos ter certeza de indicar alguém que, como o inovador curricular dos anos anteriores, estivesse consciente da necessidade contínua e incansável de promover a curiosidade intelectual e, portanto, a disposição e a energia dos profissionais.

> **Bem, é chegado o momento de declarar que o Currículo Nacional, como sabíamos, está nu. O superprescrito Currículo Nacional de 1988 para todos os fins práticos não existe mais. Está morto.**

Atualmente, os diretores do primário, estimulados tanto pelo folheto do DfES encorajando a *Excellence and Enjoyment* (2003) quanto pela revisão do currículo das *Qualifications and Curriculum Authority*, estão pensando em qual a melhor maneira de garantir a criatividade dentro do currículo sem colocar em risco suas pontuações na TAP aos 7 e aos 11 anos. Um dos dispositivos que a maioria dos diretores e das escolas está utilizando é reintroduzir o antigamente vilipendiado "tópico", em geral na forma de um tema que dura uma semana ou, através de um tempo reservado a ele regularmente cada semana, várias semanas, todo um semestre ou todo o ano. A justificativa é captar o interesse das crianças trabalhando um tema em profundidade, o que necessariamente envolveria que elas usassem a investigação e ao mesmo tempo desenvolvendo suas habilidades básicas de alfabetização, aritmética e TIC, além de seu conhecimento de algumas matérias do ensino fundamental, como história, geografia, educação religiosa, arte, tecnologia e ciência. Nas mãos de bons professores, a abordagem do "tópico" pode ser inspiradora, mas ela sofre de um inconveniente histórico – seu nome. É certamente uma questão de tempo até a roda girar e os críticos montarem um ataque aos "tópicos" ou "projetos", similar àquele que ocorreu antes da introdução da mão morta e ridícula do Currículo Nacional.

Parece-nos que essas escolas que têm chamado sua abordagem temática de "pesquisa" e "iniciativa" estão numa posição mais segura. É claro que há uma razão política para isso. Afinal, quem pode ir contra as crianças estarem engajadas e adquirindo as disciplinas rudimentares da "pesquisa" ou participando de "iniciativas"? No entanto, há também um propósito mais sério. A "pesquisa" vai fazer com que aqueles que nela se engajam concordem com regras básicas que vão servir ao propósito de encorajar a capacidade das crianças de aprender por si mesmas – o propósito ilusório do "aprender a aprender" da educação. A pesquisa a que estamos nos referindo requer uma preparação cuidadosa. Em uma escola que conhecemos, um dos adjuntos/assistentes tem uma clara responsabilidade pela "pesquisa", não apenas no currículo, mas entre os profissionais. No que diz respeito aos alunos, a escola tem debatido quanto da sua pesquisa será "individual" e quanto será "coletiva". Eles entendem a necessidade de discutir habilidades, hábitos e disposições que esperam que seus alunos desenvolvam e exibam. A pesquisa requer um tempo cuidadosamente planejado dentro e fora da escola (nesse sentido – fora da escola – estamos impressionados com a maneira como as escolas usam o foco nos tópicos/pesquisa como um elemento importante da "lição de casa".) Com a expressão "tempo planejado" estamos nos referindo a uma reconsideração do horário, para que grandes blocos de tempo – às vezes uma semana ou até mesmo várias semanas – sejam dedicados à aprendizagem intensiva estendida e aprofundada, no interesse da pesquisa ou do desenvolvimento de outras habilidades da vida – por exemplo, através de *residential*. Na melhor das hipóteses, como acontece com toda a aprendizagem, o uso de uma abordagem de pesquisa encoraja os professores a formular perguntas hábeis e buscar um exemplo através do seu próprio comportamento.

Em suma, achamos que a escola de ensino fundamental com um olhar no futuro vai adotar uma abordagem de "pesquisa" e esperamos que as associações profissionais, a *Qualification and Curriculum Authority* (QCA) e o GTC aproveitem a oportunidade para promover o debate. O que nos preocupa é que a administração central se veja tentada a estabelecer regras prescritivas que seriam contraproducentes para a criação dessa forma de curiosidade intelectual, que é uma das características vitais da escola que se destaca.

Quanto ao currículo do secundário, acreditamos que ele já esteja sofrendo uma enorme mudança e ainda vai experimentar mais, como resultado de três iniciativas.

A primeira iniciativa é relativamente modesta, ou seja, o projeto *Opening Minds*, da Royal Society of Arts, que busca desafiar o pensamento dominado pela "matéria". Baseadas na análise das habilidades desejáveis, presentes e futuras, as escolas do *Opening Minds* têm mostrado como um grupo de professores menor do que o usual para alunos da 7ª série pode compreender com sucesso o que é necessário no ensino fundamental. Uma escola, a St. Johns em Marborough, fez a experiência com um grupo que durante a metade do ano utilizou a abordagem do *Opening Minds* e durante a outra metade recebeu o ensino tradicional. Uma abordagem similar, embora baseada em uma teoria da aprendizagem ativa e com os professores envolvendo seus alunos na "coprodução"', foi experimentada pela Hamlyn Foundation em um projeto chamado *Musical Futures*.

O segundo conjunto de novo pensamento, que é intimamente aliado àquele da RSA, foi proporcionado pelo QCA. Ele procurou repensar o currículo e, na verdade, em linhas similares, ou seja, com um foco mais explícito nas habilidades comuns e nas experiências vitais que são compartilhadas nas várias fronteiras das matérias.

O terceiro desenvolvimento também afeta as escolas de ensino fundamental e as escolas de ensino médio. Elas estão, individualmente, e, às vezes, coletivamente, tentando extrair sentido da agenda dos alunos de 14 a 19 anos, na esteira do *Tomlinson Report* e da resposta do DfES a ele. É claro que a maioria percebeu, alguns anos atrás, que o Currículo Nacional era inapropriado para alguns de seus alunos. Até um terço dos alunos dessa faixa etária necessita de algo diferente de três matérias principais e das sete básicas, todas terminando em um exame aos 16 anos, em que cinco ou mais notas mais altas nos GCSEs se tornaram o cálice sagrado, porém inatingível, para esse grupo de alunos. Por isso, ou eles buscaram dispensa oficial ou simplesmente esqueceram as exigências do Currículo Nacional, preferindo organizar uma variedade de cursos "sanduíche", envolvendo os alunos que frequentam a faculdade ou trabalham em companhias ou em projetos comunitários voluntários em dois ou três dias por semana no ensino médio. Essas iniciativas se disseminaram e se enraizaram e as escolas têm, universalmente, relatado maior motivação e melhor comportamento e frequência.

Como mais de uma escola relatou:

> Quando os jovens se veem interessados em algo além da escola, que podem, enxergar como sendo útil para o seu futuro, talvez em um local de trabalho no qual são o único jovem entre adultos, eles podem ver por que vale a pena adquirir uma certa competência em áreas básicas, como inglês, matemática e TIC – no mínimo porque seu futuro empregador está lhes dizendo isso.

A introdução da série de diplomas para alunos na faixa etária de 14 a 19 nos próximos anos é um desenvolvimento-chave e vital associado. Espera-se que eles representem outra opção a ser considerada ao longo da atual confusão dos GCSEs e dos BTECs que a maioria das escolas adotou à luz das mudanças no GNVQ. Se estes diplomas são aceitáveis vai depender do conteúdo e da sua valorização por parte do comércio e da indústria. A maioria das escolas bem-sucedidas, quando escrevemos este material, estava, em princípio, fazendo movimentos para buscar as parcerias (com faculdades e outras escolas) que serão necessárias para a distribuição de toda essa variedade de diplomas, mas permanece com a mente aberta, se ainda não totalmente convencida, com relação às possibilidades. Afinal, elas têm visto mais falsos inícios neste aspecto da educação do que em quase qualquer outro. Basta mencionar Dearing, Higginson ou o School's Council para os colegas mais velhos, e Tomlinson para aqueles que abraçaram a profissão mais recentemente, para provocar expressões de incredulidade sobre a certeza do DfES quanto aos calendários destinados aos diplomas. Não obstante, eles são um passo necessário no caminho para se conseguir algo válido para todos os jovens, não apenas para aqueles com uma inclinação acadêmica. Algo parecido teria de estar funcionando para as propostas de Tomlinson a respeito de um diploma abrangente algum dia se tornar realidade.

Parece-nos que os diplomas, ou algo como eles, têm probabilidade de vir a acontecer agora. A razão disso tem a ver com a economia. No mundo desenvolvido, os governos estão extremamente conscientes de que o futuro de sua população nativa, individual e coletivamente, depende de padrões cada vez mais elevados de educação e capacitação apenas para mantê-la atualizada sobre as mudanças aceleradas em nosso mundo desenfreado. As mudanças são estimuladas pela explosão de informações, tecnologias e conhecimentos que, quando associados aos movimentos globais das pessoas do capital, demandam grande criatividade por parte dos indivíduos e das sociedades se eles estiverem ansiosos por se manterem atualizados. É claro que esta proposição, baseando-se em uma continuação do mercado, vai provocar um longo debate moral entre os mais atentos! Mas as escolas que se defrontam com fazer o melhor que podem para os futuros cidadãos, que são seus atuais alunos, sabem que têm de aceitar a realidade, ainda que defendendo algo melhor. Os políticos enfrentam o mesmo dilema. Eles sabem que as projeções para nossa economia em 2020 sugerem a necessidade de 16 milhões, em vez dos atuais 9 milhões de formados para empregos que requerem diploma. Mais sério ainda, haverá um declínio ainda maior no número de empregos não especializados dos atuais cerca de 2 milhões para apenas poucas centenas de milhares. O primeiro desafio é absolutamente conhecido; não há escassez de desistentes da escola e da faculdade capazes de preencher as lacunas. O segundo é mais sério, pelo menos para aquele grupo de 10 ou 11% dos jovens que abandonam a escola e atualmente não estão inseridos em educação, emprego ou treinamento – os chamados NEETs (*not in education, employment or training*). Como podemos evitar a criação contínua de um grupo de adultos que estão cada vez mais alienados e desengajados e que não se identificam com o resto da sociedade? Este é um problema que se torna maior quando se considera a migração inevitável e acelerada de pessoas das partes mais pobres do mundo. Esses buscadores de asilo, refugiados e migrantes econômicos vão inevitavelmente preencher certa quantidade dos empregos disponíveis.

Em um mundo de crescente incerteza queremos que os jovens percebam que cabe a eles agarrar o futuro e extrair sentido dele. Por isso as escolas de ensino fundamental e médio incluem em sua agenda ponderar sobre o currículo de uma maneira que não se tem feito desde 1988.

A DIMENSÃO INTERNACIONAL DO ENSINO

Há mais um aspecto vinculado à ponderação sobre o currículo que está adquirindo maior importância na visão das escolas que estão aspirando se sobressair. É o internacionalismo. Uma preocupação tipo avestruz com a 'britanicidade', por mais importante que ela seja, pode também encorajar uma estreiteza de abordagem que seria fatal para os interesses de nossos futuros cidadãos. Está claro para todos os alunos de nossas áreas urbanas maiores (e alguns de nossas menores) que a população presente é multirracial, multirreligiosa e multilíngue. Além disso, os alunos individualmente têm uma identidade múltipla, não única. Nessas áreas, os professores e as escolas fazem o máximo para gerar um maior entendimento entre diferentes pontos de vista e diferentes culturas. Eles fazem isso por uma rede complexa de razões, a primeira das quais é o próprio processo de ensino e aprendizagem. Os professores e as escolas sabem que é vital que os alunos saibam que eles valorizam e empatizam com a realidade dos mundos de seus alunos individuais, seja uma questão de fé, de língua ou de tradição cultural. Em outras palavras, este é um ingrediente vital na personalização. Entretanto, eles fazem isso também porque estão, com frequência, extremamente conscientes de que, além do portão da escola, a desconfiança é extrema entre alguns elementos da comunidade adulta. Como nos disse um diretor: "É em épocas como esta que eu entendo a extraordinária presciência de H.G. Wells, quando ele disse que 'a história é uma corrida entre a educação e a catástrofe.'"

A dimensão internacional tem estimulado um número crescente de escolas a mudar muitos aspectos da sua organização, não apenas o currículo do ensino. Esta se torna uma característica da descrição do cargo de todos os membros da equipe. É uma parte da "administração ou desenvolvimento do desempenho" em oportunidades para experiências novas e metas de ação acordadas para o ano seguinte, assim como o é do corpo docente ou dos planos de período. Em pelo menos duas escolas que conhecemos o sistema interno foi reformado para incorporar nomes que reflitam os continentes, e em outra, as realizações de grandes povos de diferentes partes do mundo. Em muitas isso assume a forma de criar vínculos internacionais usando as novas possibilidades da TIC. Em pelo menos uma, assume a forma de um vínculo triangular para que a escola parceira bem situada em seu país em desenvolvimento faça os arranjos necessários para facilitar a construção de uma escola de ensino fundamental, séries iniciais em outra parte do seu país onde ainda não haja escola. O dinheiro requerido para realizar o projeto é o foco dos esforços generosos da escola britânica. Outro é o planejamento para enviar o melhor equipamento da sua escola quando eles conseguirem novos prédios da *Building Schools for the Future* (BSF) para seu antigo parceiro na África. Desnecessário dizer que estão mandando seus alunos para ajudar a instalar o equipamento... e para fazer muitas outras coisas além disso! Pode-se imaginar muitas escolas adotando uma abordagem similar durante os próximos dez anos da BSF. Muitas também estão usando a próxima Olimpíada de Londres em 2012 para fazer com que os jovens se sintam especiais enquanto buscam reforçar a melhor filosofia pessoal que direciona todos os competidores olímpicos, ao mesmo tempo em que usam o interesse gerado para fortalecer a dimensão internacional.

No entanto, a necessidade de se dar uma dimensão internacional ao currículo tem outras raízes além daquelas que já mencionamos envolvendo a interdependência global, como as doenças (por exemplo, AIDS), a sustentabilidade e o meio-ambiente, assim como o bem-estar econômico. Estas só poderão ser resolvidas através da cooperação interdisciplinar e da ação coletiva internacional. Achamos que Howard Gardner (2006) colócou muito bem a necessidade de uma nova abordagem à ação curricular:

> O entendimento do sistema global. As tendências da globalização – o movimento sem precedentes e imprevisível de seres humanos, capital, informações e formas de vida cultural – precisam ser entendidas pelos jovens que habitam e sempre habitarão uma comunidade global. Parte do sistema irá se tornar manifesto através dos meios de comunicação, mas muitos outros fatores – para a operação dos mercados mundiais – precisarão ser ensinados de uma maneira mais formal.
> A capacidade de pensar de forma analítica e criativa dentro das disciplinas. O simples domínio das informações, dos conceitos e das definições não será mais suficiente. Os alunos terão de dominar suficientemente as mudanças disciplinares para poderem aplicá-las de maneira flexível e proveitosa para lidar com questões que não podem ser previstas pelos autores dos livros didáticos.
> A habilidade para lidar com os problemas e as questões que não estão dentro dos limites das disciplinas. Muitas – talvez a maioria – das questões mais complicadas que o mundo de hoje enfrenta (incluindo a questão da globalização) não estão dentro dos limites das disciplinas. A AIDS, a imigração em larga escala e o aquecimento global são exemplos de problemas que necessitam de uma consideração interdisciplinar. Pode-se tomar posição que é o princípio necessário para dominar as disciplinas individuais; mover-se entre ou além das disciplinas torna-se, então, a tarefa da educação pós ensino-médio.
> Entretanto, há muito mais a ser dito para iniciar o processo do trabalho interdisciplinar em um ponto inicial da educação – como é feito, por

exemplo, no curso de "teoria do conhecimento" requerido dos alunos no *International Baccalaureate* ou nos cursos de "aprendizagem baseada no problema" ensinados na Illinois Mathematics and Science Academy. Qual é a melhor maneira de começar a introduzir um pensamento rigoroso de perspectivas múltiplas em nossas salas de aula é um desafio que apenas começamos a enfrentar, e, como já foi observado, nosso entendimento psicológico da mente do sintetizador ainda tem de ser reunido.

O conhecimento e a habilidade para interagir civil e produtivamente com indivíduos de origens culturais totalmente diferentes – tanto dentro da própria sociedade quanto em todo o planeta. Globalização é seleção por competências interpessoais, incluindo a capacidade para pensar e trabalhar com pessoas de origens raciais, linguísticas, religiosas e culturais muito diferentes... O domínio e o cultivo dessas competências serão a pedra angular do sistema educacional nas democracias mais bem sucedidas do século XXI.

O conhecimento e o respeito pelas próprias tradições culturais. Os terroristas que se lançaram contra as torres gêmeas do World Trade Center em setembro de 2001 privilegiaram o conhecimento científico e técnico e as habilidades cognitivas que a globalização torna acessíveis. Ao mesmo tempo, desprezaram os valores, o etos e a visão do mundo ocidental (e especialmente dos norte-americanos) que em muitas regiões do mundo – incluindo grande parte da Europa Ocidental – passam como sendo a parte inferior da globalização. As sociedades que alimentam a emergência das habilidades instrumentais necessárias para prosperar, sem subverter ou corroer os domínios expressivos da cultura – os valores, as visões de mundo e, especialmente, o domínio do sagrado – vão permanecer e podem até mesmo ficar na vanguarda do novo regime da globalização. Administrar o processo dual da convergência (nos domínios instrumentais da cultura) e da divergência (nos domínios expressivos da cultura) pode muito bem estar entre as tarefas mais críticas da educação para a globalização. As sociedades que conseguirem administrar este *jiu-jitsu* psíquico vão prosperar.

A estimulação de identidades híbridas ou misturadas. A educação para a globalização vai selecionar a produção e o desempenho das identidades híbridas necessárias para se trabalhar, pensar e atuar entre as fronteiras culturais... Estas estarão cada vez mais indexadas pelas competências multilíngues e pelas sensibilidades transculturais que vão permitir às crianças percorrer sistemas de significado cultural descontínuos, metabolizar, decodificar e extrair significado em espaços culturais e campos sociais distintos, às vezes incomensuráveis. As sociedades que privilegiam a transculturação e a hibridade estarão em melhor posição para prosperar, enquanto as sociedades que impõem um regime de monoculturismo compulsivo e monolinguismo compulsivo provavelmente vão estar em desvantagem no novo regime emergente da globalização.

O encorajamento da tolerância. A educação para a globalização vai proporcionar às sociedades que tendem a (1) tolerar ou, melhor ainda, privilegiar o dissidente, (2) estimular o ceticismo saudável e (3) proporcionar uma igualdade de oportunidade, uma vantagem poderosa sobre as sociedades que tendem a privilegiar o consentimento automático e a desigualdade de acesso à oportunidade devido a várias qualidades relacionadas. E o mais preocupante é que é improvável que o nosso mundo sobreviva, a menos que nos tornemos muito mais bem sucedidos no encorajamento de atitudes tolerantes dentro e entre as nações.

(Gardner, 2006, p. 223-225)

Esta passagem destaca os pontos iniciais sobre a necessidade de inovação curricular, e também do aporte de um foco renovado no futuro. Por isso, terminamos esta seção com um estudo de caso relacionado ao futuro e extraído de uma experiência realizada no exterior.

> **Estudo de caso**
>
> Em mais de uma escola de ensino médio norte-americana há um tempo reservado para o que é chamado de "resolução de problemas futuros". Resumindo, é apresentado a grupos de jovens um problema que, segundo as melhores evidências disponíveis, parece provável que ocorra dentro dos Estados Unidos ou em qualquer outro lugar do mundo dentro dos próximos 20 ou 30 anos. Eles são então solicitados, com a preparação e o treinamento apropriados para o trabalho em grupos – e às vezes isoladamente –, a apresentar soluções e considerar uma série de eventos contemporâneos futuros na eventualidade de eles virem a ocorrer, em vez de serem, por assim dizer, "desviados para o passado". Não surpreendentemente, os entusiastas relatam um interesse e uma aprendizagem muito aumentada por parte dos alunos. Isso nos deixa ponderando se há algumas escolas que estão realmente envolvidas em estender a mesma ideia para um grupo internacional usando a TIC.

"ESCOLAS ESTENDIDAS E DE SERVIÇO COMPLETO" E "CENTROS PARA CRIANÇAS"

A "escola estendida", as poucas "escolas estendidas de serviço completo" e a agenda dos "centros para crianças" surgem de um ímpeto nacional para deslocar parte da responsabilidade do "cuidado" da família para a escola. Na escola tradicional, os alunos estão em aula durante 15% do tempo que passam acordados. Os 85% restantes são passados em casa e na comunidade. As tendências demográficas mudaram nos últimos 50 anos: há mais idosos e menos jovens em idade de trabalhar, assim como houve um aumento no número de famílias com mãe e pai trabalhando fora. Pouco espanta que o Estado tenha recentemente criado políticas e práticas para enfrentar essas circunstâncias modificadas. Inevitavelmente, a escola está fundamentalmente envolvida. A escola tem sido sempre um lugar conveniente para os pais colocarem seus filhos enquanto estão trabalhando. As primeiras escolas elementares eram localizadas próximas das fábricas e dos locais onde pais e mães da classe trabalhadora trabalhavam na era industrial do século XIX. Talvez seja apenas uma questão de tempo antes de algumas escolas serem construídas no meio dos estacionamentos das "empresas", dos "centros científicos" e das "indústrias leves" que hoje proporcionam tantas oportunidades de emprego! A função de cuidado infantil da escola está no cerne do desenvolvimento da "escola estendida" e é pelo menos parte da razão para a criação dos "centros para crianças". Os segundos vão demandar mais tempo e atenção das escolas do que a primeira. A oportunidade que um "centro para crianças" proporciona para ajudar as famílias mais pobres e mais desafiadas a realizar sua esperança de serem pais "suficientemente bons" já tem estimulado práticas inovadoras promissoras.

Juntamente com os colegas do serviço de saúde, algumas escolas têm se tornado facilitadoras vitais e locais de trabalho naturais para o "visitador de saúde da mãe que acaba de ter o primeiro filho", para o "serviço comunitário para pais" e para os profissionais que atendem crianças do ensino fundamental, de forma que se tira pleno proveito do tempo preciso entre o nascimento e os primeiros anos na escola. Em algumas cidades, a escassez de profissionais especializados em fala e linguagem tem estimulado o desenvolvimento de profissionais similar ao desenvolvimento do "assistente de ensino" na escola. Como uma agradecida diretora de Manchester declarou alguns anos atrás:

> É melhor ter alguém que pode dar uma atenção individual à criança e vitalmente aos pais, mesmo que não se trate de um terapeuta plenamente qualificado em fala e linguagem, do que se dizer que não há ninguém disponível. Além disso, se essas pessoas vivem no local e são membros respeitados da comunidade, elas são às vezes mais aceitas do que o especialista que não mora aqui e não conhece as características do lugar.

Se o diretor da escola dedica muito tempo para extrair o máximo do "centro para crianças" local, pouco – pelo menos do seu tempo pessoal

– será dedicado à "escola estendida", embora ele saiba que no fim é sua responsabilidade garantir que isso aconteça e que a qualidade está menos preocupada em "ocupar as crianças", como disse uma diretora enquanto sacudia a cabeça ao se referir à dieta sem fim de DVD em alguns dispositivos para a atividade extraescolar, enquanto explicava sua batalha para garantir atividades que complementassem e suplementassem o que acontece na sua escola. Certamente, muitas escolas têm ampliado e enriquecido sua provisão para as atividades extraescolares utilizando os talentos e os interesses de todos os seus profissionais, não apenas dos professores.

O DESAFIO DAS NOVAS TECNOLOGIAS – A TIC NA VIDA ESCOLAR

Cerca de 15 anos atrás, os telefones celulares tinham o tamanho e o peso de meio tijolo. Praticamente nenhum aluno tinha acesso a eles. Agora toda escola tem uma política compartilhada com os pais com relação ao uso de telefones celulares pelos alunos – e uma pletora de atividades relacionadas à TIC para as quais não tínhamos vocabulário dez anos atrás.

Algumas escolas – logo certamente serão todas – têm uma plataforma de *e-learning*, o que significa que:
- Todos os alunos podem acessar sua lição de casa, planos de aula, "explicações mais detalhadas" ou conceitos "difíceis de entender" disponíveis em vídeo, programas de aprendizagem auxiliados pelo computador, relatórios escolares, horários e capacitação individual. Eles podem mandar mensagens de texto e receber mensagens de texto de seus professores.
- Todos os profissionais podem acessar a mesma lista de informações amplas sobre o corpo docente e a administração da escola, portfólios de desenvolvimento profissional, listas "vermelhas", "amarelas" e "verdes" do progresso do aluno em uma base regular e uma riqueza de outras informações úteis sobre os alunos e o currículo.
- Todos os líderes seniores podem acessar tudo o que foi supracitado e uma série de informações administrativas relacionadas a orçamento, ao desempenho dos profissionais e dos alunos, e ao desempenho detalhado de outras escolas similares.
- Todos os pais podem acessar informações sobre a frequência, as notas, os relatórios e as lições de casa de seus filhos.
- Os administradores podem acessar as partes supracitadas que coletivamente acordaram serem apropriadas para cumprir suas obrigações.

Todo membro da comunidade escolar tem seu espaço pessoal nesse sistema integrado. Ele faz parte da maneira cotidiana em que a comunidade escolar se comunica e realiza o seu trabalho. E pode ser acessado a qualquer momento, tanto na escola quanto à distância.

É claro que o cenário digital está mudando para sempre e trazendo com ele mudanças e desafios sutis à maneira como a escola funciona: há a necessidade de um constante ajuste para que a escola possa tirar pleno proveito dessas mudanças. Com o benefício da visão retrospectiva, deveríamos ter reescrito a Figura 1.2 (ver p. 34) sobre a mudança administrativa complexa, para demandar que em todas as ocasiões fossem consideradas as implicações da TIC.

As escolas estão atualmente em diferentes estágios do caminho para um sistema como esse anteriormente delineado. Elas também sabem como integrar dentro do sistema os vários recursos de multimídia que permitem ao professor enriquecer suas aulas quando usam o quadro branco interativo ou o projetor e a tela computadorizados. Os pioneiros digitais estarão usando o "Fuse" para criar seu próprio currículo.

Além disso, há o uso dos dispositivos portáteis, *tablets, palms* e *laptops*. Nas escolas e nas unidades especiais, a aplicação das tecnologias como uma ferramenta superou muitas barreiras de aprendizagem para aqueles com dificuldades de aprendizagem moderadas e graves e com deficiências sensoriais e motoras. As escolas destacadas conhecem a necessidade dos profissionais com curiosidade intelectual e energia de se manterem a par desses desenvolvimentos – e às vezes conduzi-los.

A biblioteca, anteriormente a fortaleza protegida e local exclusivo e preservado para poucos, agora, armada com a internet e a intranet dentro da plataforma de *e-learning*, é a fonte de informações e conhecimentos precisos e confiáveis para todos. Além disso, esses elementos digitalizados da biblioteca estão disponíveis a qualquer momento, tanto na escola quanto a distância.

Como a escola destacada extrai sentido de tudo isso? Há provavelmente quatro maneiras importantes de fazê-lo:

1. *Desenvolvimento dos profissionais*

Em toda parte neste livro defendemos a importância do desenvolvimento profissional contínuo. Na TIC, atingimos o estágio em que todo corpo docente precisa se manter atualizado nessa área. Esta certamente será uma parte fundamental da revisão e da administração do desempenho e constitui uma parte das autorrevisões departamentais e dos períodos, assim como daquela da escola como um todo.

2. Infraestrutura

A plataforma *e-learning* vai auxiliar muito o desenvolvimento dos profissionais pela razão óbvia de que se torna parte da "maneira como fazemos as coisas aqui". Também vai ajudar e acelerar muitas mudanças nas práticas de trabalho – para os alunos e também para os professores e a equipe de apoio. Requer liderança da escola para alertar para as mudanças no *kit* disponível e nas questões de compatibilidade e segurança.

3. Mudanças na prática dentro e fora da escola

As escolas bem-sucedidas reconhecem os métodos em rápida mutação pelos quais alguns jovens aprendem e onde aprendem. Como um adolescente bem informado digitalmente comentou de forma atrevida: "Eu não deixo a escola ficar no caminho da minha educação". Fora da escola, alguns jovens estão adquirindo habilidades que seus professores desconhecem totalmente. Para superar isso, algumas instituições de ensino estão adotando abordagens não convencionais: por exemplo, um diretor nos disse que nas lições de TIC da 9ª série, os alunos tinham permissão de conduzir a lição com o propósito expresso de permitir que aqueles alunos que estão na vanguarda da aprendizagem compartilhem suas habilidades e seu conhecimento com os outros alunos e com os profissionais.

Além disso, escolas como esta estão atentas às questões de segurança, que são discutidas com os alunos e com os pais.

4. Entendendo e supervisionando o uso da TIC

Segundo a excelente brochura *Their Space: education for the digital divide*, de Demos (2007), há oito mitos que aqueles de nós encarregados de cuidar dos jovens precisamos explorar. Os seis primeiros, eles categorizam como "pânico moral":

- A internet é muito perigosa para as crianças.
- A cultura *junk* está envenenando os jovens e tomando conta de suas vidas.
- Nenhuma aprendizagem acontece e as tecnologias digitais são uma perda de tempo.
- Há uma epidemia de plágio da internet nas escolas.
- Os jovens estão desengajados e desconectados.
- Estamos vendo a ascensão de uma geração de consumidores passivos.

E contrapõem esses seis com dois mitos que classificam como "fé digital":

- Todo jogo é bom.
- Todas as crianças são *cyberkids*.

A menos que uma escola possa discutir essas questões e chegar a uma posição de consenso – e a brochura da Demos vai ajudar nisso – é improvável conseguir navegar com sucesso no mundo digital.

A resolução dessas questões ajuda a proporcionar um conjunto de princípios orientadores que podem ajudar a enfrentar as mudanças aceleradas.

Concluímos esta seção com um glossário útil, também extraído do folheto da Demos:

Bebo: um site popular de rede social com frequência para usuários jovens, com mais de 22 milhões de membros registrados. Estimativas dizem que cinco pessoas por segundo se registram nele (para as escolas, ele apresenta as questões de discussão da segurança, pois muito poucos, se é que alguns, permitiriam o acesso da escola, mas a realidade é que uma grande proporção de sua população de alunos estará acessando o Bebo fora da escola.

Blog: um *website* que com frequência assume a forma de um diário pessoal *online*. A palavra *blog* é derivada de *web log* e os temas do "blogging" são tão variados quanto os interesses humanos.

Del.icio.us: um site de marcação social. Ele permite aos indivíduos salvar seus artigos, *blogs*, músicas e críticas favoritos e compartilhá-los com amigos, familiares, colegas de trabalho e a comunidade del.icio.us.

Facebook: um *site* de rede social que usa endereços de *e-mail* corporativos, particularmente *e-mails* de universidades, para confirmar os usuários como membros de redes sociais já existentes e então se tornar uma extensão dessa rede.

Flickr: um *website* de compartilhamento de fotos. Não somente um álbum de fotos *online*, seu foco na arte da fotografia encoraja e apoia o crescimento de redes sociais através de interesses criativos comuns.

GoogleVideo: similar ao YouTube. Ele permite aos usuários baixar seu próprio conteúdo, proporciona acesso ao conteúdo armazenado e a um mercado para vídeos, música, episódios de TV e *trailers*.

IMovie: uma parte de *software* destinada a editar e produzir vídeos de aparência profissional de maneira intuitiva e rápida para reduzir obstáculos à criação de vídeos domésticos.

IRC (Internet Relay Chat): uma ferramenta de comunicação similar ao MSN que permite o intercâmbio imediato de mensagens de texto. Entretanto, ao contrário do MSN, permite que estranhos do mundo todo se conheçam e se comuniquem *online*.

ITunes: *software* de administração de biblioteca musical que permite que os usuários importem música de CD, organize-a em *playlists*, toquem música, adquiram-na de uma loja *online* e a baixem em seu iPod.

Jogos *online* com múltiplos jogadores internacionais: têm lugar em um mundo imaginário gerado por computador. Os jogadores guiam seu personagem customizado através de uma vida virtual. São jogos abertos que proporcionam aos jogadores possibilidades quase ilimitadas. Exemplos populares incluem o World of Warcraft e Secondlife.

MSN: uma da série de serviços que permite que mensagens de texto sejam enviadas instantaneamente de um computador para outro para que a conversa seja conduzida pela internet.

MySpace: uma rede social de crescimento rápido com mais de 100 milhões de usuários registrados em todo o mundo. Oferece uma rede interativa de amigos apresentados ao usuário, perfis pessoais, *blogs*, fotos, música e vídeos.

Pizco: outro *site* de rede social e *blog* distinguido por sua abordagem de "jardim murado", protegendo a privacidade do usuário, mas não proporcionando instrumentos de busca.

Podcasts: registros em áudio ou vídeo que são baixados automaticamente por *software* nos computadores dos assinantes toda vez que uma nova edição é colocada em um *website*. Fácil de produzir e distribuir, o cliente pode se tornar, e com frequência se torna, um criador.

Rede social: refere-se ao aspecto da Web2.0 que permite aos usuários criar *links* entre sua presença *online*, como uma *web page* ou uma coleção de fotos. Estes *links* podem ser estabelecidos juntando-se a grupos *online* ou determinando *links* diretos com outros usuários através de lista de amigos ou contatos.

Web2.0: refere-se a uma segunda geração de serviços baseados na internet que enfatizam a colaboração *online* e o compartilhamento entre os usuários, com frequência permitindo que eles gerem conexões entre eles próprios e outras pessoas.

Wikis: *websites* onde o conteúdo pode ser editado por qualquer visitante do *site*. Um exemplo de um wiki é a **Wikipedia** – uma enciclopédia *online* que proporciona conteúdo gratuito a todos os visitantes e qualquer visitante pode adicionar sua própria informação ou fazer correções simplesmente acionando o *link* "edit this page".

YouTube: permite que as pessoas coloquem seus próprios vídeos para outras pessoas assistirem, deem suas opiniões sobre o conteúdo que está ali e façam *links* entre os vídeos. O YouTube passou a ser um destino de diversão com as pessoas assistindo mais de 70 milhões de vídeos por dia.

O USO DOS DADOS

É frequentemente dito que vivemos em uma sociedade "rica em dados e pobre em informações". Não há dúvida de que a disponibilidade de dados nunca foi melhor. O importante é como os utilizamos.

As escolas estão inundadas de dados, muitos deles comparativos. Esses dados são particularmente úteis para as escolas que procuram visitar outras – em circunstâncias comparáveis de entrada de alunos, é claro – para aprender como elas fazem as coisas: algumas melhor, algumas pior. Internamente, esses dados são muito mais úteis como um resultado do trabalho do Fischer Family Trust: na verdade, é justo dizer que nenhum professor ou departamento deve ignorar a maneira como alguns alunos com potencial similar não estão aprendendo em algumas áreas, mas estão em outras. Também no nível individual, esses dados têm o potencial de permitir que os alunos "em risco" sejam localizados no final de cada ano e podem ajudar a aumentar a competência, a confiança e a resiliência desses alunos no próximo semestre.

A menos que os dados sejam usados pela equipe de liderança e estejam diretamente relacionados à sala de aula, a escola vai continuar carente de informações. Alguns alunos que não precisam fazer isso vão fracassar. Isso acontecerá apenas quando as descrições do cargo e os hábitos de revisão forem tão estruturados que os dados serão utilizados como uma matéria do curso.

Como observamos anteriormente, nas melhores escolas, o desenvolvimento do gerenciamento e das técnicas de aprendizagem e comunicação apoiadas pela TIC tem significado que as informações sobre gerenciamento e aprendizagem estão disponíveis *online*, através de um portal que pode ser acessado como apropriado para os profissionais, para os alunos e para os pais.

A menos que as escolas superem seu isolamento, correm o risco de não encontrar maneiras de melhorar o que fazem. Uma das características das escolas destacadas é que elas estão sempre tentando encontrar novas e melhores maneiras de fazer as coisas. Com frequência as visitas não são tão úteis quanto poderiam ser, porque as escolas são muito diferentes. O Ofsted PANDA (performance e análise), por exemplo, deixa as escolas em dificuldades, sabendo que, comparadas com a média como elas, estão (em termos reais ou em valor agregado) significativamente acima ou significativamente abaixo das outras em circunstâncias comparáveis. No entanto, elas não têm dicas sobre quais são essas escolas. Como a maioria das escolas quer melhorar o que de melhor fazia antes, esses dados não são úteis – a menos que se conheça os nomes das escolas em circunstâncias comparáveis, que estão tendo um desempenho melhor e pior tanto em termos absolutos quanto na velocidade da melhoria.

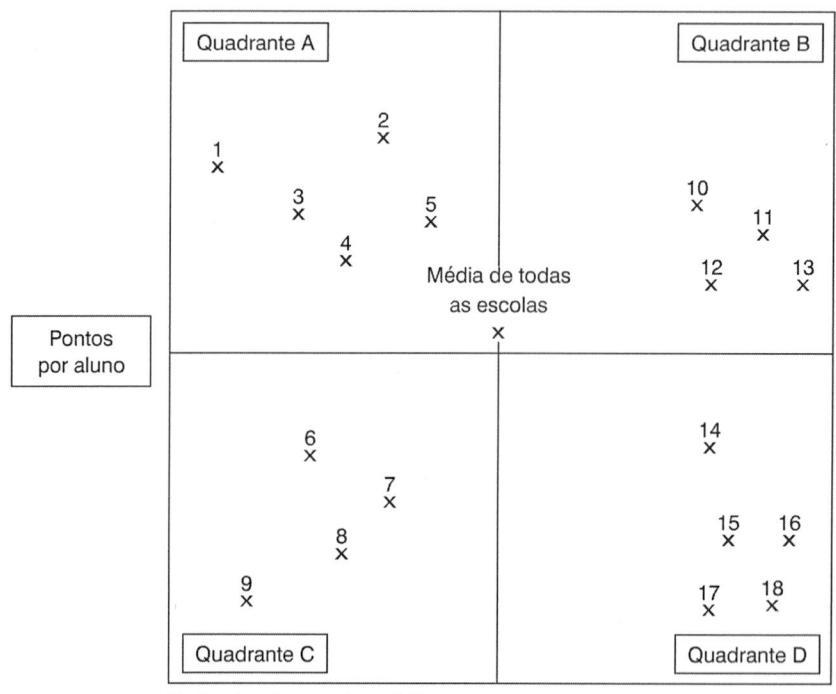

Figura 7.1 Família de escolas de origem socioeconômica similar: índice de melhoria durante três anos.

Por isso as iniciativas "família de escolas", primeiro em Birmingham e agora em Londres, Greater Manchester e Black Country são tão importantes. O diagrama anterior mostra o formato em que cada família de escolas é representada.

Quadrantes

Claramente, as escolas do quadrante C têm baixo desempenho e não estão melhorando tão depressa quanto as outras comparáveis, talvez "não flutuando, mas afundando"? As escolas do quadrante A estão melhorando mais depressa, mas têm pontos baixos por aluno, talvez com "as cabeças acima da água"? No quadrante B estão as escolas com pontos altos por aluno e índices altos de melhoria, talvez "andando sobre a água"? Finalmente, as escolas do quadrante D têm pontos altos por aluno, mas índices baixos de melhoria, talvez "com os pés dentro d'água"? O ponto central da "família" é que as escolas têm pontuações de desempenho similares antes da entrada, e números similares de alunos com direito a refeições gratuitas. Por isso, não precisam perder tempo. Elas podem visitar e aprender com as escolas que sabem ser amplamente similares. Quando esses dados são acrescentados aos do Fischer Family Trust, há um potencial de aprender uma com a outra, matéria por matéria, e com diferentes grupos de alunos.

A mesma abordagem dentro da escola, mas visando o desempenho dos alunos, pode permitir aos departamentos enxergar com muito mais clareza como diferem seu índice de melhoria e a sua capacidade absoluta de ajudar o desenvolvimento de seus alunos. Evidentemente, esses dados precisariam ser manuseados com cuidado, mas quase todas as escolas de ensino médio já estão utilizando uma abordagem "residual" positiva e negativa para lidar com a mesma questão.

NOVAS FORMAS DE LIDERANÇA

Em outros locais deste livro exploramos as implicações das "parcerias" para as escolas individuais. Cada vez mais escolas estão formando de modo variado "federações", "colegiados" ou "parcerias", "frouxos" ou "rígidos". Há dois tipos delas: voluntárias e impostas. A primeira tipicamente ocorre quando um grupo de escolas forma uma federação de iguais, ou uma parceria entre períodos ou tipo pirâmide, servindo juntas a uma comunidade local. Essencialmente, sua natureza voluntária pode conduzir à demasiada informalidade e à perda de energia por terem propósitos interligados. Para serem bem-sucedidas, precisam expressamente considerar e acordar questões como:
- propósito (por exemplo, TIC, desenvolvimento profissional, currículo, enriquecimento do aluno, instalações compartilhadas, etc.);
- valores (se não forem acordados, podem ser fonte de grande tensão);
- liderança (o ideal é que seja compartilhada e rodiziada);

- organização (quem quer que venha a ser o buscador/administrador do progresso vai precisar de recursos);
- orçamento;
- critérios de sucesso;
- datas para uma revisão honesta (de preferência, envolvendo alguém de fora).

Muitas escolas atualmente encontram-se em federações mais explícitas e impostas, com frequência para ajudar uma escola desafiada a superar dificuldades persistentes ou agudas. Algumas têm uma nova geração de direção executiva. O relatório PriceWaterhouseCoopers (2007) estabelece de modo vantajoso as possibilidades:

Modelos de liderança da escola

Uma parte importante da presente pesquisa envolveu examinar diferentes modelos de liderança da escola, e identificou os aspectos desses modelos que têm um impacto positivo no desempenho do aluno. As evidências mostram que, embora os comportamentos de liderança sejam em geral mais importantes do que os modelos de liderança, o desenvolvimento de novos modelos pode ser um dos canais através dos quais os comportamentos certos são estimulados. Nós estruturamos nossa análise disso em termos dos seguintes tipos amplos de modelos de liderança:

Modelo tradicional – aqui o grupo de liderança é compreendido exclusivamente por professores qualificados e, tipicamente, inclui um diretor apoiado por um vice e/ou um assistente. Na nossa pesquisa, esse modelo predominou no ensino fundamental, mas também foi comum, embora em menor extensão, nas escolas de ensino médio.

Modelo gerenciado – aqui o modelo se afasta do modelo tradicional rumo a uma estrutura mais plana de estilo gerencial, em que papéis específicos são atribuídos à equipe de liderança sênior para a equipe de apoio sênior – por exemplo, diretores financeiros e/ou de RH. Este modelo tende a ser encontrado mais frequentemente no ensino médio, com quase a metade dos diretores declarando que tinha um membro sênior da equipe de apoio no grupo de liderança, e 8% declarando que tinha dois membros seniores da equipe de apoio.

Modelo gerenciado por muitas agências – este modelo é uma progressão natural do modelo gerenciado e, em certo sentido, nasceu dos imperativos do *Every Child Matters* e das agendas para os alunos de 14 a 19 anos. Como o modelo gerenciado, ele envolve uma estrutura mais plana de estilo gerencial, mas é mais voltado para fora e concentrado em interagências. Pode se manifestar de várias maneiras, mas em geral vai envolver a equipe de ensino e profissionais de outras agências trabalhando juntos como parte dos grupos de liderança da escola. Este modelo permanece mais a exceção do que a regra, mas, como foi esboçado anteriormente, nossa expectativa é que mais escolas se movam nesta direção como uma maneira fundamental de cumprir as agendas do ECM e dos alunos de 14 a 19 anos.

Modelo federado – este modelo é caracterizado por vários graus de colaboração entre as escolas e, às vezes, entre as escolas e outros provedores, como, por exemplo: abordagens de "toda a cidade" para o ensino; corpos de direção estratégica compartilhados, com diretores executivos supervisionando várias escolas; federações entre as escolas, educação adicional e provedores de aprendizagem baseados no trabalho. Em nossa pesquisa, quase um entre dez diretores relataram algum tipo de arranjo formal de federação; e a maioria das escolas relatou colaborações informais com outras.

Modelo de liderança do sistema – este modelo abarca todos os diferentes papéis que os diretores podem assumir além dos limites da sua própria escola, ou seja, aqueles que contribuem para o sistema educacional mais amplo em um nível local, regional ou nacional. Inclui, por exemplo, os *National Leaders of Education* assumindo papéis que incluem aconselhar o governo e os "diretores virtuais" reagindo às escolas que enfrentam circunstâncias desafiadoras específicas.

Embora tenhamos nos concentrado nessas seis questões, elas são meras ilustrações. Os políticos e os meios de comunicação vão garantir que a sobrecarga seja sempre nossa, e às vezes com boas razões para isso; mas, com frequência, no entanto, como uma resposta para algumas questões imediatas destacadas pela imprensa. Achamos que, se as escolas pensarem em suas posições nessas seis questões e forem leais aos seus valores, vão prosperar em vez de apenas sobreviver – e essa, afinal, é a melhor maneira de garantir que uma boa escola se torne grande.

Finalmente, podemos acrescentar que o caminho para a "grandeza" está no propósito moral: a determinação, trazida à realidade, de que todos os membros da comunidade escolar – professores, equipe de apoio e alunos – devem se comportar de uma maneira que seja mutuamente atenta. Eles vão saber o que é sentir tristeza e experimentar a dúvida, mas também a grande alegria. Acima de tudo, vão saber porque são o exemplo vivo disso, que a justiça está no coração de qualquer sociedade civilizada, e verão isso refletido nas ações cotidianas da sua escola. Uma grande escola incorporaria o resumo do falecido Cardeal Basil Hume sobre o propósito da educação: "Não estamos engajados em produzir apenas bons profissionais para o mercado ou tecnocratas capazes. Nossa tarefa é a capacitação de bons seres humanos, bem-intencionados e sensatos, eles próprios com uma visão do que é ser humano, e do tipo de sociedade que possibilita isso".

Lista de abreviações

AEL	Administração da Educação Local
AL	Administração Local
BSF	Building Schools for the Future
BTEC	Business and Technician's Education Council
CEA	Crédito para o Ensino e a Aprendizagem
DCSF	Department for Children, Schools and Families
DfES	Department for Education and Skills
INSET	Dias não dedicados ao ensino, anteriormente conhecidos como Baker days (em homenagem ao seu criador) e às vezes se referindo a dias de desenvolvimento ocasional ou profissional
DPC	Desenvolvimento Profissional Contínuo
ES	Educação Superior
FAE	Formulário de Avaliação da Escola
GLE	Gerenciamento Local das Escolas
GNVQ	General National Vocational Qualification
GTC	General Teaching Council
ILE	Inglês como Língua Estrangeira
PDL	Professor Diplomado de Londres
PGCE	Postgraduate Certificate of Education
PMEs	Parceiros para Melhoria da Escola
QCA	Qualification and Curriculum Authority
REA	Responsabilidade do Ensino e da Aprendizagem
RSA	Royal Society of Arts
SCITT	School Consortium for Initial Training
TAP	Tarefa de Avaliação Padrão
TES	Times Educational Supplement
TDA	Training and Development Agency
VAC	Visual, Auditivo e Cinestésico

Referências

Abbot, John (1994). *Learning Makes Sense – Recreating education for a changing future*, Education 2000, Letchworth.
Adams, Henry B. (1918). *The Education of Henry Adams*, Houghton Mifflin, Boston, MA.
Ayers, William (1993). *To Teach: The journey of a teacher*, Teacher's College Press. New York & London.
Barber, Michael (1996). *The Learning Game: Arguments for an education revolution*, Victor Gollancz, London.
Barth, Roland S. (1990). *Improving Schools from Within*, Jossey-Bass, San Francisco, CA.
Bastiani, J. (2003). *Involving Parents, Raising Achievement*, DfES Publications, Nottingham.
Bentley, Tom (1998). *Learning Beyond the Classroom*, Routledge, London.
Black, P., William, D. (1998). *Inside the Black Box: Raising standards through classroom assessment*, NFER-Nelson, London.
Black, P., William, D. (2002). *Working inside the Black Box: Assessment for learning in the classroom*, NFER-Nelson, London.
Blunkett, David (2000). *Raising Aspirations in the 21st Century*, DfES Publications, Nottingham.
Brighouse, Tim (1991). What Makes a Good School?, Network Educational Press, Stafford.
Brighouse, Tim (2006). *Essential Pieces: The jigsaw of a successful school*, Research Machines Publications, Abingdon.
Brighouse, Tim (2007). *How Successful Headteachers Survive and Thrive*, Research Machines Publications, Abingdon.
Brighouse, Tim & Woods, David (1997). *School Improvement Butterflies*, Questions Publications, Birmingham.
Brighouse, Tim & Woods, David (1999). *How to Improve your School*, Routledge, London.

Brighouse, Tim & Woods, David (2005). *Butterflies for School Improvement*, DfES Publications, (London Challenge), Nottingham.
Brighouse, Tim & Woods, David (2006). *Inspirations – A collection of commentaries to promote school improvement*. Continuum, London.
Bubb, Sara (2005). *Helping Teachers Develop*, Sage, London.
Bubb, Sara & Earley, Peter (2007, 2. ed.). *Leading and Managing Continuous Professional Development*, Paul Chapman, London.
Burke, C. & Grosvenor, I. (2003). *The School I'd Like*, Routledge/Falmer, London.
Clark, D. (1996). *Schools as Learning Communities*, Cassell, London.
Claxton, GT. (2002). *Building Learning Power: Helping Young people become better learners*, T.L.O.
Clegg, Sir Alec (1980). *About our Schools*, Blackwell, Oxford.
Collins, Tim (2001). *Good to Great*, Random House, London.
Cooperrider, D. & Srivasta, S. (1987). 'Appreciative enquiry into organisational life', *Organisation and Development*, 1: 129-69.
Creen, H. & Hannon, C. (2007). *Their Space: Education for the digital divide*, Demos, London.
Desforges, Charles & Abouchaar, Alberto (2003). *The Impact of Parental Involvement, Parental Support and Family Education on Pupil Achievement and Adjustment: A literature review*, DfES Research eport 433.
Dewey, John (1916). *Democracy and Education: An introduction to the philosophy of education*, Macmillan, New York.
DfES (2003a). *Every Child Matters*, DfES Publications, Nottingham.
DfES (2003b). *Excellence and Enjoyment: A Strategy for primary schools*, DfES Publications, Nottingham.
DfES (2004). *A National Conversation about Personalised Learning*. DfES Publications, Nottingham.
DfES (2004). *Putting the World into World-Class Education*, DfES Publications, Nottingham.
DfES (2005). *Learning Behaviour: The report of the practitioner's group on school behaviour and discipline*. DfES Publications, Nottingham.
DfES (2006). *2020 Vision – report of the teaching and learning in 2020 review group*, DfES Publications, Nottingham.
DfES (2006). *Higher Standards, Better Schools for All*, DfES Publications, Nottingham.
DfES (2006). *Making Good Progress*, DfES Publications, Nottingham.
DfES (2006). *The Five Year Strategy for Children and Learners: maintaining the excellent progress*, DfES Publications, Nottingham.
DfES (2007). *Making Great Progress, Schools with Outstanding Rates of Progression in Key Stage 2*, DfES Publications, Nottingham.
DfES/Ofsted (2004). *A New Relationship with Schools: Improving Performance through School Self-Evaluation*, DfES Publications, Nottingham.

Drucker, Peter F. (1993). *Post-Capitalist Society*, Butterworth-Heinemann, Oxford, Repr. com permissão de Elsevier.
Einstein, Albert (1950). *Out of my Later Years*, Thames & Hudson, London. Com gentil permissão de Philosophical Library Inc. New York.
Eliot, A. (2007). *State Schools since the 1950s: The good news*, Trentham Books, Stoke-on-Trent.
Fried, Robert L. (1995). *The Passionate Teacher*, Beacon Press, Boston, Ma.
Fullan, Michael (1991). *The New Meaning of Educational Change*, Cassell, London.
Fullan, Michael (1993). *Change Forces: Probing the depths of education reform*, Falmer, London.
Fullan, Michael (1999). *Change Forces: The sequel*, Falmer, London.
Fullan, Michael (2001). *Leading in a Culture of Change*, Jossey-Bass, San Francisco, CA.
Fullan, Michael (2003). *Change Forces with a Vengeance*, Routledge/Falmer, London.
Fullan, Michael (2004). *The Moral Imperative of School Leadership*, Sage, London.
Fullan Michael (2005). *Leadership and Sustainability*, Sage, London.
Gann, N. (1998). *Improving School Governance*, Falmer Press, London.
Gardner, Howard (1991). *The Unschooled Mind: How children think and how schools should teach*, Basic Books, New York.
Gardner, Howard (1995). *Leading Minds: Anatomy of leadership*, Basic Books, New York.
Gardner, Howard (2006). *The Education and Development of the Mind – Selected Works*, Rougledge, London.
Ladwell, Malcolm (2000). *The Tipping Point: How little things can make a difference*, Little Brown, London.
Gleeson, D. & Husbands, C. (2001). *The Performing School*, Routledge/Falmer, London.
Goleman, D. (1996). *Emotional Intelligence*, Bloomsbury, London.
Grey, H. (2005). *Grey's Essential Miscellany for Teachers*, Continuum, London.
Handy, Charles B. (1994). *The Empty Raincoat: Making sense of the future*, Hutchinson, London.
Handy, Charles B. (1997). *The Hungry Spirit*, Hutchinson, London.
Hargreaves, A. & Fullan, M. (1992). *What's Worth Fighting for in your School?*, Open University Press/McGraw-Hill, Buckingham & London.
Hargreaves, A. & Fullan M. (1998) *What's Worth Fighting for in Education?*, Open University Press/McGraw-Hillo, Buckingham & London.
Hargreaves, D.H. (1982). *The Challenge for the Comprehensive School*, Routledge & Kegan Paul, London.
Hargreaves, D.H. (1998). *Creative Professionalism*, Demos, London.
Hargreaves, D.H. (2003). *Working Laterally: How innovation networks make an education epidemic*, DfES, London.
Hargreaves, D.H. (2005). *Personalised Learning*, 4 & 5, SSAT, London.

Hargreaves, D.H. (2006) *A New Shape for Schooling?*, SSAT, London.
Hart, S., Dixon, A., Drummond, A.J. & McIntyre, D. (2004). *Learning without Limits*, Open University Press/McGraw-Hill, Buckingham & London.
Hoffer, Eric (1998). *Vanguard Management*.
Hopkins, D. (2001). *School Improvement for Real*, Routledge/Falmer, London.
Jonson, B. (2003). *Ten Thoughts about Time: A philosophical enquiry*. Constable, London.
Joyce, B., Calhoun, E. & Hopkins, D. (1999). *The New Structure of School Improvement*, Open University Press, Buckingham.
Kao, John J. (1996). *Jamming: The art and discipline of business creativity*, HarperCollins, London.
Kipling, R. (1902). *Just So Stories*, Macmillan, London. Reproduzido com a permissão de A.P. Watt Ltd em nome de National Trust for Places of Historic Interest or Natural Beauty.
Leadbeater, C. (2005). *The Shape of Things to Come*, DfES Publications, Nottingham.
Little, Judith W. (1981). *The Power of Organisational Setting. National Institute of Education*, Washington, D.C.
MacBeath, J. (1999). *Schools Must Speak for Themselves*, Routledge, London.
MacGilchrist, B., Myers, K., Reed, J. (2004). *The Intelligent School* (2. Ed.), Sage, London.
Maden, M. (ed.) (2001). *Success against the Odds, Five Years On*, Routledge/Falmer, London.
Maden, M. & Hillman, J. (eds.) (1996). *Success against the Odds*, Paul Hamlyn FOundation, Routledge, London.
Margo, J., Dickson, M., Pearce, N. & Reed, H. (2006). *Freedom Orphans: Raising youth in a changing world*, Institute for Public Police Research, London.
McCourt, Frank (2005). *Teacher Man*, Fourth Estate, London.
Morris, Estelle (2001). *Professionalism and Trust: The future of teachers and teaching*, DfES, Nothingham.
Mortimore, P., Sammons, P., Stoll, L., Lewis, D., Ecob, R. (1988). *School Matters*, University of Califórnia Press, Berkeley, CA.
NCSL (2007). *Greenhouse Schools*, NCSL, Nottingham.
NCSL (2007). *Leadership Succession: An Overview*, NCSL, Nottingham.
Ofsted (2000). *Improving City Schools*, Ofsted, London.
Ofsted (2003). *Boys' Achievement in Secondary Schools*, Ofsted, London.
Ofsted (2005). *Remodelling the School Workforce*, Ofsted, London.
Ofsted (2006). *Best Practice in Self-Evaluation*, Ofsted, London.
Ofsted (2006). *Improving Performance through School Self-Evaluation and Improvement Planning*, Ofsted, London.
Ofsted (2007). *Promoting Community Cohesion in Schools*, Ofsted, London.
PriceWaterhouseCoopers (2007). *Independent Study into School Leadership*, DfES Publications, Nottingham.

Riley, K.A. (1998). *Whose School is it Anyway?*, Falmer Press, London.
Robinson, K. (2002). *Out of Our Minds: Learning to be Creative*, Capstone, Oxford.
Senge, Peter M. (1990). *The Fifth Discipline: The art and practice of the learning organisation*, Doubleday, New York.
Sennett, F. (2004). *400 Quotable Quotes from the World's Leading Educators*, Corwin Press, Sage, Thousand Oaks, CA, and London.
Sergiovanni, T.J. (2001*). Leadership: What's in it for schools?*, Routledge/Falmer, London.
Silver, H. (1994). *Good Schools, Effective Schools*, Cassell, London.
Smith, Jonathan (2000). *The Learning Game: A teacher's inspirational story*, Little Brown, London.
Stoll, L., Fink D. & Earl L. (2003). *It's about Learning and it's about Time*, Routledge/Falmer, London.
Toffler, A. (1990). *Powershift*, Bantam Books, New York and London.
Van Maurik, John (2001). *Writers on Leadership*, Penguin Business, London.
West-Burnham, John & Coates, M. (2005). *Personalising Learning*, Network Educational Press, Stafford.
White, R.C. (2000). *The School of Tomorrow*, Open University Press, Buckingham.
Woods, D.C. & Cribb, M. (eds.) (2001). *Effective LEAs and School Improvement*, Routledge/Falmer, London.
Wragg, E.C. (2005). *The Art and Science of Teaching and Learning: The Selected Works of Ted Wragg*, Routledge, London.

Índice

Abordagem curricular da "iniciativa", 195
Abordagem de estudo de caso para a autoavaliação da escola, 191
Acompanhamento do trabalho, 68, 143
Adams, Henry Brook, 100
Administração do desempenho, 28, 199-200
  como abordagem para a autoavaliação da escola, 191
  descrições do cargo e, 59
  integração com o DPC, 139, *ver também* desenvolvimento profissional contínuo
  necessidades coletivas e individuais na, 134-136
Administração, 24-26, 56-59, 119-120, 177-178
  administradores, 176-179
  apresentação dos profissionais, 8-9, 59, 94-95, 120
  áreas para organização eficaz, 48, 57
  calendários, 57, 59
  comunicações, *ver* comunicação
  delegada aos alunos, 98
  descrições do cargo e, 58, 60, 199-200, 208-209
  manuais da equipe, 48, 57-58, 147
  reforma da força de trabalho, 60-61
Administradores
  administradores indicados, 176
  comunicação entre os profissionais e os, 75, 177-178
  planejamento do desenvolvimento e, 176
  relacionamento com a escola, 173-179
  e a avaliação da escola, 188
  como interessados, 168, 173-179
  tarefas dos, 175
  visitas e reuniões, 176-178
Administradores designados, 176
Ambiente
  auditivo, 161-163, 166
  da escola, *ver* ambiente
  da sala de aula, 157-158, 161
  visual, 154-161, 165
Amigos críticos, 180-183, 191-192
  administradores como, 173, 175
Anúncios para os profissionais, 117-118, 148
Aprendizagem
  através de estudo de caso, 76
  baseada em recursos, 106-107, 124-125
  flexível (aprendizagem baseada em recursos), 106-107, 124-125
  no local de trabalho, 179
  proximal, 66
Aprendizagem personalizada, 45, 60-61, 79-81, 101-110, 112
  portais, 101-103
Apresentação
  dos administradores, 177-178
  dos profissionais, 8-9, 58, 94-95, 120
Artistas residentes, 80
Assembleias, 38-39, 42, 49, 60, 150-151
  "assembleia de premiação", 152

celebração, 173, 179
de premiação, 152
Assistentes
  de aprendizagem, 60-61, 80, 168-170, 173
  de ensino, 41, 60-61, 168-170
  de integração, 61, 80
  de linguagem, 80
Assumindo riscos, 124-126
Atividades extracurriculares, 81
Auditorias
  abordagem de auditoria para a autoavaliação da escola, 191
  financeiras, 191
Autoavaliação, 104
Autoavaliação da escola, 184-192
  parceiros para a melhoria da escola e, 183
  FAE, *ver* Formulário de Avaliação da Escola
Autoestima, 98, 104
Auxiliares voluntários, 80, 81
Avaliação
  "avaliação da aprendizagem", 43, 80, 94-95, 98, 99, 101-102, 106-107, 110, 113, 150-151
  autoavaliação, 105
  comparação, 48
  da escola, *ver* autoavaliação da escola
  das escolas, *ver* autoavaliação da escola
  dos colegas, 10
  dos profissionais, 133
  diretores, 43
  revisões com pais e alunos, 171-173

"Baker" days, 127-128, 129
Banheiro, 153
Barber, Michael, 115
Beleza nas escolas, 145-154
Bibliotecas, 205
Blackie, John, 157
Blishen, Edward, 146
Brighouse, Tim, 38
Bubb, Sara, 115
Building Schools for the Future (BSF), 145, 156, 199-200

Calendários, 31, 57, 59
Caminhada pela escola, 40
Caminhadas de aprendizagem, 114

Capacitação, 79, 81, 112, 138-139, 142, 144, 189-190
  dos administradores, 177-178
  educação do professor, 83-84, 117-118, *ver também* desenvolvimento profissional contínuo
  desenvolvimento contínuo, *ver* desenvolvimento profissional contínuo
Capacitadores, 61, 139
Capital intelectual, 140
Carreiras, 70, 73, 104, 170-173
Cartões
  de aniversário, 73
  de elogios, 73
Celebração do sucesso através de, 173
  e o ambiente da sala de aula, 157-158
  ver também quadros de avisos
Centros para crianças, 167, 203-204
Chartered London Teacher, esquema do, 128-129, 139
Circunstâncias promissoras, 124-126
City Challenge Programmes, 191
  London Challenge, 128-129, 191
Clark, David, 167
Clegg, Sir Alec, 108, 135
Clima da escola, 145-166
Colaboração, 138
  dos profissionais, 138
  e-learning, 205
  esportes, 80
  na liderança, 25
Comemoração do sucesso do ensino e da aprendizagem, 111-112, 173, 178-179
  como abordagem para a autoavaliação da escola, 191
Comparação, 48
  na autoavaliação da escola, 188, 191
Comparações
  educacionais, uso de dados, 209-211
  entre escolas, uso de dados, 209-211
Compartilhados, 94-95, 140, 163, 185-188
Competência, 85-87, 98
Comportamento dos alunos, 87-88, 149-151, 163
Comportamento no corredor, 149-151
Comunicação, 57, 59
  administradores e, 75, 177

com as autoridades locais, 182
com os pais, 73, 171-173
através de parceiros para a melhoria da escola, 182-183
com a equipe de apoio, 120
da equipe de apoio com suas comunidades, 122, 168-170
sistemas de alto-falantes, 166
Comunidades de aprendizagem ligadas pela internet, 143
Consistência ("cantando a mesma música"), 59, 65, 120, 149-151, 163
Contextos da escola
liderança, *ver* liderança
tamanho da organização, 14-17
tempo e lugar, 19-20
Contratos lar-escola, 171
Conversas de aprendizagem, 113
Cooksey, Geoff, 161-162
Coordenadores de desenvolvimento profissional, 127-128
Credenciamento, 82-83, 139, 142
Criação de energia, 39, 46, 48
professores/líderes bem-sucedidos como criadores de energia, 96, 116-117
Criação e melhoria do, 48, 61, 69, 70, 94-95, 106-107, 162
circunstâncias promissoras, 124-126
e o clima da escola, 145-166
explicações do, 71, 75
Cuidado da Criança, 203-204
Cuidadores, 60, 120, 168-170
Cultura da escola, 59-60
linguagem, 148
"cantando a mesma música", 59, 65, 120, 149-151, 163
culturas de ensino e aprendizagem, 92-101, 113
Cultura, *ver* cultura da escola
Culturas de aprendizagem, 92-101, 113, 143-144
Culturas de ensino, 92-101, 113, 142, 144
Currículo
da comunidade, 81
enriquecimento/extensão, 81, 104, 112
internacionalismo, 199-202
interno, 81

Nacional, 104, 194-197
o retorno do currículo, 194-199
relacionado ao trabalho", 179

Delegação, 32-33
aos alunos, 98
Demos, 206-207
glossário da TIC, 207-209
Department of Children, Schools and Families, 179
Descrições do cargo, 58, 60, 119, 200, 209
compromisso com o desenvolvimento profissional, 81
linguagem, 148
para os administradores, 176
responsabilidades de "liderança" e "apoio", 68
Desenvolvimento da capacidade, 46
Desenvolvimento dos profissionais, *ver* desenvolvimento profissional contínuo
Desenvolvimento pessoal dos alunos, 179, 185-190
Desenvolvimento profissional contínuo (DPC)
acompanhamento do trabalho, 68, 143
circunstâncias propícias, 123-126
como um processo de suporte, 8-9
delegação e, 32
descrições do cargo e, 58
desempenho
equipe de apoio, 120-121
integração com a administração do desempenho, 139, *ver também* administração do
necessidades individuais e coletivas sob a administração do desempenho, 134-136
novas experiências, 126-131
pesquisa, 82-84
planos de aprendizagem anuais, 46, 82-84, 112, 143
precondições para a eficácia, 137-144
professores de matérias específicas e sua associação com a matéria, 65
programa de apresentação e, 58
recrutamento, indicação e desenvolvimento dos profissionais, 115-121
respeito e reconhecimento, 131-133
responsabilidade, 122-123

Desenvolvimento profissional, *ver* desenvolvimento profissional contínuo
Desforges, Charles, 170
Dewey, John, 145
Diálogo reflexivo, 185, 189-191
Diálogo, 113, 133
  com os pais, 171
  reflexivo, 185, 189-190, 191
  com o PMEs, 189
Dias de realização, 171-173
Diplomas, 197-199
Diretores
  acessibilidade, 36, 40
  capacitação dos profissionais, 43
  confiança no sucesso dos alunos, 29-30
  e a evitação do estresse e do esgotamento, 135
  estágios da liderança, 49-50
  gerenciamento, ver gerenciamento
  interesse no ensino, 42-43
  lidando com alunos difíceis, 87-89
  lidando com profissionais incompetentes, 85-87
  questões para, 50-52
  relacionamento com os administradores, 173
  sucesso na liderança, 11-14, *ver também* liderança
  tarefas de liderança, 46-48
  uso do tempo, 35-36, 37-46
Domínio da aprendizagem, 105, 108-109
DPC, *ver* desenvolvimento profissional contínuo
Drucker, Peter, 56
Dunn, Rita & Dunn, Kenneth, 105
Dyke, Greg, 57
Economia, 198
Education Business Partnerships, 168, 179
Efeitos borboleta, 18, 62, 63, 77
  "coleções de borboleta", 63-76
Einstein, Albert, 98, 188
Ensino de recuperação da leitura, 80
Ensino em grupo, 124-125
Ensino itinerante de música, 80
Equipe administrativa, 41, 168-170
  tesoureiros, 60, 120
Equipe de apoio

acesso dos professores a materiais da, 124-125
desenvolvimento dos profissionais, 120-121
indicações, 60-62
reputação da escola e, 168-170
ver também títulos de cargos específicos
Equipe do *catering*, 41, 168-170
Escola Henry Box, Witney, 155
Escola St. Johns, Marlborough, 195-196
Escola Wood Green, Witney, 155-156
Escolas de Witney, 155-156
Escolas estendidas, 170, 203-204
Esgotamento, *ver também* exaustão
Esquema do "diretor por um dia", 152
Estilos de aprendizagem, 104-105, 113
Estratégias Nacionais, 104
Estresse, 135
Estrutura dos processos da escola, 8-11
Eton, 155
Every Child Matters, 60-61, 167, 170, 179, 185-186, 191
Exaustão, 122
Excellence and Enjoyment (DfES), 195
Expectativa, 98
Exposições, 62, 69, 70, 95, 156, 161, 165

FAE, *ver* Formulário de Avaliação da Escola
Faxineiros, 41
Feedback
  de cursos/conferência externas, 143
  dos alunos, 105, 108
  dos colegas professores, 140
  dos diretores, 42
  dos pais, 171
  para os alunos, 99, 101-102, 105, 113
Fermi, Enrico, 100
Finanças
  auditoria, 191
  orçamento, 89-91
  educação e economia, 198
  gerenciamento de, 89-91, 175, 177-178
  iniciação financeira, 179
Fischer Family Trust, 209, 211
Formulário de Avaliação da Escola (FAE), 109, 136, 176, 185, 189-190, 192
Fóruns de aprendizagem, 113

Fried, Robert, 99, 111-125
Fullan, Michael, 23, 34, 43, 93, 167

Gann, Nigel, 177
Gardner, Howard, 29, 92, 199-201, 202
Gerenciamento
  ciclo da operação de uma organização, 24
  da agenda, 52, *ver também* gerenciamento do tempo
  do grupo, 35-46, 54-55
  avaliação, 186-187, *ver também* autoavaliação da escola
  financeiro, 89-116, 175, 177-178
  governança e, 175
  intervenções, *ver* efeitos borboleta; intervenções para a melhoria,
  das tecnologias de aprendizagem, 106-107
  gerenciamento do desempenho, *ver* administração do desempenho
  da aprendizagem baseada em recursos, 106-107
  supervisores de alunos, 72
  os professores como gerentes da aprendizagem, 106-107
  uso do tempo, 35-46, 54-55
  reforma da força de trabalho, 60-61
  profissionais incompetentes, 85-87
  alunos difíceis, 88-89
  orçamento, 89-91
  da crise, 29-30, 46-48
  liderança e, 24-26
  fortalecimento da cultura e do *etos* da escola, 59-60
  mudança de gerenciamento, 33-34
Gerenciamento Local das Escolas (GLE), 89-90, 162
Gilbert Report, 78, 110
Gladwell, Malcolm, 63
Governança, 175
Grupo de apoio dos alunos, 72
Guias de aprendizagem, 113

Habilidades da fala, 66
Habilidades de comunicação, 31-32
  dos pais, 173
Habilidades de escuta, 35
Habilidades de questionamento, 98-101

Haldane, J.S.B., 122-123
Hamlyn Foundation, 197
Handy, Charles, 103
Harding, Roy, 161-162
Hargreaves, David, 20, 56, 62, 101-102
Harrow, 155
Hoffer, Eric, 33
Horários de almoço, 153-154, *ver também* supervisores do meio do dia
Horários, 126, 154
  apresentação, 120
  suspensos para períodos de aprendizagem intensiva, 104, 195-196

Indagação apreciativa, 39, 43, 183
  resolução de problemas e, 48, 96, 134-135, 182, 192
Indicações dos profissionais, 46, 50-51, 115-118, 123
Indicações, ver indicações dos profissionais
Inglês como língua estrangeira (ILE), provisão, 80
Iniciativa da família de escolas, 211
Inovação, 82-83
  assumindo riscos, 124-126
INSET (*"Baker" days*), 127-129
Integridade, 28
Interessados, 29-30, 49, 168-170, 183-188
  abordagem dos interessados à avaliação da escola, 189-191
Internacionalismo
  educacional, 199-202
Intervenções para a melhoria, 17-18, 62, 84
  alta alavancagem ("efeito borboleta"), 17-18, 61, 63-77
  participação na inovação e na pesquisa, 81-83
  promovendo o sucesso do aluno, 77-89
  proporcionando oportunidades de aprendizagem, 79-81

Kao, John, 60
Kennedy, John F., 23
Kipling, Rudyard, 184

Lavatórios, 152
Lição de casa, 154, 195-196

liderança e, 48
organização e, 57, 171
"um tostão por uma citação" e, 70
Liderança
  ambiguidade da, 23-27
  avaliação, 186-187, *ver também* autoavaliação da escola
  delegação, 32-33
  diretores, *ver* diretores
  efeitos borboleta na, *ver* efeitos borboleta
  empoderamento dos outros, 36, 54-55
  gerenciamento da agenda, 52, *ver também* gerenciamento do tempo
  gerenciamento e, 24-26
  interdependência, 54-55
  principais tarefas, 46-48
Lincoln, Abraham, 181
Linguagem, 119-120, 148
  o inglês como língua estrangeira (ILE) provisão de, 80
  cultura da escola e, 60, 148
  linguagem compartilhada, 93, 95, 136, 140, 143-144, 175
  vocabulário, 100-101
Little, Judith, 138, 140, 144
London Challenge, 128, 191
Lubbock, John, 92

MacBeath, John, 184
Maden, Margaret, 62
Making Good Progress (DfES), 78
Manejo da crise, 29-30, 46-48
Manejo da mudança, 33-34
Manuais dos profissionais, 48, 57-58, 147
Marlborough, escola St. Johns, 195-196
Melhoria
  através da aprendizagem personalizada, 100-110, *ver também* aprendizagem personalizada
  através da mobilização do capital intelectual, 140
  através de amigos críticos, 180-183, *ver também* amigos críticos
  desenvolvimento da equipe e melhoria da escola, 138-146, *ver também* desenvolvimento profissional contínuo

intervenções, *ver* intervenções para a melhoria
parceiros para a melhoria da escola, 180-183, 188, 191
processos de suporte, 8-9, 11
Mentoramento, 79, 81, 112, 138, 144, 177-178, 189-190
  dos colegas, 165
Mentores, 41, 62
  de aprendizagem, 41, 62, 80
  de empresas, 80, 168
Modelo
  de estilos de aprendizagem VAK, 104
  de liderança do sistema, 212-214
  de liderança gerenciado por muitas agências, 213
  federado de liderança, 213
  gerenciado de liderança, 213
  tradicional de liderança, 213
Moorhouse, Edith, 16
Mortimore, P. et al., 50
Mudança no gerenciamento, 34
  dez pontos para os líderes se lembrarem, 52-55
  e o tamanho da organização, 16-17
  estágios, 49-50
  gerenciamento do tempo, 34-46, 52, 54-55
  habilidades, 30-46
  modelos de liderança na escola, 212-214
  novas formas de, 211-214
  perfil de Myers Briggs, 36
  qualidades e características, 28-49
  questões para, 50-52
  relacionamentos do grupo, 29-30
  respeito e reconhecimento, 131-133
  tempo, local e, 15-18
  toque pessoal de, 45-46
  transformacional e transacional, 27
  valores, 28-30
Música
  no horário do almoço, 154, 166
  ensino itinerante de música, 80
Musical Futures (Hamlyn Foundation), 197

Narração de histórias, 43, 100-101
Novas experiências, 126-131

Novos Relacionamentos com as Escolas, 180-181

Observação dos colegas, 142
Ofsted, 117-118, 185, 189-190
  PANDA (relatórios de performance e avaliação), 210
Olimpíadas (2012), 199-200
Opening Minds (projeto da RSA), 108, 195-196
Oportunidades de aprendizagem, 79-81, 142
  para os pais, 173
Orçamento, 89-91
Organização das escolas, *ver* administração; gerenciamento
Organizações
  ciclo da administração de uma organização, 24
  tamanho, 16-17

Pais
  acesso à TIC, 205
  como parceiros e interessados, 104, 168, 170-173
  comunicações para, 73, 171
  feedback dos, 171
  oportunidades de aprendizagem, 173
  "um tostão por uma citação" e, 70
Parceiros de aprendizagem, 143
Parceiros para a melhoria da escola (PMEs), 180-183, 188, 191
Parcerias, 80-81, 104, 167-170
  os pais como parceiros e interessados, 104, 168, 170-173
  para diplomas, 197
  parcerias com empresas, 179-181, *ver também* vínculos com empresas
Pesquisa, 82-83
  pesquisa-ação, 76, 139, 191
  abordagem do currículo, 195-196
Pesquisa-ação, 76, 139
  como abordagem para a autoavaliação da escola, 191
Pesquisas de alunos, 151
Planejamento
  da sucessão, 54-55
  do desenvolvimento, 175-176

Planos
  de aula, 149
  de aprendizagem, 112, 142-143
  de aprendizagem anuais, 46, 81, 83-84, 112, 143
  de assento, 65
  de desenvolvimento da Escola, 25, 75, 138, 175, 182, 184
Platão, 100-101
Playgrounds, 153-154
PMEs (parceiros para a melhoria da escola), 180-183, 188, 191
Política de aprendizagem, 94-96, 137-138
Política de ensino, 94-96, 137-138
Pooley, Fred, 155
Porchia, Antonia, 56
Prashnig, Barbara, 105
Prédios da escola, 145-147
  ambiente visual, 154-161, 165
PriceWaterhouseCoopers relatório, 28, 42, 212-214
Primeiros anos da criança, 171
Processo de exclusão, 88-89
Professores
  características e qualidades dos bons professores, 96-101
  como gerentes da aprendizagem, 108-109
  competência, 85-87, 98
  desenvolvimento profissional, *ver* desenvolvimento profissional contínuo
  diretores, *ver* diretores
  ensino em grupo, 124-125
  exaustão, 124
  gerenciamento dos, *ver* gerenciamento
  habilidades de questionamento, 98-101
  interesses ("jacintos"), 135-136
  professores com formação em assistência social, 60
  relacionamentos professor-aluno, 29-30
  respeito e reconhecimento dos, 132-133
Profissionais incompetentes, 85-87
Programas "Aprendendo a aprender", 108, 113
Programas *Young Enterprise*, 168
Progresso do aluno, 77-79
Propensão para a indagação, 189-190
Proust, Marcel, 189-190

Quadros de avisos, 74, 124-125, 138, 165
Qualidade do ensino, 96-101, 105
　avaliação, 186-187, *ver também* autoavaliação da escola
Qualifications and Curriculum Authority, revisão das, 195, 197

Radley, Jennie, 131-133
Reconhecimento, 131-133
Recrutamento dos profissionais, 60, 115-120, 123
　estratégia de recrutamento, 95
　responsabilidades dos corpos governamentais no, 175
　supervisores de alunos, 72
Reflexão profissional, 139
Reforma/remodelação da força de trabalho, 60-61, 103, 159-160
Relatórios de progresso
　do progresso da escola, 176
　dos administradores, 176
Reputação, 170
Resolução de problemas, 95, 202
　indagação apreciativa e, 48, 96, 134-135, 182, 192
Respeito, 131-133
Responsabilidade
　de "liderança" e "apoio", 58, 68
　desenvolvimento dos profissionais e, 122-123, 126-128, 142
　financeira, 89-91
　liderança, 25-26, *ver também* liderança
　responsabilidades de "toda a escola", 60
Responsabilidade do aluno, 103-104, 106-107, 151-152
　domínio da aprendizagem, 105, 108-109
Reuniões de equipe, 31, 38, 71
Revisões externas, 191
Roberts, Margaret (mais tarde Margaret Thatcher), 135
Royal School of Arts: Opening Minds, 34, 108, 195-196

Saadi, Molish Eddin, 135
Sala dos professores, 124-125

quadros de avisos, 73, 123, 138, 165
Secretários da escola, 60, 82-83, 120
Secretários, 60, 82-83, 120
Sêneca, 185
Senge, Peter, 114, 116
Serviço completo das escolas estendidas, 203-204
Shaw, George Bernard, 136
Slim, Sir William, 23
Smith, Albert, 155
Specialist Schools Academies Trust, 101-102
Stoll, L., Fink, D. & Earl, L., 191
Supervisores
　de alunos, 72
　do meio do dia, 120, 168-170

Tanner, Robin, 157
Tapetes, 162
Técnicos, 61, 69, 168-170
Tecnologia da informação, 106-107, *ver* TIC
　técnicos, 61, *ver também* técnicos
Tecnologias de aprendizagem, 106-108, 166, 204-211, *ver também* TIC
Tesoureiros, 60, 120
TIC (tecnologia de informação e comunicação)
　acesso dos alunos, 153-154, 166, 205
　comunidades de aprendizagem interligadas, 143
　desafio para as escolas, 204-207
　desenvolvimento profissional e, 138, 206-207
　gerenciamento on-line e informações para a aprendizagem, 209
　glossário, 207-209
　habilidades do aluno, 206-207
　uso na aprendizagem personalizada, 101-103, 106-108, 166
　vínculos internacionais através das, 199-200
Toffler, Alvin, 79
Tomlinson Report, 197-1991
Treino de esportes, 79-80
Tutoria dos colegas, 79-80

"Um tostão por uma citação", 70
Uso dos dados: dados comparativos sobre as escolas, 209-211

Valores
  liderança e, 27, 28, 29-30, 32, 50
Valores compartilhados, 94, 140, 144, 163, 185-188
  administradores e, 179
  vivenciando os valores, 59-60
Vínculos com a comunidade, 41, 57, 79-81, 104, 167-168
  serviços estendidos para a comunidade, 167, 183, *ver também* escolas estendidas
  assistentes de aprendizagem, 173
  supervisores de alunos, 72
Vínculos com empresas, 57, 80, 81, 168
  parcerias com empresas, 179-181
Visão, 48
  construção de visão, 54-55
Vocabulário, 102-103, *ver também* linguagem
Voz do aluno, 151, 163-165

Wylie, Tom, 88

Xenofontes, 23

Youth Sports Trust, 143